해 뜨는 서산

**해 뜨는 서산**

초판 1쇄 발행 2014년 1월 11일

| | |
|---|---|
| 지 은 이 | 이완섭 |
| 일러스트 | 강우현 |
| 발 행 인 | 권선복 |
| 편집주간 | 김정웅 |
| 편  집 | 김소영 |
| 디 자 인 | 김소영 |
| 기록정리 | 조정아 |
| 전 자 책 | 신미경 |
| 마 케 팅 | 서선교 |
| 발 행 처 | 도서출판 행복에너지 |
| 출판등록 | 제315-2011-000035호 |
| 주  소 | (157-010) 서울특별시 강서구 화곡로 232 |
| 전  화 | 0505-613-6133 |
| 팩  스 | 0303-0799-1560 |
| 홈페이지 | www.happybook.or.kr |
| 이 메 일 | ksbdata@daum.net |

값 15,000원

ISBN 979-11-5602-027-1  13350

Copyright ⓒ 이완섭, 2014

* 이 책은 저작권법에 따라 보호받는 저작물이므로 무단전재와 무단복제를 금지하며, 이 책의 내용을 전부 또는 일부를 이용하시려면 반드시 저작권자와 〈도서출판 행복에너지〉의 서면 동의를 받아야 합니다.
* 잘못된 책은 구입하신 곳에서 바꾸어 드립니다.
* 〈도서출판 행복에너지〉 홈페이지에 방문하여 회원가입을 하시면 신간발행 소식과 함께 (주) 휴넷 조영탁 대표님의 '행복한 경영이야기' 소식을 전송해 드립니다.

> 도서출판 행복에너지는 독자 여러분의 아이디어와 원고 투고를 기다립니다. 책으로 만들기를 원하는 콘텐츠가 있으신 분은 이메일이나 홈페이지를 통해 간단한 기획서와 기획의도, 연락처 등을 보내주십시오. 행복에너지의 문은 언제나 활짝 열려 있습니다.

띄우는 이완섭 · 뜨는 서산

# 해 뜨는 서산

이완섭 지음

개인 및 가족

▲ 육군병장 시절(1980)  ▲ 고3 시절

◀ 가족사진(2013년 봄)

◀ 아버지와 어머니

▲ 박근혜 전 한나라당 대표 유세지원

▲ 홍준표 한나라당 대표 · 홍문표 전 국회의원 유세지원

▲ 시장 재선거 당선 직후

2011. 선거

▲ 이완구 전 충남지사 유세지원

▲ 정몽준 국회의원 유세지원

▲ 시장 당선증 받는 장면

▲ 제8대 서산시장 취임선서

## 수상 기록

▲ 2012 제3회 지방자치단체 생산성대상 최우수상 수상

▲ 2012 도전한국인상 수상

▲ 2012 지역농업발전선도인像 수상

▲ 2013 전국지역신문협회 행정대상 수상

▼ 2013 대한민국 지식대상 최우수상 수상

시민과 함께

◀ 벽화그리기(2013)

▲ 대풍기원 벼베기(부석)

▲ 굴까기 체험(2013)

▼ 새벽 쓰레기 수거(2012)

▼ 요양시설 방문 격려(2013)

▲ 사랑의 밥차, 경로행사(2013)

▲ 생일자 축하 오찬(2013)

시민과 함께

◀ 시장상인 격려(2012)

▼ 배움교실 졸업장 수여(2012)

▼ 이동시장실(음암면)

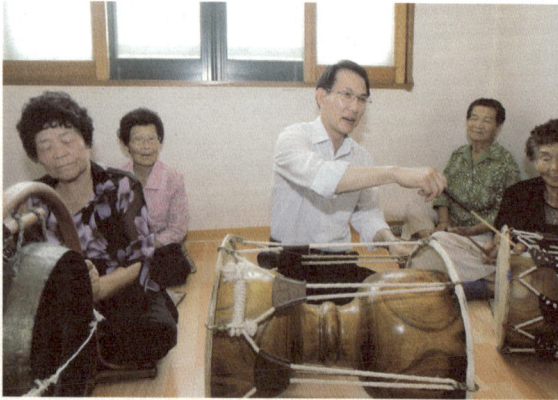

▲ 유치원에서 아이들과 함께(2012)

▲ 참게종묘 방류행사(2012)

▲ 배움교실 문해강사 연수(2013)

▼ 똑똑시장실(2013)

▼ 유소년야구단 창단(2013)

**국회, 중앙부처 활동**

▲ 김황식 국무총리(2012)

▲ 성완종 국회의원(2012)

▼ 강창희 국회의장(2013)

▼ 황우여 국회의원, 새누리당 대표최고위원(2013)

▲ 유정복 안전행정부장관(2013)

▲ 홍문표 국회의원(2013)

▲ 이완구 국회의원(2013)

▲ 이원종 지역발전위원장(2013)

▲ 이인제 국회의원(2013)

▲ 김태흠 국회의원(2013)

▲ 정진석 국회사무총장(2013)

▲ 이명수 국회의원(2013)

주요
행사

▲ 모범운전자회 간담회(2012)

▲ 해미읍성역사체험축제(2013)

▼ 해 뜨는공화국 선포식(2013)　　▼ 서산시 홍보대사 위촉(2012) (좌) 김중배, 필자, 별, 김기

▲ 자율방범대연합대원 간담회(2013)

그 외 모습

◀ MBC생방송 출연(2012)

▼ 지휘자 체험(2012)  ▼ 핸드프린팅

 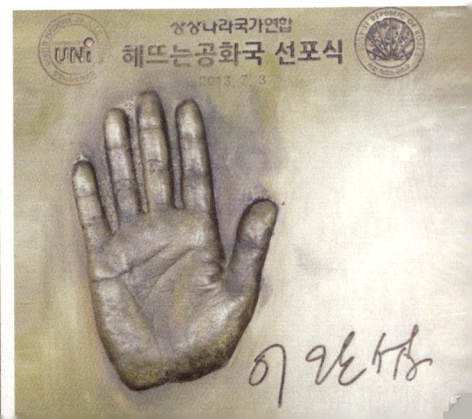

'해 뜨는 서산'을 슬로건으로 삼고 시정을 펼친 지 벌써 2년이라는 시간이 훌쩍 지나갔다. 짧다면 짧고 길다면 긴 시간들 속에서 숨 가쁘게 발길을 옮겼던 여러 노정과 성과들이 마치 영화 필름처럼 눈앞을 스쳐 지나간다. 감회가 참으로 새롭다.

보람찬 일들이 많았지만 힘들었던 순간들도 없진 않았다. 기쁨과 행복은 슬픔과 고난으로 누릴 수 있는 곁불이라는 결론은 어쩌면 인생이 우리에게 주는 커다란 선물인 것 같다.

순탄한 공직생활이 6년이나 남은 시점에서 접어야 할지를 두고 고민하던 순간이 바로 이 책 출간의 출발점이 되었다. 최초로 생의 좌절을 맛보았던 두 번의 대입 낙방. 그러나 위기 속에 기회가 있다고 하지 않던가? 지나고 나서 보니 그때의 실패가 나에게는 성공의 전주곡이었다는 생각이 든다.

인생은 지나온 날들이 만들어주는 정직한 결과물이다. 만약 그때의 실패들이 없었다면 내 인생은 지금과 사뭇 달랐을 것이고, 과히 지금보다 더 좋았을 거라고는 장담하지 못할 것이다.

인간이라면 누구나 사는 동안 온갖 간난신고艱難辛苦를 겪고, 다양한 선택기로를 만나게 된다. 나라고 예외는 아니었다. 비교적

보통 사람들처럼 평탄한 인생길을 걸었다고 자부하는 나에게도 일생일대의 터닝포인트는 분명 존재했었다.
'도전과 안정'
과연 어느 길을 선택할 것인가? 깊은 고민 끝에 평소라면 절대 하지 않을 길을 선택했다. 도전과 그리 친하지 않았던 공직생활 후반기에 '서산시 시장 출마'라는 위험한(?) 도전을 한 것이다.
1등이 아니면 전혀 의미가 없는 선거전으로 벌이는 승부! 천만다행히도 피를 말리는 선거전에서 313표 차로 힘겹게 승리했다. 불과 한 달 남짓한 선거운동을 통해 쟁취한 당선은 분명 나에게는 과분한 신의 선물 같은 것이었다.
하지만 당선증을 받아든 그 순간, 나는 승리감에 도취되는 우를 범하지 않았다. 그런 달콤한 시간은 애당초 내게 허락된 것이 아니란 것을 박빙의 선거 결과로 깨달았으니까. 흩어진 민심을 재빨리 모은 후 시장으로서의 첫 행보부터 숨 가쁘게 시작했다. 서산 지역을 구석구석 누비며 시민중심의 행정을 펼쳐나가기 위해 최선을 다했다.
중앙부처에서의 오랜 근무 이력이 내게 선사한 모든 인맥과 정보력, 통찰력을 동원하여 외부와의 스킨십을 강화하는 데도 게을리하지 않았다. 중앙부처와 국회를 오가며 수시로 발품을 팔았고, 프랑스, 싱가포르, 독일, 중국, 일본 등과 외자를 유치하고 협력관계를 강화하는 등 서산시를 해외에 세일즈하는 행보에도 한층 더 박차를 가했다.

땀은 결코 배신하지 않는다. 이런 입품, 손품, 발품의 덕은 고스란히 서산시의 성과로 되돌아왔다. 나와 서산시 공무원들의 진심 어린 마음과 창의시정들은 여러 상복과 시민 행복으로 이어졌다.

이제는 일하는 재미가 몸에 절로 밴 것 같다. 그런 내게 사람들은 '도대체 건강을 관리할 시간이 있느냐?'고 곧잘 묻는다. 내 대답은 '숨쉬기 운동 열심히 한다'는 것이 전부다. 분주한 일정을 즐겁게 소화하는 것 자체가 나만의 특화된 건강관리법인 셈이다.

한일월드컵 당시 한국의 4강 신화를 이끈 히딩크 감독의 말이 생각난다. 그는 승리를 자축하는 기자들의 질문에 '나는 아직도 배가 고프다'는 명언을 남겼다. 솔직히 내가 지금 그런 심정이다.

'해 뜨는 서산'의 시정을 이끌면서 이룩한 일들과 지금도 해 나가는 일들을 하나하나 보노라면 이제 탄력이 붙어 빠른 속도로 달리는 기관차가 절로 연상된다. 'ing'밖에 모르는 서산시는 멈출 겨를

이 없고 멈출 이유도 없는 상황이다. 확실한 건 '해 뜨는 서산'의 목적지가 멀리 보인다는 것뿐이다. 그래서 나는 아직도 배가 고프다.

　서산 시장으로 당선되어 달려온 지난 2년여의 시간이 내게 가져다준 가르침과 선물을 나름대로 이 책에 담아 보았다. 시민들과 함께 만들어갈 서산의 미래에 대한 고민도 조심스럽게 곁들였다.

　이 책이 출간되기까지 물심양면으로 도움을 주신 (주)행복에너지 출판사 권선복 대표님과 관계자분들, 그리고 서산시를 사랑해주시고 응원해주시는 모든 분들께 깊은 감사를 드린다.

2014년 1월 새해 원단元旦

추천사

### 강우현
남이섬 대표이사, 상상디자이너

"서산시의 슬로건이 해 뜨는 서산이라고요?" 2013년 3월 어느 날 남이섬을 찾아온 이완섭 서산시장님과의 첫 만남에서 나는 속으로 깜짝 놀랐다. '낙조의 서해 갯마을을 해 뜨는 서산이라니…. 역발상 내공이 보통이 아니시군.' 나도 모르게 그의 얼굴을 다시 살폈다. 자신만만 미소 띤 얼굴에 열정과 기개가 넘치고 있었다. 한술 더 떠서 자급자족하는 행복한 상상나라는 서산이 이미 오래전부터 준비하고 있던 것이라 했다. 해 뜨는 서산은 해 뜨는 공화국이라, 이 시장님의 강력한 의지에 따라 서산은 회원국의 만장일치 찬성으로 상상나라 연합에 가입했다.

 남이섬과 서산시를 포함한 11개 지자체가 결성한 12개 상상나라 연합은 코엑스에서 상상엑스포를 열고 한국의 대표관광지로 알려지기 시작했다. 국가체제를 표방하는 서산 관광 홍보를 위한 상상나라 선포식과 지자체 간 투어라인을 가동하고 남이섬에서 '찾아가는 재래시장' 행사를 겸한 해 뜨는 서산의 페스티벌까지 열면서 가장 늦게 가입한 서산이 가장 빠르게 치고 나가 다른 지자체들에게도 자극이 되고 있다. 이완섭 시장님의 역발상과 창의적 용기는 많은 외지인들에게 서산을 기억하게 한다. 서산에 아무런 연고가 없는 나 같은 사람도 올해만 여섯 번 이상 서산을 방문했으니까. 서산에 해가 뜨는 상상이 현실이 된다면 한국관광의 기적이 일어나고, 한국에서 서산이 뜨면 12개 모든 상상나라가 뜰 것이다. 기적의 중심에서 깃발을 든 이완섭 시장님의 열정을 믿는다.

## 함기선
한서대 총장

이완섭 시장이 이루어내는 서산의 시정들을 살펴보면서 행정도 스마트하게 진화할 수 있다는 것을 느낀다.

오랜 중앙부처 공무원 생활이 몸에 밴 전형적인 공무원 타입이지만, 국내외를 아우르는 광폭의 행정을 펼치는 것을 보며 그런 생각을 하곤 한다. 특히 서산발전을 확 앞당기겠다는 그의 시장출마 당시의 호언장담이 빈말이 아니었음을 확인할 수 있어 시민의 한 사람으로 다행스럽게 생각한다.

그가 시장으로 서산에 오고부터 서산에는 크고 작은 변화와 함께 많은 성과가 창출되고 있다. 그리고 성과들이 이뤄낸 기쁨과 행복을 많은 시민들이 향유하고 있다.

아직도 내 기대는 진행 중이다. 두품, 심품, 손품, 입품, 발품의 5품을 부지런히 팔면서 여기저기 동분서주하는 이완섭 시장의 행보에 기대하는 바 크다.

이 책에는 2년여에 불과한 짧은 기간이었지만, 그의 향내 나는 많은 발자취를 살펴볼 수 있어 감히 일독을 권한다.

## 정몽준
국회의원

이완섭 시장께서는 '해 뜨는 서산'이라는 슬로건으로 낙후된 이미지로 인식되던 서산을 일약 서해안의 중심도시로 도약시켜 나가고 있습니다.

서산은 선친의 땀과 열정의 흔적들이 많아 나에게도 애정이 깊은 지역입니다. 이완섭 시장께서 이런 서산을 잘 이끌고 계셔서 마음이 든든합니다. 제가 2002년 한일월드컵조직위원회의 공동위원장으로 있을 당시 이 시장께서는 인사과장으로서 안정된 조직을 이뤄나가는 데 큰 역할을 하였습니다.

'이완섭 시장' 하면 가장 먼저 성실함과 부지런함이 떠오릅니다. 서산부시장을 거쳐 서산시장으로서 시정을 꾸려나가는 과정에서도 이런 그의 면모는 확연히 눈에 띄었습니다. 예산확보를 위해 국회의원실을 부지런히 드나들던 모습도 눈에 선합니다.

해 뜨는 모습처럼 희망차고 비전 있는 서산을 만들기 위해 노력하는 이 시장께 힘찬 응원의 박수를 보냅니다. 아울러 이완섭 시장과 함께하는 서산 시민 여러분들의 행복지수도 더욱 높아지리라 기대합니다.

### 박 명 재
국회의원, 전 행정자치부장관

이 책은 중앙부처 공무원과 지자체장을 역임한 저자의 생생한 현장 에세이 성격의 책이다.

나는 2013년 6월 초 이완섭 시장의 특강요청으로 서산시를 방문할 기회를 가졌다. 그리고 그때 그간의 족적을 확인해볼 수 있었다. 2년도 채 못되는 짧은 기간이었음에도 평소의 유연함과 창의력을 바탕으로 시정을 펼쳐 많은 성과를 내고 있는 것을 보고 내심 놀랐다. 게다가 시민과 함께 시정을 공유하면서 성실하고 겸손한 섬김의 자세가 더욱 돋보여 가슴 뿌듯함을 느꼈다.

나는 이 시장을 잘 안다. 오랜 기간 총무처와 행정자치부에서 한솥밥을 먹는 가족과 같이 함께 일해 왔던 터이기 때문이다. 그런데 이 시장은 자치단체장으로서 또 다른 면모를 보이고 있었다. 서산시에 기분 좋은 변화를 불러일으키고 있어 앞으로의 변화되는 모습이 기대가 된다.

고향인 서산을 위해 하고 싶은 일들이 많다며 줄줄이 열거하는 그를 보며 서산시의 슬로건 "해 뜨는 서산"이 가슴에 와 닿았다. 해가 지는 낙조의 도시가 아니라 해가 뜨는 모습과 같이 역동적으로 발전하는 도시로 만들기 위해 그의 발걸음은 더욱 빨라질 것이 분명하다.

## 이 희 영
### 전 천안시장

이완섭 시장은 내가 아끼는 고향 후배다. 아낀다는 표현은 후배가 공직을 수행하는 데 방해가 되지 않도록 보호할 의무가 있다는 뜻이다.

공직자에게는 세 가지 운이 따라야 한다고 했는데 첫째가 발탁운이다. 시험에 합격하고 상사로부터 인정받는 부서로 발탁되는 운이다. 둘째는 훌륭한 관청에서 훌륭한 선후배를 만나 인연을 맺는 일이고, 셋째가 공직의 마감을 가장 가치 있고 보람 있는 곳에서 봉직하는 일이다. 이는 오랜 기간 중앙부처에서 쌓은 경륜과 넓은 인간관계의 인연을 고향 발전을 위해 값지게 쓸 수 있는 기회를 얻을 수 있다면 공직자의 행운을 갖춘 것이다. 이 시장은 자기의 피나는 노력으로 그 운을 잡은 성공한 공직자이다.

여기까지 오는 동안 많은 노력과 고생을 하여 얻은 입지전적 인물이다. 고졸 학력으로 정부에서 뽑는 국가공무원(7급) 공채에 합격하고 주경야독으로 대학에 진학, 박사학위까지 취득한 흔치 않은 인물이다. 직장에서 성실 성과 창의력 그리고 친화력을 인정받아 관계官界에서 성공할 수 있는 기대주였는데 고향 서산시에서 부시장으로, 시장으로 부름을 받고 후반기 공직을 가장 바람직하게 봉사할 수 있는 기회를 얻은 행운아이다.

공직자의 높고 자랑스러운 덕목은 절대淸廉, 절대公正, 절대遵法을 선비정신의 실천에 있음을 명심하고 가장 멋지고 많은 일을 이룩한 시장으로 그 이름이 빛나길 빈다.

**최양식**
경주시장

    이완섭 서산시장과는 오랜 기간 한솥밥을 먹는 중앙부처 공무원으로 함께 일했다. 그러기에 그를 속속들이 잘 안다. 이 시장은 원칙과 소신이 뚜렷하고 책임감이 강한 공직자다. 반듯한 용모에서 다소 딱딱하게 보이는 것과 달리 그는 사근사근하고 잔정이 많은 따뜻한 인품의 소유자이고 업무에 부딪치면 언제나 아이디어가 번뜩이는 사람이다.

    정부의 인사주무부처인 행정자치부 인사계장으로 그를 발탁한 이유도 거기에 있었다. 현재의 정부민원포탈인 '민원24'의 전신으로 '전자민원 G4C'라는 시스템이 있었다. 좋은 시스템임에도 홍보가 안되어 고민에 빠졌을 때 당시 담당과장이었던 이 시장은 남다른 수완을 보여줬다. 아무도 생각하지 못했던 만화 캐릭터 '뽀로로'를 홍보대사로 활용하여 기대 이상의 성과를 낸 것이다. 이는 이 시장의 창의적 업무능력을 볼 수 있는 한 예이다. 지금은 한 지역을 책임지는 시장으로 입성하더니 서산시를 눈부시게 이끌고 있다.

    솔직히 그를 잘 안다고 생각하고 있었는데 시정을 활기차게 펼치는 그를 보고 다시 놀란다. 그의 시정운영을 보고 새로운 교훈을 얻는다. 나도 몰랐던 그의 새로이 드러나는 역량이 부럽고 자랑스러워 이 책의 원고를 읽게 되었고, 감히 추천의 글을 쓰게 되었다. 이 시장과 함께 행복한 미래를 찾아가는 서산시민이 마냥 부럽다. 나는 궁금하다. 그의 이 찬란한 도전과 성취는 어디까지일까?

**손 석 원**
삼성토탈 사장

이완섭 시장님은 예전 서산시 부시장 시절부터 알고 지내는 분이다.

2010년 5월 삼성토탈의 LPG저장탱크 준공식에서 처음 만난 그는 눈이 번쩍 뜨이게 할 정도로 회사에 대한 지식과 이해도가 높은 분이었다. 당시 원고도 없이 감동적인 축사를 하던 모습은 아직도 사내에서 회자되고 있다.

이 시장님은 지금도 그렇지만 부시장 때부터 기업의 가려운 곳과 아픈 곳을 잘 알고 어루만져주는 이른바 '비즈니스 프렌들리'한 분이다. 기업이 미처 자각하지 못한 부분까지도 예측하고 대비할 수 있도록 도와주는 고마운 분이기도 하다.

이 시장님은 기업이 믿고 투자할 수 있도록 신뢰를 주는 행정이 어떤 것인지를 몸소 보여주셨다. 이 시장님의 소통하는 열린 마음과 실천에 옮기는 의지는 민간기업에서도 적극 배워야 할 부분이라 생각한다. 이런 의미에서 기업 경영인들과 회사원들도 이 책을 많이 읽고 깨달음과 가르침을 얻었으면 하는 바람이다.

### 정진석
국회사무총장

이 책 속에는 실패와 좌절의 순간들을 인생역전의 호기로 삼은 일들이 훈장처럼 박혀 있다. 이는 이완섭 시장님의 긍정적 마인드와 도전의식이 만들어낸 결과로, 서산에서 펼치는 그의 남다른 역량이 기대된다.

### 안양호
공무원연금관리공단 이사장, 전 행정안전부 제2차관

이완섭 시장은 언제나 자신에 대한 변화, 노력과 남에 대한 배려심이 몸에 밴 사람이다. 젊은 시절부터 중앙부처에서 함께 근무하면서 가까이서 지켜본 그는 '믿음'과 '봉사'의 사람이다. 서해안 시대를 완성해 나갈 서산시의 든든한 대들보가 되어 주실 분이라 확신한다.

### 정남준
전 행정안전부 제2차관

진실한 마음과 성실한 자세로 밤낮없이 뛰는 지자체장을 가진 도시는 발전할 수밖에 없다. 나는 이 장군(이완섭 시장을 지금도 그렇게 부른다)이 서산시민과 함께 행복한 지역공동체를 만들어나가는 기분 좋은 미래를 기대한다.

### 강병규
한국지방세연구원장, 전 행정안전부 제2차관

청렴, 성실, 도전의식은 낡고 고루한 가치가 아니라 어느 시대나 여전히 중요한 덕목이라는 것을 이완섭 시장이 또 한 번 알려주는 것 같다. 늘 혼신을 다하는 프로 정신이 있기에 오늘날의 이완섭 시장이 존재하는 것 같다.

### 박찬우
안전행정부 제1차관

이 책을 읽고 이완섭 시장을 새롭게 알게 되는 젊은이들은 좋은 롤 모델을 만나는 것이다. 원칙과 소신을 지키며 열정과 도전정신으로 자기 생을 돌파해 온 그가 이 시대 젊은이들의 롤 모델이 될 것이라 의심하지 않는다.

### 장준규
1군 부사령관, 전 특수전사령관

군인인 나는 공동체의 운명을 매우 중하게 여기는 사람이다. 공동체를 위해 자신을 낮추고 희생하는 것이 얼마나 어려운 일인 줄도 잘 안다. 한 지자체를 이끄는 자리가 결코 녹록치는 않을 것이다. 그런데도 이완섭 시장은 너무 잘해내고 있다. 그 비결이 이 책에 잘 담겨 있다.

### 전 충 렬
개인정보보호위원회 상임위원(차관급)

나는 이완섭 시장을 누구보다 잘 안다고 자부한다. 그의 별명은 이 장군이며 나는 늘 그렇게 부른다. 의리 있고 소신 있고 책임감 강하고 거기에 정도 물씬물씬한 사람이다. 그가 창의적으로 이끄는 서산호는 분명 전도양양하게 나아갈 것이다. 이 책이 그걸 말해준다.

### 허 영 일
대한노인회 서산시 지회장

동에 번쩍 서에 번쩍하며 부지런히 시정을 살피는 사람, 어르신들을 이 나라 건설의 주역이라고 늘 입에 달고 다니는 사람…. 그런 사람이 이완섭 서산시장이다. 그 바쁜 중에도 책을 썼다 하니 이 또한 큰 박수를 보낸다.

### 최 길 학
서산상공회의소 회장

오래전부터 경제가 어렵다는 말들을 많이 한다. 서산에서 상공회의소 회장을 맡고 있는 사람으로서 항상 마음이 무겁다. 그러나 이완섭 시장님이 있어서 희망의 크기가 커지고 있다. 지난 2년여의 족적이 그런 마음을 갖게 하니까….

### 도 신
서광사 주지스님, 수덕사 부주지

이완섭 시장님은 열정이 넘치고 편견이 없는 공평무사한 분이다. 종교에 대한 편향성과 편견이 없이 소통에 힘써주셔서 그저 감사할 따름이다. 항상 노력하는 이 시장님의 열정에 찬사를 보낸다.

### 신 관 식
제일장로교회 목사

이완섭 시장님은 항상 밝은 미소가 그의 트레이드 마크다. 늘 웃는 얼굴로 시민을 대하는 이 시장님을 보면서 진정 하나님이 서산을 위해 내리신 진정한 일꾼이라 생각했다. 이분이 서산에 온 것은 복록 중에서도 큰 복이다.

### 최 효 인
서산시 예천성당 신부

이완섭 시장님과의 첫 만남에서 오랜 지기 같은 정다움과 친근감을 느꼈습니다. 겸손하면서도 한편으론 세심함에 놀라면서 더욱 가까워지고 싶은 마음을 가졌습니다. 바쁜 속에서도 책을 쓰셨다는 얘기를 듣고 기꺼운 마음으로 축하의 글을 보냅니다.

### 하 성 룡
합동참모본부 계획처장, 전 공군 제20전투비행단장

제가 20전투비행단장으로 근무하는 동안 투철한 안보 의식을 가지신 이완섭 시장님 덕분에 군과 민이 보다 가까워질 수 있었습니다. 특히, 서산시 통합방위 의장으로서 민·관·군 상호간 긴밀한 협조체제를 갖추는 데 훌륭한 리더쉽을 보여주셨습니다.

### 최 근 영
공군제20전투비행단장

이완섭 시장님은 마음이 따뜻하고 열린 마음을 가진 분입니다. 장병들과 영내 가족들의 애로사항을 들으시고 직접 방문하여 살펴보시고 해결해주시는 진정한 목민관입니다.

### 이 남 용
숭실대 교수

다소 날카로운 인상. 하지만 부드러운 성품에 금방 무장해제되어 즐거웠던 첫 만남이 떠오른다. 이 책을 읽고 그가 그동안 이룩해낸 다양한 성과의 원천은 바로 그의 부지런함, 열정 때문이라는 생각을 다시 한 번 하게 됐다.

### 이 은 구
신이랜드 대표이사, 해미사랑장학회장

이 책에 우리 고향 이웃들의 모습과 삶이 곳곳에 소개되어 있어서 좋았다. 과장하거나 덧칠하지 않아도 빛나는 서산을 향한 이완섭 시장의 애정이 곳곳에 뚝뚝 묻어나는 듯하다. 고향 후배지만 지역발전을 위해 동분서주하는 그가 자랑스럽다.

### 함 기 두
KT&G 수석부사장

이완섭 시장은 참 괜찮은 친구이다. 항상 반듯하고 모범적인 모습의 그가 시장으로 변신하여 고향 서산을 탈바꿈시키고 있다. 이 책을 통해 독자들도 괜찮은 내 친구와 사귀어보길 권한다.

### 안 병 철
지엔씨 대표

이완섭 시장 같은 친구를 두었다는 것이 늘 자랑스럽다. "해 뜨는 서산"을 비전으로 내걸었을 때부터 나는 서산이 서해안의 중심도시가 되리라는 것을 믿어 의심치 않았다.

### 손영동
고려대 정보보호대학원 초빙교수

이 책은 딱딱한 시정설명서가 아니어서 좋다. 이완섭 시장님은 반듯한 외모에서 풍기듯 곧은 성품과 모범적인 언행이 특징이다. 책에서도 보여주듯이 올곧게 시정을 펼쳐 나가리라는 것은 불을 보듯 뻔하다.

### 정종제
안전행정부 안전정책국장

행정안전부(현 안전행정부)의 베스트공무원답게 매사 본보기가 되시고, 외부 손님들은 물론 아래 직원들에게도 손수 차를 타주던 감성이 따뜻한 이완섭 시장님을 기억합니다. 지자체장이 되어서도 겸손을 잃지 않고 역동적인 시정을 펼쳐 많은 성과를 내고 있는 데 대해 큰 박수를 보내드립니다.

### 권혁문
안전행정부 의정담당관

신언서판身言書判이라는 말이 있다. 이 말에 가장 잘 어울리는 한 분을 꼽으라면 나는 주저 없이 이완섭 시장님을 꼽을 것이다. 항상 동기부여를 주는 이완섭 시장님께 감사드린다.

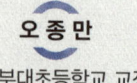
천안부대초등학교 교장

내 친구지만 이완섭 시장은 참 멋진 사람이다. 그는 어린 초등학생들에게도 똑똑시장실이라는 시책을 통해 꿈을 심어주고 있다. 서산의 꿈나무들이 서산을 발전시켜 나갈 소중한 동력이 되리라 확신한다.

한건상사 사장

이완섭 시장이 서산으로 돌아온 후부터 서산에도 사람과 기업이 몰려들기 시작한 것 같다. 내 고향 서산이 늙고 쇠락하는 도시가 아니라 다시 젊어지고 번성하는 도시가 되어 정말 기쁘다.

개그맨

행정은 잘 모르지만 고민하는 많은 젊은이들에게 이 책은 따뜻한 안내서가 될 것이라 생각합니다. 많은 젊은이들에게 이완섭 시장님은 좋은 롤모델이 될 것 같습니다.

일러스트 : 강우현

**목차**

**프롤로그** … 14
**추천사** … 18

## 하나 공직, 창조의 베이스캠프
### 가지 않은 길이라 간다

- 서산, 꿈의 요람 … 40
- 전화위복으로 들어선 공직의 길 … 49
- 성실·몰입·도전… 가장 비범한 자산 … 61
- 행정, 남들처럼은 안 해! … 70
- 친절의 리더십 … 79
- 연어처럼 서산으로 … 83
- 선장을 잃은 서산호 … 96
- 혼 빠지게 치른 초박빙 선거 … 103
- 나는 '서산당' 시장입니다! … 113
- 이완섭을 이완섭으로 만든 사람들 … 120

## 둘 해 뜨는 공화국, 서산
### 안정과 변화의 변주곡

- 스타도시 서산 … 136
- 창조관광의 메카 '해뜨는공화국' … 145
- 기업과 사람을 키우다 … 152
- 5품으로 펼치는 활어 행정 … 161
- 서산의 가치를 세일즈하라! … 170
- 최고다, 서산시! … 187
- '오 예스(5S)' : 소통, 긍정, 창조의 행정 … 197

- 환황해권의 전초기지, 대산항 … 205
- 불황 모르는 '비즈니스 프렌들리' 서산 … 210
- 서산이라는 '명품 브랜드' … 217
- 웃음 가락과 희망 월령가로 덩실! … 227
- 서산, 콘텐츠를 담다 … 243

## 셋: 소통과 공감의 리더
### 함께 꿈꾸다

- 불통의 굳은살을 제거하라 … 260
- 똑똑(talk talk) 시장실 … 265
- '대인배'에 대한 단상 … 272
- 실패라도 하는 공무원이 낫다 … 281
- 갑질하는 행정은 가라 … 286
- 시민의 니즈가 좋은 시정을 만든다 … 291

## 넷: 빛나라, 대한민국!
### 쨍하고~ 해 뜰 날

- 시장, 공무원, 시민의 3박자 … 299
- 서산이 서야 대한민국이 선다 … 305
- 그린 프리미엄을 얹어라! … 312
- 눈물 지고 미소 돋는 서해 … 319
- 뉴새마을 운동으로 부르는 희농가 … 323
- 해 뜨는 서산은 ing … 330

**에필로그** 함께 꿈꾸면 운명이 된다! … 342
**부록** 서산9경, 서산 농특산물 … 347

일러스트 : 강우현

# 공직, 창조의 베이스캠프

### 가지 않은 길이라 간다

숲 속에 두 갈래 길이 있었다고,
나는 사람이 적게 간 길을 택하였다고,
그리고 그것 때문에 모든 것이 달라졌다고.

사람들은 모두 매순간 최선을 다한다. 하지만 인생은 끝없는 선택을 강요한다. 로버트 프로스트의 시 「가지 않은 길」은 바로 그런 인간의 선택을 주제로 하고 있다.

인생은 어쩌면 가보지 않은 나머지 한 길에 대한 미련과 동경으로 살아가는 것인지도 모른다. 용감하게 자신이 선택한 길을 떠나는 이가 세상에서 얼마나 될까?

의도치는 않았지만 나는 대다수 사람들이 가는 평범한 길을 가지 못했다.

두 번의 대입 실패로 인해 정규대학에 입학하지 못했고, 차선이었던 7급 공무원 시험에 합격하여 공직자의 길을 걷게 된 나는 어쩌면 한국인들의 표준형 인생에서 살짝 벗어났는지도 모른다. 하지만 지금 돌이켜보건대 그건 하나의 운명처럼 느껴진다.

인생은 외길 하나만 있는 것은 아니라는 깨달음은 이후 내 삶의 여러 갈래에서 퍽 유용한 버팀목이 되었다.

예기치 않은 시련으로 잠시 표준적인 신작로에서 벗어나거나 먼 길을 돌아가야 하는 우회로의 인생이 생각보다 나쁘지만은 않다는 것도 알았다. 아니 오히려 즐거웠다. '내 삶의 주인공은 바로 나'라는 깨달음은 소중했다.

공직 입문 후에 나는 평범하고도 순탄한 길을 걸어왔다. 그런데 어느 날 내 앞에 운명처럼 또 다른 갈림길이 나타났다. 서산시장으로의 출마기회. 어느 길을 선택할 것인가? 갈등과 번민의 날을 거듭한 끝에 나는 남들이 적게 간 그 길을 선택했다.

그리고 서산시의 시장이 되었다.

# 서산,
## 꿈의 요람

　나는 서산시 해미면 언암리에서 나고 자란 서산 토박이다. 고등학교를 졸업하고 객지에서 공직생활을 하느라 비록 삼십 년 넘게 떠나 있었지만 고향 서산은 늘 마음의 안식처였다.
　고향의 훈훈한 인심을 떠올리며 각박한 도심 생활을 견뎌왔다고 해도 과언이 아니다. 온 들판과 바다를 풀방구리처럼 쏘석거리며 돌아다녔던 고향 산천을 떠올릴 때면 늘 따뜻하고 포근한 어머니의 품이 동시에 연상된다.
　서산! 들녘과 갯벌과 인심이 풍요로운 서해안의 대표적인 낙토樂土다. 말이 느리고 인심 좋은 충청도에서도 특히나 서산은 충청도의 특징을 가장 완벽하게 지키고 있는 곳이다. '충청도 중의 충청도'라고 불리는 곳. 잘 익은 장처럼 깊고 질박한 문화와 정신을 간직한 곳이 내 고향이다.
　자신의 고향을 그리워하지 않는 이가 몇이나 될까마는 고향도 고향 나름. 내 고향 서산은 어머니의 품처럼 늘 넉넉하고 풍요롭고 부드럽다. 오래도록 외지에 머물다가 찬바람처럼 서걱거리는 몸으로 돌아온 퀭한 아들을 변함없이 보듬는 고향이었다.

'왜 왔냐?', '왜 이제야 왔냐?'고 타박하지 않는 어머니처럼 서산이 내게 그랬다. 따뜻한 고봉밥에 달근짭짤한 젓갈과 생선 반찬을 내어주는 고향에 돌아와서야 난 비로소 편안해질 수 있었다. 오랫동안 붙들렸던 허한 마음과 뭔가 닻을 내리지 못해서 느끼던 불안감이 비로소 잠재워진 것이다.

오랜 외지 생활을 하면서도 내가 가진 고향에 대한 자부심은 어느 누구에게도 못지않았고, 영원토록 사라지지 않았다. 서산이 가진 무궁무진한 자랑거리와 풍요로움은 늘 든든한 내 정신적 배경이었다.

예로부터 서산은 백제가 수도를 공주, 부여로 옮긴 후부터 중국과의 교류에 중요한 역할을 했던 교통의 요충지였다. 고려와 조선 시대에는 삼남지방의 세곡을 서울로 운송하는 조운선의 중요한 위치이기도 했다. 지금 서산이 가지는 해운과 육상 교통의 요충지로서의 위상은 이토록 오랜 역사성을 가진 것이다.

역사문화재도 많다. 조선 세종 때 왜구를 막기 위해 쌓기 시작한 해미읍성은 천주교도들의 순교 성지이다. 성 안 광장에는 감옥 터와 천주교도들을 고문한 300년 넘은 호야나무(회화나무)가 서 있다. 성 밖에는 신자들을 묶은 채 밀어 넣었던 '진둠벙', 순교성지가 된 '여숫골'이 있다.

해미읍성은 내가 제일 존경하는 성웅 이순신 장군이 군관 시절 10개월을 보낸 곳이기도 하다. 어릴 때부터 나라를 위해 뜨거운 심장으로 일한 이순신 장군의 발자취와 그 호연지기를 떠올리면 왠지 가슴 한가득 뭉클한 마음이 샘솟곤 했다.

서산이 가진 또 다른 자원이 뛰어난 자연환경임은 아무도 부인할 수 없다. 바다와 갯벌은 서산 주민들에게 오랜 삶의 터전이었다. 전국 최고의 청정함을 자랑하는 가로림만의 갯벌, 한때 한국 제일의 황금어장이었고 이제는 세계적인 철새도래지가 된 천수만.

천수만에는 해마다 추수가 끝날 무렵이면 수십만 마리의 겨울 철새들이 날아든다. 세계적인 철새의 낙원을 보기 위해 외국 관광객들도 곧잘 모여드는 곳이다.

비옥한 땅, 기름진 갯벌, 넓은 어장을 지닌 서산이 국내 단일 지역 가운데 특산물이 가장 많은 곳으로 손꼽히는 것은 당연하다. 서산의 모든 바다와 들에서 나는 것들마다 모두 오롯이 특산물이자 친환경 웰빙식품이다.

서산이 바닷길을 통해 중국 남북조시대 불교문화가 제일 먼저 전래된 곳이어서 그런지 '백제의 미소'를 간직한 만큼 불교 유산들이 유독 많다. 특히 가야산 인근은 백제 불교유적의 보물창고다.

백제의 미소를 간직한 마애여래삼존상처럼 서산사람들의 인심은 온유하고 후덕하다. 말투에서 느껴지듯 느긋한 성품과 따뜻한 인심을 가진 고향 사람들을 객지에서 만나면 그렇게도 반가울 수가 없었다.

지금은 살이 많이 붙은 편이지만 젊은 시절 나는 지금보다 훨씬 말랐었다. 당시 처음 만난 사람들은 까칠하고 말 붙이기 어려운 사람으로 나를 오해하는 경우가 적지 않았다. 그럼에도 중앙부처(안전행정부) 근무 당시 상·하·동료들로부터 베스트공무원으로 선정되는 등 좋은 평가를 받은 이유는 서산사람 특유의 온화함 때문이 아니었을까 생각한다. 외모와 달리 부드럽고 정감 있는 서산 사투리가 섞인 말씨를 들은 상대방은 금세 긴장과 경계심을 풀곤 했었다.

산과 들과 바다에서 나는 풍성한 물산들과 아름다운 자연환경이 빚어낸 사람의 심성은 오랜 외지 생활에서도 닳지 않고 그 자체로 남아있는 법이다. 고향이 빚은 내 심성 덕택에 알게 모르게 덕을 많이 본 셈이다.

세상 대부분의 자식들이 부모를 인생 최고의 멘토로 생각하듯이 나 역시 마찬가지였다. 나는 3남 3녀인 6남매 중 넷째로 태어났다. 아래로는 여동생만 둘이어서 남동생 있는 친구들이 부러웠다.

아버지는 6남 2녀 중 셋째 아들로 태어나셨다. 해미향교 전교를 지내고 훈장이셨던 할아버지는 상당히 엄한 분이셨다. 셋째 아들인 아버지가 맏이 역할을 하셨기에 당시 우리집은 할아버지와 할머니를 모시고 3대가 함께 사는 대가족이었다. 게다가 한동안은 다섯째 숙부님과 숙모님도 함께 살았다.

할아버지께서는 장남 역할을 하는 아버지에게 글공부를 가르치지 않으셨다. 농사를 지어 대가족을 먹여 살리는 일을 더 큰 일로 여기셨던 할아버지의 말씀에 순종했던 아버지는 무학의 미련조차 접은 채 농사를 지어 대가족의 생계를 책임지셨다. 스무 마지기 정도의 논농사와 집 곁에 있는 밭농사를 하며 가장의 무거운 짐을 묵묵히 짊어지셨던 분이었다.

나는 초등학교 들어가기 전까지만 해도 무밥을 많이 먹으며 자랐다. 쌀보다는 무가 더 많이 들어있는 밥을 먹으며 언제 쌀만 들어있는 밥을 먹어보나 하는 생각도 했었던 것으로 기억된다.

훈장의 집임에도 글공부 기회조차 갖지 못했지만 아버지는 동생을 가르치는 일을 마다하지 않으셨다. 오히려 싫은 내색 없이 모두 뒷바라지하셨다. 덕분에 어려운 환경에서도 공부에 뜻을 두셨던 다섯째 숙부님은 무난히 서울대 농과대학을 졸업하실 수 있으셨다. 부모님께서는 늘 그것을 자랑스럽고 보람찬 일로 여기셨다. 그러나 넉넉하지 못한 형편에 다섯째 숙부님 대학 뒷바라지(등록금, 하숙비 등)와 여섯째 숙부님댁 제금(딴 살림) 내주느라 늘 여유롭지 못했다.

하지만 무슨 광영을 얻기 위해서 한 것이 아닌 이런 순수한 부모님의 희생 덕분에 다섯째 숙부님은 가계를 일으키셨고 사촌 형제들도 지금껏 모두 잘 살고 있다.

동생을 가르치느라 고생하시는 부모님을 보며 자란 우리 형제들은 시키지 않아도 하나같이 공부를 다 잘했다. 다들 상장도 여러 번 탔고, 학교 임원을 도맡아 하기도 했다.

아버지께서는 단 한 번도 자식들에게 공부 잘하라고 부탁을 하거나 야단치시는 법이 없었다. 유일하게 나만 그런 아버지께 아

김찬 선생님 만화를 그대로 옮겨 그린 그림 중의 일부

침 밥상머리에서 종종 꾸지람을 듣곤 하였다. 밥 먹고 학교 가야 할 녀석이 그림 그리기에 열중하는 일이 다반사이기 때문이었다.

나는 어릴 때부터 글씨, 조각, 미용, 그림 등 손으로 하는 것은 무엇이든 잘하는 편이다. 필체도 남들보다 좋다는 소리를 들으며 자랐다. 초등학교 4학년 때는 당시 서산군 전체 붓글씨 대회에 나가 입선하기도 했다.

눈썰미가 좋아 한번 눈으로 보면 뭐든지 보통 이상으로 따라할 수 있었다. 부모님의 이발도 직접 해드렸고, 심지어 내 머리카락도 직접 깎고 다니기도 했었다. 재봉질도 곧잘 하여 옷 수선뿐만 아니라 직접 바지를 만들어 입고 다니기도 했다.

손재주가 있고 그림을 좋아하다 보니 좋아하는 그림 역시 그대로 따라 그려야만 직성이 풀렸다. 특히 중학생 시절에는 해미읍성 앞에 있던 만화 가게에서 만화책을 사다가 따라 그리는 일에 몰두했다. 재미있어 시간가는 줄도 몰랐다. 등교하기 직전까지 그림을 그리느라 순가락도 들지 못하고 학교에 가는 날이 많았다. 이 일로 아버지께 호된 꾸지람을 듣기도 했다. 배움의 기회조차 없었던 아버지의 눈에 학생으로서 해야 할 공부보다 그림에 더 열성을 다하는 자식의 모습이 한심하게 보였을 것 같기도 하다.

성품이 온유하고 사리가 분명하셨던 아버지는 힘이 장사셨다. 스포츠 경기도 싫어하는 종목이 없었다. 부지런히 농사일을 하시면서도 복싱이나 레슬링, 축구 등 중계방송이 있는 때만큼은 일손을 멈추고 라디오와 TV를 가까이 하셨을 정도로 스포츠 애호가이다. 또한 온화하고 덕이 많으셨던 아버지는 동네에서 위아래로 인정받는 현로賢老기도 하셨다.

아버지는 2001년 1월 16일 84세의 일기로 가족들의 곁을 떠나 영면하셨다. 돌아가신 아버지를 떠올릴 때마다 나는 2002년 월드컵 경기가 저절로 떠올려진다. '일 년만 더 살아계셨다면 매일매일 각종 월드컵 경기를 보시며 참 좋아하셨을 텐데……'라는 서글픈 마음이 드는 것이다. 풍수지탄風樹之歎! 자식의 깨달음과 후회는 늘 늦는 것 같아 슬프기 그지없다.

다행히도 내게는 아직 어머니가 계신다. 어머니는 세상 어머니들이 대부분 그렇겠지만 정말 자식들만을 위해 사셨던 분이다. 그렇다고 요즘 자기 자식들만 귀애하여 다른 것은 무작정 도외시하는 이기적인 엄마들과는 확연히 다르다.

'콩 하나도 나눠 먹는다'는 말처럼 어머니는 천성이 남을 위해 베풀며 사시는 분이었다. 뭐라도 생기기만 하면 남들과 나누는 일부터 생각하시는 어머니 역시 동네의 며느리와 진배없으셨다. 자식들과 남들을 위해 베푸는 삶은 몸에 배었지만, 당신을 위해서는 십 원 한 푼 쓸 줄 모르셨던 분이셨다.

내가 어렸을 때 동네에는 교자상이나 광주리와 그릇 등을 파는 떠돌이 방물장수가 많았다. 그런 분들이 밤이 좀 늦었다 싶으면 으레 우리 집에서 자고 갔다. 다른 집 앞에서 어물거리다가도 어찌된 일인지 결국에는 우리 집으로 오는 경우가 많았다. 그럴 때마다 어머니는 귀찮아하는 기색 하나 없이 늦은 밤길을 걱정해주시며 반가이 맞아주셨다. 이런 후덕한 마음을 가진 어머니를 방물장수들은 '관음보살 같은 분'이라 칭송했다.

어머니는 작은 체구셨지만 어느 누구보다 당차고 강단 있는 분이셨다. 해미 읍내 5일장이 서는 날이면 이것저것 한아름 머리에 이고 손에 들고는 집을 나서곤 하셨다. 십 리가 훨씬 넘는 그 길을 이고 지고 다니시는 어머니가 어린 내게는 항우장사처럼 보였다.

그 착각이 얼마나 철없던 것이었는지는 내가 좀 더 머리가 커진 후에 알게 되었다. 여린 허리와 어깨로 무거운 짐을 지는 것이 여인의 몸으로 어찌 힘들지 않았을까? 그렇게 해야만 대가족 살림을 꾸려나갈 수 있었고, 자식들의 입에 뭐라도 하나 더 넣어줄 수 있었기 때문에 희생하셨으리라!

여느 대한민국 어머니처럼 어머니의 교육열은 정말 남달랐다. 그런 어머니가 세상에서 가장 존경하는 직업이 바로 '선생님'이었다. 항상 어머니는 내게 '우리 집에서 완섭이 너는 꼭 선생님이 돼야 한다!'고 늘 입버릇처럼 말씀하셨다.

훗날 공주사범대학교에 두 번이나 도전했던 것은 내심 어머니의 소망을 이뤄드리고 싶었던 마음 때문이었기도 하다. 아쉽게도 어머니의 소원은 결국 이뤄드리지 못했다. 하지만 대학입시 낙방을 계기로 나는 공직에 투신할 수 있었다. 결국 지금 고향 서산의 시장이라는 자리에 온 것을 보면 '인생지사 새옹지마'라는 인생의 교훈을 제대로 얻었다고 해야 할까?

지금 93세의 어머니는 귀가 어두워 잘 듣지 못하시지만 아직도 총기가 남달리 뛰어나시다. 기억력이 너무 좋으셔서 옛일을 줄줄 꿰신다. 어머니의 건강을 살피며 모시느라 정작 자유롭지 못한 삶을 사시는 형님과 형수님에게 늘 미안하고 감사할 뿐이다.

어머니가 계시고, 나의 모든 꿈과 추억이 고스란히 묻어있는 서산은 나를 키워준 요람이다. 오래도록 바람처럼 외지를 떠돌았던 내가 부시장이 되고, 시장이 되어 다시 요람에 안긴 그 순간 그렇게 편안하고 행복할 수 없었다.

나는 이제 이곳을 위해 제대로 된 그림을 그려나가는 시장이 되고 싶다. 서산은 나와 모든 서산 시민들이 함께 그려나가는 무궁무진한 꿈의 도화지다. 우리 앞에 펼쳐진 그 도화지에 어떤 꿈과 미래를 담을까, 생각할 때면 늘 새 책을 받은 아이마냥 가슴이 벅차오른다.

# 전화위복으로 들어선
## 공직의 길

언암초등학교를 다니던 어린 시절 내 꿈은 선생님보다 '장군'이 먼저였다.

아마 나 말고도 가정환경조사서에 기재된 '장래희망'란에 별 고민 없이 '장군'으로 빈칸을 채운 아이가 적어도 십여 명은 족히 넘었을 것이다. 요즘 아이들로 치자면 아마도 '연예인'만큼 흔하게 선호한 직업이 아니었을까?

깡촌과 다름없는 시골에서 논밭 일을 거들며 자라나는 시골 소년이 당시에 무슨 꿈을 가질 수 있었겠는가? 지금처럼 부모가 자녀 교육을 위해 맞춤용 로드맵을 짜고, 그 길을 가기 위한 방법론을 극성으로 제시해 주는 분위기가 아닌 시대였고, 세대였다.

어쨌든 나는 진짜 장군이 되지는 못했다. 그러나 아이러니게도 1985년부터 내 별명은 놀랍게도 '장군'이었다. 재미있지 않은가? 물론 시장으로 재직하는 서산에서는 잘 알려지지 않은 일화다.

행정안전부 제2차관으로 재직하셨던 안양호 차관님과 정남준 차관님, 현 개인정보보호위원회 상임위원(차관급)인 전충렬 위원님 등은 지금도 나를 보면 '이 장군'으로 부르신다.

평범하면서도 절실하지 않은 내 꿈이 바뀐 것은 해미중학교에 진학하고 나서부터였다.

어느새 내 꿈은 '장군'에서 '선생님'으로 바뀌었다. 교사로의 꿈 전환에 가장 큰 영향을 끼친 분은 단연코 어머니였다. '완섭아, 너는 선생님이 되어야 한다!' 어머니의 입버릇은 내 청소년기를 지배한 주문 같은 것이었다.

게다가 선생님들의 교수법에 관심을 갖게 되면서 이 소망은 더 단단해졌다. 수업을 들으면서 선생님들의 교수법이 신통치 않다고 여겨지는 때가 종종 있었다. 그럴 때마다 '나 같으면 이렇게 가르칠 텐데……. 왜 저렇게 가르치실까?'라는 생각을 종종 했었다.

시골에서 공부를 좀 한다는 애들처럼 1974년 공주고등학교로 진학하게 되었다. 해미에서 공주로 학교를 간다는 것은 당시만 해도 유학과 다름없었다. 학창시절의 나는 소위 범생이라 불릴 만한 아이였다. 고등학교 2학년 때 잠깐 영화에 빠졌지만 선생님이 되어야겠다는 꿈은 변함없었다. 아주 당연한 수순처럼 공주사범대학교의 문을 두드렸다.

하지만 결과는 낙방!

불합격이라는 멍에를 걸머지자 창피하다는 생각에 몸은 한없이 움츠러들었다. 그동안 실패를 몰랐던 나의 자괴감은 점점 커

져만 갔다. 부끄러웠고 주변을 볼 면목이 없었다. 재수를 하고 이듬해 다시 도전했지만 결과는 또 낙방이었다.

두 번의 대학입시 실패는 내 꿈을 다시 한 번 되돌아보는 계기가 되었다. 인생 전반을 좌우한 공직 입문의 또 다른 계기가 되었다고 자위할 수 있지만, 이는 지금에나 갖는 결과론적인 말일 뿐 당시의 나는 초라해질 대로 초라해진 상태였다.

어려서부터 공부깨나 한다는 말을 계속 들어왔던 터라 더욱 그랬다. 주변사람들의 눈을 피하기에 바빴다. 자신감을 잃으니 마음마저 피폐해져 갔다. 실패라는 것을 일찌감치 대학 문턱에서, 그것도 두 번씩이나 맛본 나는 다른 것을 생각해 볼 여유를 찾기 어려웠다.

그러나 시간이 해답을 찾아주었다. 입영 영장이 나와 군대를 가게 된 것이다. 1978년 5월 8일 육군에 입대했다. 논산훈련소 23연

군복무 일등병 시절(상단 맨 우측이 필자)

대에서 한 달간의 훈련병 과정을 마치고 자대 배치를 받아 국방부 소속 직할부대 인사과에서 근무했다. 당시 차트병은 아니었지만 필체가 좋다는 이유로 발탁되어 글씨 쓰는 일을 주로 했다. 2년 9개월 10일간 충실히 복무 후 1981년 2월 12일 육군병장으로 만기제대했다.

심기일전. 군대를 다녀오니 뭔가 인생에서 중요한 순간을 해치웠던 만큼 용기가 백 배 충전되는 기분이 들었다. 그때부터 다시 한 번 내 인생을 찬찬히 둘러보기 시작했다.

'다시 대학입시에 도전해야 하나?'

솔직히 사병으로 복무하는 중에도 틈틈이 대입을 준비했던 나였다. TV 방송강의 교재로 내무반 점호가 끝나면 틈틈이 공부했다. 하지만 나는 잠깐 머뭇거릴 수밖에 없었다. 당시는 대학생들의 반정부 시위가 극심하던 1980년대 초였다.

대학생들이 강의실에서 공부하는 것이 아니라 거리로 나가 데모를 하는 것이 일상화가 된 시절. 등허리가 휘게 일하시는 부모님께 비싼 학비를 받아 대학을 들어가는 것이 과연 맞는 길일까, 하는 의문이 들었다.

물론 현실 참여도 중요하지만 그냥 아무런 의식 없이 분위기에 휩쓸려 시위 판에서 시간을 허비하고 싶지는 않았다. 나는 다른 길을 모색하기 시작했다. 그리고 자기합리화일지도 모르지만 두 번이나 대학에 떨어진 것은 '대학에 가지 말라!'는 어떤 운명의 계시는 아닌가 싶은 생각도 들었다.

정규대학이 아니어도 나중에라도 학업의 길은 언제든 열려있다고 생각했다. 내가 선택한 다른 길은 바로 '공무원 시험'에 도전하는 것이었다. 정규대학을 못 나온 나에게는 안정된 직업군이라는 이유도 꽤 매력적으로 다가왔다.

 제대 후 한 달 정도 이곳저곳 인사를 마치고 곧바로 7급 공무원 시험에 매달리기 시작했다. 2월에 제대하고 3월 중순부터 공부를 시작해서 1981년 7월 26일 실시된 7급 국가행정직 공무원 시험에 응시했다. 이번엔 운 좋게도 단번에 합격했다. 공부한 지 4개월 만에 이룬 쾌거였다. 두 번의 대학입시에 낙방했던 나의 합격은 하늘을 날 것 같았고 세상을 다 얻은 기분이었다.
 내가 9급도 아닌 7급 공무원 시험에 어떻게 단박에 붙을 수 있었는지 묻는 분들이 많다. 합격의 동력이 된 사연에는 나름 사나이로서의 알량한 자존심 문제도 끼어 있었다.
 대입에 떨어지고 서울대를 졸업하신 숙부님 댁에서 기거하면서 재수 생활을 했다. 어려운 환경에서도 고학을 해서 서울대에 입학하실 만큼 수재였던 숙부님은 나를 어려서부터 각별히 아껴주셨다. 어려운 환경에서도 당신을 가르쳐주신 형님에 대한 보답을 조카인 나를 통해 하시고자 했는지도 모른다. '완섭이는 내가 서울로 데려가서 미술대학에 넣겠다'는 말씀을 곧잘 하셨더랬다. 암튼 그런 내가 연이어 대입에 떨어지는 것을 지켜보며 나름 안쓰러우면서도 답답하게 보였을 것이다. 그런 생각에서였는지 어느 날 숙부님이 말씀하셨다.
 "완섭아, 너는 9급 공무원 시험이나 봐봐라!"

숙부님께서는 방황할지도 모르는 조카를 위해 편하게 하신 말씀이었겠지만, 나에게는 오기를 발동시키는 자극제가 되었다. 두 번이나 대입시험에 떨어졌는데 또다시 9급 공무원 시험에도 떨어지면 어쩌나 하는 생각이 들었다.

'그래 기왕에 시험 볼 거라면 7급으로 보자!'

만약 떨어지더라도 9급이 아닌 7급에서 떨어졌다는 소리를 들어야겠다는 얄팍한 속셈이 깔린 결정이었다. 그만큼 낙방에 대한 수치심이 깊숙이 자리 잡고 있었던 것이다. 어쨌든 나는 오기로 도전했다. 숙부님의 사심 없는 그 한마디가 내 도전의 강력한 자극제가 되었던 것이다. 이런 사실을 숙부님은 모르신 채 2012년 2월 14일 돌아가셨다. 숙부님은 나의 부모님처럼 정이 많은 분이셨다. 숙모님도 마찬가지였다. 그런 분들이셨기 때문에 나를 포함한 여러 조카들은 서울 생활을 모두 숙부님 댁에서 할 수 있었다.

군 제대 후 잠시 주변 정리를 한 후 3월부터 시험 준비에 들어갔다. 학원에 다니지도 않고 우편으로 신청해서 받은 행정고시학원 교재로 공부를 시작했다. 대학과정을 거치지 않은 나에게 행정학, 행정법, 헌법, 민법총칙, 경제원론 과목들은 모두 생소하고 어려웠지만 시간이 지나면서 진도를 빨리 나갈 수 있었다. 시험을 열흘 정도 앞둔 시점에는 하루에 2~3권씩 독파할 정도로 속도감이 배가되었고 집중력은 높아졌다. 잠자는 시간까지 아껴가면서 몰입했다.

이렇게까지 공부를 한 또 다른 이유가 있었다. 당시 집안에 수험생이 나 말고 또 있었다. 전년도 전국에서 5명 뽑는 7급 국가농

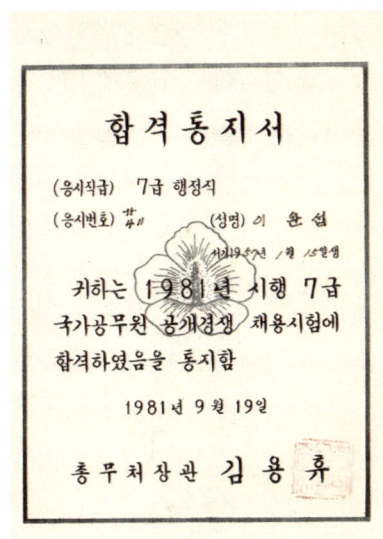
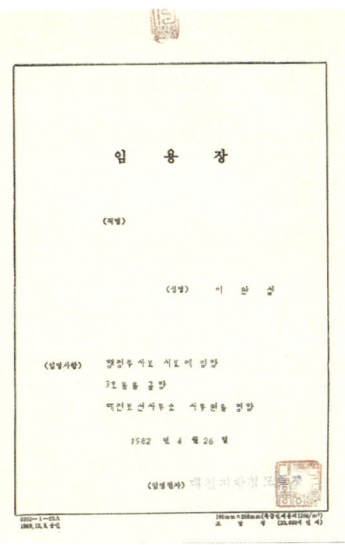

7급공무원 합격통지서　　　　7급공무원 첫 임용장

림직 시험에 필기시험은 합격했으나 아깝게 면접에서 탈락의 고배를 맛보았던 형님(득섭, 현 농림축산식품부 부이사관)도 함께 수험공부를 했다.

우리는 서로 방 하나씩 차지하고 공부에 매진했다. 두 형제가 틀어박혀 공부하는 것은 마음 편한 일이 아니었다. 연로하신 부모님이 농사일로 바쁘신데 잘 도와드리지 못한다는 죄책감이 항시 무겁게 마음을 짓누르고 있었다. 군대 제대한 아들 녀석들이 모두 공부한답시고 방구석에만 틀어박혀 있다고 동네사람들이 손가락질하는 것만 같았기 때문이다.

잠깐 밭일을 도와 드릴 요량으로 집을 나설 때에는 항상 카세트 라디오가 동행했다. 간밤에 녹음해둔 내용을 밭고랑에 틀어놓고 일해야 했기 때문이다. 진즉에 그렇게 공부를 했더라면 대학

시험에 수석도 차지했을 것이라는 생각이 들 정도로 무섭게 파고들었다. '안광이 지배를 철한다'는 말을 실감하며 공부에 매진한 결과 7급 시험을 재도전한 형님과 나란히 합격하는 기쁨을 누릴 수 있었다.

합격 이듬해인 1982년 4월 26일 철도청 대전지방철도청 소속 대전보선사무소에 첫 발령을 받았다. 이곳에서 2년간 근무 후 그토록 선망하던 총무처(현 안전행정부의 전신)로 일약 승천되어 가게 됐다. 이희영 전 천안시장님이 당시 총무처 총무과장으로 계시면서 발탁해주셨기 때문이다.

그때 총무처로 발령받게 될 거라는 전보를 받았을 때의 기쁨을 아직도 잊을 수 없다. 당시 경제기획원 사무관으로 근무하던 사촌형님(만섭)으로부터 온 노란 전보용지에 타이핑된 전보문을 몇 번이고 읽었던 기억이 새롭다. 철길 오두막 같은 건물에서 근무하다가 광화문 종합청사에서 근무하게 됐다는 것이 얼마나 가슴 뿌듯했는지 모른다. 뛸 듯이 기뻤었다.

첫 발령부서인 총무처 인사국 교육훈련과에서 3년 7개월 근무를 마치고 모두가 가고 싶어 하는 인사과로 자리를 옮겼다. 당시 인사과에는 협의계, 심사계, 충원계, 보임계 등 네 개의 계가 있었는데 모든 계를 다 돈 공무원은 내가 유일했다.

인사과에서만 9년 10개월을 근무했다. 6급 주사가 되고, 5급 사무관 승진을 한 곳도 인사과이다. 뿐만 아니라 3남매를 모두 인사과에 근무하는 동안 낳았다. 어떤 운명인지는 몰라도 나의 공직생활은 행정관리담당관실 근무경력을 제외하고는 거의 다 다른 부처와 연계되는 부서에서 보냈다. 국민고충처리위원회(現 청렴위원회)도 지자체의 민원업무와 관련되는 곳이라 각 부처에서 파견 나온 공무원들과 인연을 맺을 수 있었고, 2002한일월드컵조직위원회 역시 각 부처에서 파견을 나온 사람들과 민간인, 채용직들로 이루어진 조직이었다.

월드컵조직위원회에서 인사과장 자리가 생겼다며 오겠냐라는 제의가 왔다. 당시 상훈과라는 부서에서 만족스럽게 근무하던 때라 좀 고민이 되었다. 하루 정도 고민하다가 가기로 결심했다.

근평문제가 고민의 대상이 되었지만, 일생일대 언제 다시 월드컵과 같은 국제행사를 치러보겠느냐는 생각이 들었기 때문이다. 동기들보다 주사, 사무관 승진이 많이 늦었기 때문에 서기관 승진도 늦을 거라 생각하고 근평 걱정 자체도 접었다. 솔직히 서기관 승진에 그렇게까지 목매달고 싶진 않았다. 사무관은 달았으니 현고학생顯考學生만 면했으면 되었다고 자족했다.

월드컵 행사를 무사히 치른 후 당시 최양식 인사국장(現 경주시장), 박명재 기획관리실장(現 국회의원) 두 분의 제안으로 행자부 인사계장에 공모형식으로 발탁되어 근무하게 되었다. 전혀 기대하거나 희망하지 않았던 일이었지만 인사계장 자리가 나에게 운명처럼 다가왔던 것이다. 이때를 기점으로 뒤쳐졌던 나의 공직생활은 역전의 길을 걷게 되었다. 첫 번째 서기관 승진심사 대상자 명단에 오른 나는 처음으로 승진의 기쁨을 맛보게 되었다.

당시 승진 서열로는 꼴찌 수준이었는데 다면평가에서 1등을 하게 되어 운 좋게 서기관 승진을 할 수 있었다. 그동안 동기들보다 뒤처졌던 것을 한 번에 만회한 셈이다. 그 당시 나보다 서기관을 먼저 단 동기는 서너 명밖에 없었다. 그 후 과장보직은 동기들은 물론이고 선배들보다도 먼저 받았다. 미안할 지경으로 빠른 속도였다.

첫 과장보직(국가전문행정연수원 교육2과장)도 남들보다 빨랐지만, 이후 5개 과의 과장을 역임한 것도 행운이라고 생각한다. 지식제도과장으로 근무하던 내가 어느 날 전혀 생각지도 않게 내무부 쪽 업무를 맡게 되었다. 이 또한 나에게는 새로운 기회를 가져다준 행운이었다고 생각한다.

내무부 쪽 부서인 지방성과관리과장으로 발령났을 때는 불만이 없지 않았다. 왜 이런 인사가 이루어졌는지 알아보니까 정부혁신본부장님으로 모셨던 정남준 제2차관님의 의지에 의해서였다. 앞으로 지방에 가서 근무를 하려면 지방 업무를 익히는 것이 좋을 것이라며 2차관 관할 부서인 지방성과관리과장으로 나를 발탁차원에서 발령한 것이었다.

당시 행정안전부 원세훈 장관은 지방 경험을 쌓지 않으면 국장으로 승진시키지 않겠다고 천명한 때였다. 그곳에서 일하면서 지방부서 사람들을 더 많이 알게 되었다. 그리고 8개월여 만에 서산시 부시장으로 근무할 수 있는 행운을 얻었다.

여기에도 운명같이 묘하게 맞아떨어지는 뭔가가 있었던 것 같다. 당시 이상욱 서산부시장이 아산시장 출마를 위해 사표를 내는 바람에 공석이 된 것이다. 다른 지역도 아니고 고향인 서산이어서 지원을 하였고 약간의 진통을 겪은 후 바람대로 이루어졌다.

1년 6개월 동안 정말 신명나게 부시장직을 수행했다. 중앙에서의 경험과 인맥 등을 최대한 활용하면서 시장님을 도와 시정을 이끌어나갔다.

그렇게 보람 있었던 부시장으로의 근무는 인사형편상 1년 6개월로 마감해야 했다. 나는 당초의 계획대로 행정안전부 복귀를 희망했으나 인사형편상 내 뜻을 이룰 수 없었다. 어쩔 수 없이 충청남도 소속 공무원으로서 중앙공무원교육원으로 1년간 장기교육 파견명령을 받았다. 나는 기왕에 이렇게 된 것 1년간 장기교육을 통해 열심히 나를 다듬고 갈고 닦으려 했다.

그러나 이런 계획은 입교 5일을 앞두고 없던 일이 돼버렸다. 갑작스레 행정안전부로 복귀하여 정부 상훈 업무를 책임지는 상훈담당관으로 일하게 된 것이다. 그리고 8개월 후인 2011년 10월 나는 내 인생의 대 전환을 가져오게 된 일생일대의 결정에 직면하게 된다. 선거법 위반으로 재판을 받던 현직 서산시장이 결국 시장직을 상실하는 판결이 선고되었고, 서산시장 재선거에서 내가 한나라당(現 새누리당) 후보로 출마하게 된 것이다.

대전보선사무소에서 총무처로 승천한 것이 행운과 도움에 의한 것이었다면, 과장직에서 서산시장으로 몇 단계 수직 승천한 것은 내 인생 최초의 장엄한 도전에 의한 것이었다. 그리고 처음 띄운 승부수에서 화려한 성취를 거머쥐게 되었다.

당시 나는 행정안전부에서 비고시 출신으로서는 나름 잘 나가는 축에 있었다. 국장 승진도 코앞에 두고 있었다. 그러니 서산시장 재선거에 출사표를 던진다는 것은 당시에는 모험 중의 모험이었다. 게다가 정년까지 6년이나 남겨둔 시점이었으니……. 하지만 운좋게도 나는 서산시장으로 입성했고 지금에 이르렀다.

어쩌면 전화위복으로 입문했던 공직이지만, 내 인생 전반을 통틀어 본다면 성공의 베이스캠프였음이 확연하다. 지금도 나는 공무원이 나의 천직이라고 생각한다. 다시 태어난다 해도 나는 공직을 택할 것이다.

힘든 시기를 겪으며 세상엔 앞면만 있는 게 아니라 뒷면도 있다는 것을 알게 되었다. 절정의 시기도 있지만 조락의 시기도 있다. 비록 두 번 대학입시에 실패했지만 이는 공직이라는 성공의 베이스캠프로 입성하는 하나의 계기가 되었다. 한번 실패를 하더라도 좌절만 할 필요는 없다는 생각이 이때의 경험으로 생긴 것 같다.

'실패는 끝이 아니라 다시 뭔가를 시작할 수 있는 새로운 계기가 될 수 있다!'

이것을 인생에서 깨달을 수 있다는 것은 얼마나 행운인가?

오늘도 불철주야 젊음과 미숙함이 주는 여러 간난신고 속에서 신음하는 청춘들에게 꼭 말하고 싶다. 이런 깨달음의 순간은 인간이라면 누구에게나 반드시 온다. 조금 이르거나 늦을 뿐이다. 늦었다고 생각한다면 그때가 가장 빠른 때라는 것을 깨달아야 할 것이다. 그러니 절대 실패의 제물이 되는 우를 범해서는 안 된다. 실패는 도전과 성취를 가져다주는 아주 소중한 심부름꾼이니까…….

# 성실·몰입·도전…
# 가장 비범한 자산

　나는 행정이라는 한 우물을 파온 사람이다. '게으른 천재보다는 부지런한 범재가 낫다'라는 생각으로 늘 맡은 일에 최선을 다하는 평범한 사람이다. 무엇이든 주어진 일에는 열심히 하는 스타일이다. 그렇다고 아무런 잣대나 기준 없이 열심히만 하는 스타일은 아니다.

　경중과 완급, 옳고 그름, 선후를 따져 일에 몰입하여 최대치의 효율을 끌어내는 것, 그것이 나의 업무 스타일이다. 그리고 잘했든 못했든 내가 행한 일에는 끝까지 책임을 진다.

　성실과 몰입, 투명하고 깨끗한 행정과 자기 관리, 책임 의식은 지금도 서산 시정을 이끌어가는 나의 핵심적인 역량이자 자산이라고 생각한다.

　타인을 평가할 때 '성실하다'라고 말하는 것을 두고 혹자는 참 성의 없는 평가라고 비판할지도 모르겠다. 그들은 '성실'이라는 것은 어느 누구나 가지는 보편타당한 미덕 중 하나일 뿐 그리 빛나는 재능이나 특별한 아이템은 아니라는 뉘앙스를 깔고 말한다.

하지만 나는 '성실'을 평범하면서도 가장 비범한 재능이라고 말하고 싶다. 거기에다가 하나를 더 보태자면 그 성실함을 즐겁게, 지속적으로 유지하는 것이야말로 최고의 재능이라고 말하고 싶다.

한때 반짝 열심히 하는 사람을 보고 성실하다고 하지는 않는다. 눈에 띄게 불퉁거리며 불만족스러워하되 열심히 하는 사람을 보고 성실하다고 하지는 않는다.

정말로 성실하다고 하는 사람들의 면면을 보라!

그들은 정말 주인의식을 가진 성실함의 소유자들이다. 한때만이 아니라 늘 지속적으로 열심히 하고, 자신에게 그 소명을 준 것을 정말 고마워하며 즐거이 완수하는 사람들이다. 이런 '성실함'을 과연 누구나 가지는 덕목이라고 함부로 말할 수 있을까?

인간은 누구나 성실히 하면 습관이 된다. 어떤 습관을 가졌느냐에 따라 그 사람 인생이 바뀔 수 있다. 단언컨대 내 인생을 바꾼 것도 성실함이었고, 그 성실함의 습관이 나를 지금의 자리로 인도했다고 생각한다.

해외여행을 가더라도 나는 다니는 곳의 모든 것들을 꼼꼼하게 기록하는 사람이다. 이는 시장이 된 지금도 별반 다르지 않다.

적자생존이라는 말이 있다. '적는 자가 생존한다'는 뜻의 유머러스한 표현이다. 인간이 가진 기억력의 한계를 극복할 수 있는 것은 바로 기록이다. 이순신 장군의 『난중일기』나 서애 류성룡 대감의 『징비록』 등과 같은 기록들이 없었다면 그 수많은 전승의 기록들이나 고난과 시련에 맞서 싸운 사람들의 고뇌, 오류와 실패에 대한 치밀하고 엄정한 자기반성 같은 것을 후대인들은 전혀 알 수가 없었을 것이다.

몇 번 안 되는 해외여행이나 직원들과 함께한 산행이라도 반드시 기록으로 남겼다. 행정자치부(지방행정연수원) 교육2과장 시절, 지자체 소속 장기교육생들의 해외연수 인솔자 자격으로 2004년 스페인, 프랑스, 로마, 스위스 등 유럽 네 개 나라를 탐방할 기회가 있었다.

그때 처음으로 여행기를 정리했고 그 이후 자연스레 메모하는 습관이 생겨났다. 포켓용 스프링 노트 두 권을 앞뒤로 빼곡히 메모한 기록을 책으로 정리하니 단행본 한 권 정도의 분량이 되었다. 그 후, 공무여행 기회로 다녀온 호주와 뉴질랜드, 일본 등 해외여행 등에서도 꼬박꼬박 스프링 노트를 몸에 지니고 다녔다.

나이가 들면서는 메모나 기록보다 더 중시한 것이 바로 사진이었다. 한 장의 사진이 지닌 임팩트는 백 마디 천 마디 말이나 글의 성찬보다도 더 값지고 정확할 때가 많았다.

사진 찍기를 좋아하다 보니 사진 전문잡지와 인터뷰하는 일까지 생겨났다. 무슨 일이든지 어디서든지 열심히 하면 그걸 알아주는 사람이 있고, 또 그 보람을 찾을 수 있게 된다는 사례가 아닐까?

내가 기록한 수많은 글들과 사진들이 작게는 내가 속한 부서, 크게는 우리나라 행정의 작지만 값진 사료가 될 것이라는 자부심

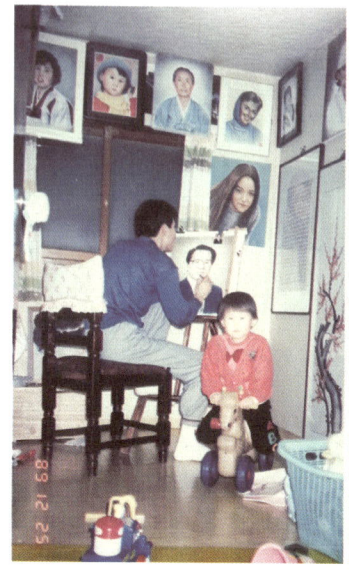 

1989. 12. 25 그림 그리는 모습  〈운산면 여미갤러리에 전시한 그림〉
1990.10. 발레리나

을 갖고 있다. 실제로도 내가 보유한 기록 덕분에 여행보고서 등을 원활히 제출했다는 인사를 많이 받았었다.

나는 그림이나 글씨를 좋아하는 편이다. 보통사람들보다는 좀 뛰어나다는 말도 듣는다.

안전행정부의 전신인 총무처에 근무할 당시에는 초상화에 깊이 빠지기도 했었다. 1989년에서 1990년 사이에 초상화에 깊이 매료되어 퇴근만 하면 보통 새벽 2~3시까지는 시간 가는 줄 모르게 그림을 그렸다. 안양 지하상가에 있던 '고명화실'이라는 곳에서 직접 초상화를 배우기 위해 등록한 적도 있었다.

그 당시 그렸던 그림들은 15평 아파트의 작은 방 벽면을 가득

〈운산면 여미갤러리에 전시한 그림〉  　　〈운산면 여미갤러리에 전시한 그림〉
1989. 8. 지휘자 카라얀　　　　　　　　1990. 9. 큰 딸내미

채웠다. 몇 번의 이사 과정에서 그 많던 그림 액자와 그림 재료들은 애물단지 취급을 받게 됐고, 밤새워 소중히 그렸던 그림들도 거의 대대수가 분실돼 버렸다. 지금 와서 보면 소중한 보물을 잃어버린 것과 같이 너무나 안타깝고 아쉽다.

　초상화의 대상은 부모님을 비롯해서 직장 상사 분들과 그들의 부모님, 교황 요한바오로, 성룡이나 올리비아 핫세 같은 영화배우들, 지휘자 카라얀 등 다양했다.

　2013년 8월 서산시 운산면에 있는 여미갤러리(관장 조선희)에서 공무원들의 서화작품 취미전이 열렸었다. 그때 내놓은 그림 몇 점에 대해 과한 찬사가 쏟아져 흐뭇한 기분과 함께 조금은 부끄러웠던 적도 있었다. 이십 사오 년 전에 그린 그림을 전시회에 내놓을 줄 어디 상상이나 했을까? 그동안 살뜰히 지키지 못해 사라져버린 내 그림들을 다시 찾고 싶다는 절박한 마음까지 들 정도였다. 여하튼 내가 즐겨했던 그리고 열심히 했던 노력의 대가로 누린 호사가 아닐까?

두 번의 대입 실패 후 바로 공직에 투신한 나의 경우 학업에 대한 갈급증은 아무리 해도 사라지지 않았다. 공무원 시험을 준비하면서 비로소 겨우 잡았던 공부의 맥을 그대로 끊고 놓아버리는 것이 마냥 싫었다. 나는 학업을 계속 이어가는 방법을 모색하기 시작했다. 버젓이 공직에 적을 두고 있던 입장에서 주간에 대학을 다닐 엄두는 낼 수 없었다. 그렇다고 야간대학을 가자니 그것도 이런저런 이유로 여의치 않았다. 군 제대 후 공무원이 되었던 1982년 당시부터 마음을 두었던 5년제 방송통신대학을 입학했다.

여름과 겨울 방학 동안에는 출석 수업이 있었는데 학교에 출석 수업 다닐 때가 참 행복했다. 가방을 들고 출석수업 받으러 학교에 가는 날이 기다려질 정도였다. 그때 만나 함께 공부하던 이들 대부분이 직장인들이었다. 뭔가 도전을 하고 작게나마 성취를 해나간다는 것은 인간에게 필요한 삶의 동인動因이 된다는 것을 그때 참 많이 깨달았다.

나는 공학 박사 학위를 갖고 있다. 행정공무원 출신이 공학박사 학위를 가지고 있으니까 의아스럽게 생각하는 분들도 많다. 물론 순수 공학은 아니다. 행정안전부 근무 당시 제1기 과정을 밟

박사학위 사진

고 있던 동료 공무원으로부터 소개를 받고 제2기 박사학위 과정을 밟은 것이었다.

당시 숭실대학교 대학원에 'IT정책경영학과' 과정이 신설되었는데 입학할 의향이 없냐고 그가 물어왔다. 그 말을 듣는 순간 바로 가슴속에 뭔가가 울렁울렁 나를 흔들어댔다. 집안 내력과도 같은 공부에 대한 열망은 활어처럼 내 심장 속에서 다시 한 번 펄떡거리며 솟아올랐다. 가슴속 깊이 잠재되어 있던 학업에 대한 강렬한 열망이 용트림했다.

간절한 소망은 이남용 주임교수님의 큰 관심과 배려로 경제적 고민 없이 이루어졌다. 2년간 토요일에 수업을 받다 보니 남들처럼 쉬는 날이 턱없이 부족했지만 늘 학교 가는 날이 손꼽아 기다려졌다. 교수님들과 원우들을 만나는 일도 즐거웠고 금맥 같은 인맥도 점점 확장되었다. 외연이 넓어져가는 내 세계를 바라보며 마음껏 유영하던 그때의 시간은 알차기 그지없었다.

박사논문은 「지방정부의 통합성과관리모델에 관한 연구」라는 제하의 주제로 서산시가 운영 중이었던 성과관리시스템을 다뤘다. 논문 작성이 쉽지는 않았지만 당시 다른 어떤 지자체보다도 체계화되고 있던 서산시 성과관리시스템 전반을 다루는 것이어서 매우 의욕적이고, 심도 깊게 다룰 수 있었다. 이 논문으로 3년 만에 박사학위를 받았다.

자타가 공인하듯 나는 성실한 사람이다. 하지만 그냥 성실만 하다면 일을 효율적으로 해낼 수 없다. 자신이 하고 있는 일의 중요도와 목적, 의미를 제대로 알고 몰입해야 진정 일을 잘하는 것이라는 점을 꼭 말하고 싶다.

그러나 성실과 몰입보다 더 중요하고 우선적으로 전제되어야 하는 것이 있다.

바로 도전이다.

나는 '전화위복'이라는 말을 정말 좋아한다. 한때 성장일변도의 경쟁적 문화가 지배하던 우리 사회에서 '실패는 바로 끝'이라는 인식이 팽배했었다. 그래서 한번 입시에 좌절하든지, 취업에 고배를 마시든지, 연애와 결혼에 실패하든지 하면 바로 백안시하고, 절망하고, 심지어 목숨을 끊는 일도 있었다.

하지만 인생은 무수한 도돌이표와 쉼표가 가득 담긴 거대한 서사 교향곡이다. 이 세상에 쉼표 없는 악보는 없다. 도돌이표로 새로운 음절이 시작될 수 있는 것이 인생이다.

나 역시 두 번이나 대입에 실패했다. 그래서 내 인생이 끝장났을까? 아니다. 인생은 도전이다. 삶 자체가 도전의 연속이다. 어린 아이가 제대로 걷기 위해서는 수없이 넘어지고 일어서는 반복과 시행착오를 거쳐야 하는 이치와 같다.

인생에서 어떤 전환점을 이루는 것은 모두 도전의 결과로 나온 것이다. 도전하는 사람이 없었다면 이 세상의 발전은 없었다. 한두 사람의 도전이 세상의 흐름을 바꾸고 인류 역사를 진화시켰다.

성실하면 자신이 가진 잠재된 무수한 자원을 발견하는 안목이 길러진다. 몰입하다 보면 그 자원과 자원을 구슬처럼 꿰어 목걸이라는 성과를 만들 수 있는 또 다른 길이 열린다. 도전할 만한 가치 있는 것에 도전하다 보면 어느새 자신의 삶에서 '주인공'이 되어 있는 자신을 만나는 법이다.

행정공무원으로 한길만을 갔다. 그 길 위에서 만난 무수한 사람들과 동행하면서 많은 것들을 배우고 익혔다. 그리고 그들이 제시해주는 여러 새로운 세계를 접하면서 외연을 넓혔고 그것들이 지금 나를 이곳 서산의 시장으로 만들어주었다고 확신한다. 인생의 모든 성공법칙은 어쩌면 명쾌할 정도로 단순한 것일지도 모른다.

"성실하게, 즐겁게 몰입하라! 그리고 매순간 도전하라!"

# 행정,
## 남들처럼은 안 해!

행정에 대해 시민들이 가지는 오해 중 하나가 행정을 '고리타분한 질서'로 보는 시선이다. 아직도 딱딱하고 일방향적이고 변화 없는 요체로 행정을 바라보는 시선이 존재한다. 이런 시선을 행정의 공급자인 공무원들이 더 부단히, 더 많이 변화해야 한다는 자극점으로 받아들여야 한다.

사실 행정만큼 변화무쌍하고 진취적이고 창조적인 영역도 없다. 하루가 다른 세상살이의 모든 것을 관장하는 것이 사실 행정이다. 다만 그 영역을 다스리는 법령이나 사람들(공무원)이 그렇지 못해서 생기는 오해가 '고리타분한 질서=행정'이라는 등식으로 나타난 것일 뿐.

의외로 낯선 것에 도전하는 것을 좋아하는 나로서는 공직에 몸담았다는 이유 하나만으로 이런 처우와 시선을 받아야 한다는 게 꽤나 억울했다.

'행정도 재미있게, 색다르게 하면 왜 안 되지?'

'민간만큼 우리도 더 빠르게 대응하고 수용할 수 있는데 왜 못하는 거지?'

'민간이 공공을 선도하기 전에 우리가 민간을 선도하는 것은 어떨까?'

왜 행정 분야가 민간에 비해 아직 멀었다는 소리를 듣는가, 고심한 적이 많았다. 물론 공공부문은 민간처럼 치열한 생존게임이 없어서 그럴 수 있겠다 싶었다.

게다가 아무래도 공공부문은 민간에 비해 자율성이 없다. 많이 변했다고 하지만 아직도 관행이라는 '보이지 않는 관습법'이 많이 남아있다. 자율이 없으면 주인의식이 없고, 내 것이 아니니 굳이 혁신할 필요성을 못 느끼는 법이다. 신념과 아이디어로 반짝이는 무수한 인재들이 공무원 조직이라는 문화에 갇혀 온순한 가축이 되는 꼴을 난 지켜보기만 하지 않았다.

나는 기본적으로 꼼꼼한 '적자생존' 타입인 데다가 원래 그림과 예술작품을 좋아하는 심미주의적인 성격이다 보니 보고서조차도 밋밋하게 만들지를 못했다. 그림과 도표 등을 삽입하여 입체적으로 꾸미는 스타일이다.

지식제도과장 시절 '제9회 세계지식포럼'을 3일 동안 강의를 들으면서 정리한 내용을 책으로 만들어 전 부서에 배포했다. 총무처 교육훈련과에 근무하는 7급 직원일 때부터 나는 업무 편람을 만들었던 사람이다. 인사 업무에 관한 매뉴얼에는 '국회의장 임명 과정' '장관 임명 절차' '대통령 취임식 절차' 등 시간대로 이루

뽀로로 홍보대사 위촉식을 마친 후 모습

어졌던 사실들을 큐시트 단위로 표현할 정도였다. 이 매뉴얼은 후일 인사과의 바이블이 되었다.

더러는 나 때문에 곤욕을 치르는 후임자들도 여럿 있었다. 전임자였던 나의 보고서가 입체적이었던 데 비해 텍스트 위주로 만든 보고서가 시각적으로도 밋밋하게 보이니 상사들로부터 상대적으로 낮게 평가받기 때문이었다. 특히 국민고충처리위원회 근무 당시가 더했는데 타 부서에서도 투덜거리며 내 스타일을 따라 하려고 공을 들여야 했다.

행정자치부 제도혁신팀에 있을 때 행정정보화팀에서 하던 '전자민원' 업무가 민원과 관련되어 있다는 이유로 2005년도 조직개편 시 우리 팀(제도혁신팀)으로 들어오게 되었다. 당시 G4C(Governmment For Citizen의 약칭)로 불리던 이 전자민원 제도를 국민들에게 널리 홍보를 해야 하는데 마땅하게 떠오르는 방법이 없었다.

그때 우리 팀원이 무심코 내뱉은 아이디어 하나가 구세주로 등극했다. 지금도 변함없지만 어른들이 가장 관심있어 하는 것은 단연코 자녀와 관련된 것이다. 그 당시 아이들에게 가장 인기 있는 만화 캐릭터가 바로 '뽀통령'이라고 불릴 정도로 인기를 구가하던 '뽀로로'였다. 이 뽀로로를 홍보 대사로 삼아 홍보하기로 한 것이었다. 이어 준비는 착착 진행되었고 2006년 9월 29일 많은 사람들의 관심 속에 홍보대사 위촉식을 가졌다.

이 마케팅은 기대 이상의 반향을 일으켰다. 요즘이야 만화 캐릭터를 홍보대사로 쓰는 일이 흔해졌지만 그때는 그야말로 혁신적인 홍보방식이었던 것이다. 홍보대사 위촉 한 달 후에 서울시청 광장에서 가진 홍보행사장에는 어린 자녀들의 손을 잡고 온 성인들로 인해 대성황을 이뤘고 언론 역시 비중 있게 다뤄주었다.

총무처 인사국 인사과에서 공무원 채용후보자 관련 업무를 보고 있던 때 업무 개선 노력으로 두 번이나 창안상을 받기도 했다. 국무총리 표창을 두 번 받으면서 2호봉이 승급되는 성과를 쌓았다.

하나는 채용후보자 등록업무 개선이었고, 나머지 하나는 장기간 임용대기중인 7급 공무원 채용후보자에 대하여 '임용전 실무수습제도'를 신설하여 시행토록 한 일이다.

공무원시험에 합격하면 합격자가 채용후보자로 등록을 완료해야 공무원 임용 자격이 주어진다. 이때 등록원서에 붙이는 사진과 응시원서에 부착했던 사진과의 대조문제 등이 내가 매달린 개선과제였다.

창안상 시상식 단체사진. 맨 위줄 오른쪽 맨 처음이 필자, 시상은 서석재 총무처 장관

첫 번째 문제는 채용후보자 등록원서에 붙이는 사진은 반드시 응시원서에 붙였던 사진과 동일원판 사진이어야 한다는 기준에서 파생하는 여러 가지 불편과 행정력 낭비였다.

행정의 수요자인 후보자 입장에서는 동일원판 사진이 없을 경우, 본인이 직접 서울까지 올라와서 지문 대조 등 확인 절차를 거쳐야 했기 때문에 많은 불편과 시간적·재정적인 손해를 감수해야만 했다.

행정의 공급자인 업무담당자 입장에서도 등록원서와 응시원서상의 사진 부착위치 등이 달라 대조하고 확인·날인하는 데 많은 불편이 따르고 시간적 낭비가 만만찮았다.

나는 채용후보자등록원서 서식을 개정하여 시험 때마다 발생하던 고질적 민원을 일거에 해소했다. 업무능률이 오르고 비용이 절감된 것은 말할 것도 없었다.

두 번째 문제는 공무원채용 시험에 합격하여 임용대기 중인 사람의 임용지연 해소에 관한 문제였다. 채용후보자명부 유효기간은 최대 3년이었는데 문민정부(김영삼 정부) 시절이던 1993년 당시 공무원 채용후보자의 임용이 계속 지연되어 유효기간을 넘기는 상황까지 이르게 된 것이다.

합격시켜 놓고 무작정 기다리게 하다가 법정 유효기간 도과를 이유로 명부에서 삭제할 수도 없었다. 담당자였던 나는 꿈에서도 채용후보자들에게 시달리는 등 심적으로 무척이나 괴로웠다. 언론에서도 국가가 공인실업자를 양산하고 있다는 사설과 투고 등이 심심찮게 올라오던 상황이었다. 물론 임용 대기 중인 공무원 후보자 당사자만큼은 아니었겠지만 나도 힘들었던 때였다.

이 같은 문제를 근본적으로 해소하기 위해 고민을 거듭하다가 채용 후보자 임용전 실무수습제도를 제안한 것이다. 정규공무원으로 임용되기 전 본인이 원하면 1호봉 상당의 봉급을 지급하고 정부 부처에서 수습공무원 신분으로 일할 수 있도록 하자는 골자였다. 고급인력을 뽑아놓고 발령받을 때까지 마냥 실업자로 놀리는 것보다는 훨씬 생산적인 일이었다.

채용후보자 입장으로서도 사회에서 아르바이트하는 것보다는 공무원 호봉 합산 시 경력으로 인정되는 등 여러모로 유리한 일이어서 환영받았다.

지금은 이 제도가 더욱 발전적으로 개선되어 7, 9급 공무원채용후보자들의 장기간 미임용에 따른 고통 해소에 큰 도움이 되고 있다. 격세지감과 아울러 뿌듯함을 함께 느낀다.

처음으로 공직사회에 팀제가 도입되었을 때 나는 제도혁신팀장으로 발령을 받았다. 낯선 팀제에 대한 체화를 위해 우리 팀을 어떻게 이끌어갈 것인가? 팀제 실시와 더불어 팀의 색깔과 팀원들의 마음가짐을 하나로 묶을 우리 팀만의 캐치프레이즈가 필요했다.

팀원들에게 의견을 구했지만 딱히 마음에 드는 것이 없었다. 그때 내 머릿속에 '각자가 팀장이라는 생각으로 업무에 임한다면……' 생각이 스쳐지나갔다. 생각이 여기에 미치자 쓸 말은 당장 정해졌다. '모두가 팀장!'

이런 캐치프레이즈 하에서 업무하는데 어찌 성과가 뒤따르지 않을 수가 있을까.

전년도 하반기 고객만족도 조사에서 47개 팀 중 44위였던 팀 성적은 무려 41계단이나 뛰어올라 3위가 되는 기염을 토했다. 직장협의회 주관 베스트공무원에 뽑히는 영예도 안았다.

좋은 행정 하나를 잘 만들어놓으면 별다른 오류나 부작용만 없는 한 누대에 걸쳐 이어지는 전통과 권위가 될 수 있다. 특히 그 행정이 사람을 가치 있게 만들고 조직에 좋은 가치와 비전을 심어주는 행정이라면 더욱 그렇다.

2011년 서산시 부시장을 마치고 다시 행정안전부에 올라가 상훈담당관 보직을 맡게 되었다. 상훈담당관은 아무나 갈 수 없는, 장관이 직접 챙기는 자리 중의 하나다.

보직을 맡자마자 실질적으로는 대한민국 최초라 할 수 있는 '국민추천포상제도'를 추진하게 되었다. '국민추천포상제도'는 그

포상수여식 후 강경환 수상자 부부와 함께

동안의 포상제도와는 차별화된 제도로 우리 주변에 있는 숨은 공로자들을 국민들의 손으로 발굴해 직접 정부(안전행정부 상훈담당관)에 추천하고 정부가 검증을 거쳐 포상하는 제도를 말한다.

지방에서부터 중앙에 이르기까지 몇 단계를 거쳐 진행되는 여타의 포상절차와는 확연히 다른 것이었다. 국민 누구나 훌륭한 선행시민을 알고 있으면 간단한 공적내용을 적어 정부에 직접 추천하는 방식이었다. 특별한 서식도 필요 없고 중앙부처의 추천을 거치지 않아도 되는 말 그대로 직접추천 방식이다. 물론 정부는 추천받은 후보자에 대해 철저한 검증을 거쳐 옥석을 가린다.

추진 당시 초반에는 어려움이 적지 않았던 이 제도가 시행한 지 3년을 지나면서 명실상부한 권위 있는 포상제도로 정착되었다. 제1회 국민추천포상은 고 이태석 신부 등 24명을 영광의 얼굴로 탄생시켰다. 그중에 우리 서산시민으로서 양손 없는 기부천사로 알려진 강경환 씨가 국민훈장 동백장을 수상한 것은 참으로 기쁘고 감동적인 일이었다.

강물을 따라 흘러 내려가는 물고기는 죽은 물고기지만, 살아있는 물고기는 강물을 거슬러 올라간다. 어떤 일을 하는 데 있어서 전에 했던 대로 영혼 없이 따라만 해서는 발전이 없다. 그건 정체며 퇴보다.
이런 행정 혁신은 아주 사소한 것에서 출발할 수 있다.
그것은 내가 아닌 행정의 수요자 입장에서 생각하는 '역지사지'의 발상과 남들과 똑같지 않은 나만의 '역'발상이다. 그리고 나도 감동하고 우리도 감동할 수 있는 '아름다운 가치창조'의 발상. 이런 것들이 행정혁신을 이끄는 페이스메이커 발상들이다. 그런 발상들을 품지 않은 채 남들처럼만 하는 행정은 의미가 없다. '따라쟁이 행정'은 감동을 줄 수 없다.

# 친절의
# 리더십

'행정은 최고의 서비스 산업'이라는 말이 있다. 복잡다기한 사회 속에서 모든 인간의 삶과 연결되고 그 삶을 보다 더 아름답고 편하고 안전하게 만드는 것이 행정이라고 본다면 그 말은 매우 유효한 정답이다.

예전보다는 훨씬 변했다고는 하지만 아직도 불친절하고, 형식적인 매뉴얼에 의한 행정에 일관하고, 민간에 못 미치는 품성과 마인드를 가진 공무원들도 존재하는 것이 사실이다. 물론 과거에 비하면 많이 사라졌다.

행정을 펼치는 공무원은 기본적으로 친절해야 한다. 나는 '불친절한 유능함보다는 차라리 친절한 무능이 낫다!'는 소신을 가지고 일하는 사람이다. 특히 민원 문제에 있어서 타이밍을 잘 맞추는 것이 중요하다.

민원발생 초기에 타임리 *timely* 하게 즉, 적시에 대처하지 않으면 문제가 커지기 십상이다. 소소한 문제를 밍기적거리며 미온적으로 대응하다가 고질적인 반복민원으로 키우거나 다수인 민원으로 확대 재생산시켜 불신을 자초하고 행정력을 낭비시키는 예가 허다하다.

적시성 있게 일하더라도 대민행정에 있어서 '친절'은 빼놓을 수 없다. 친절은 그 일을 하는 데 있어서 '플러스 알파'가 되는 요소다. 친절하게만 해도 웬만한 일은 해결될 수 있다. 그중 전화친절은 기본 중 기본이다.

다양한 부처와 관련된 일을 하면서 내부고객 역시 친절한 공무원을 선호하고 편안하게 여긴다는 것을 일찍이 경험했던 나는 늘 '미인대칭 비비불불'이라는 생활신조를 가지고 실천하고자 노력했다.

이 여덟 가지만 지키면서 성실히 실행하면 누구나 베스트 친절 공무원이 될 수 있다고 생각한다. 늘 먼저 해야 하는 것이 '미인대칭'이고, 하지 말아야 하는 것이 '비비불불'이다.

완벽한 미인은 좌우가 대칭한다고 외워보라! 미인의 얼굴을 보면 안정감과 편안함을 느끼듯이 '미인대칭'만 부단히 노력하면 친절 공무원은 따 놓은 당상이다.

먼저 '미소'다. 웃는 낯에 침을 못 뱉고, 아무리 못난 얼굴도 해맑게 웃으면 귀염성 있고 매력적으로 보이는 법이다. 심리학 연구 결과 어린아이라도 저 사람이 지금 내게 가식적인 미소를 보이는지, 아니면 진실한 미소를 보이는지 기가 막히게 구분한다고 한다. 웃더라도 마음에서 우러나오는 미소를 지어야 한다.

다음은 '인사'다. 목례도 좋고 아이컨택도 좋다. 건성이 아니라 반가움이 뚝뚝 묻어나오는 상대방의 인사를 받고 기분 나쁘다고 할 사람은 아무도 없다. 인사는 곧 상대방에게 먼저 다가간다는 의미이기도 하다. 김춘수 시인의 시 「꽃」에 나오는 '내가 그의 이름을 불러 주었을 때 그는 나에게로 와서 꽃이 되었다'라는 구절은 호명으로 표현되는 인사를 뜻한다.

또 중요한 것이 '대화'다. 대화란 나누는 것이고 소통의 핵심적 수단이다. '대화를 독점하는 사람은 스스로도 독점한다'는 격언이 있다. 혼자만 잘 아는 주제에 도취되어 다른 이의 호응이나 대꾸는 생각지 않고 장황하게 이야기를 늘어놓으면 친구들은 사라지기 마련이다.

끊어지는 대화를 하지 않기 위해서는 단정적인 표현보다는 좀 더 이야기를 끄집어낼 수 있는 여지의 표현을 써야 한다. 센스 있는 유행어나 유머를 활용하는 것도 좋지만 제일 중요한 것은 대화는 진솔해야 한다는 사실이다.

마지막으로 중요한 것은 '칭찬'이다. 칭찬할 꺼리가 보이면 바로 칭찬하는 것이 좋다. 구체적이고 납득할만한 칭찬을 하는 것도 중요하다. 위선적이고 껍데기뿐인 칭찬은 오히려 역효과를 줄 수 있다. 자제해야 한다.

친절한 공무원이 되기 위해서 될 수 있으면 하지 말아야 하는 것이 '비비불불'이다.

먼저 '비난'이다. 남 탓을 하는 것만큼 못난 행동은 없다. 만약 어떤 행위의 결과가 일어나기 전이라면 혹독하게 타일러 미연에

방지하는 것은 상관없다. 하지만 결과적으로 이미 일어났다면 비난에 앞서 책임감을 갖고 수습하는 것에 전력을 다하는 것이 올바른 태도다.

또 '비평'도 건전한 비평이 아닌 본의를 왜곡시키는 비평은 하지 말아야 한다. 비평이라는 미명 하에 어떤 목적성을 갖고 하는 것만큼 비건설적인 일도 없다.

'불평'도 하지 말아야 한다. '감사'가 행복해지는 연습이라면 '불평'은 불행해지는 연습이다. 주변에 불평하는 사람 자체를 두지 말라. 불평은 전염성이 강하다.

'불만'은 과도한 욕심을 부를 수 있다. 한곳에서 불만인 사람은 결코 다른 곳에서도 행복할 수 없는 법이다.

'미인대칭 비비불불'의 생활신조를 가지면 이미지를 많이 개선할 수 있다. 나 역시 첫인상에서는 접근하기 힘들다는 느낌이었다가 조금만이라도 이야기를 나눠보면 옆집 아저씨같이 푸근하다는 말을 많이 듣는다. 행정자치부 직장협의회 주관으로 실시한 베스트공무원 조사에서 과장급 중에서는 1등으로 선정된 적이 있다. '이 달의 베스트 공무원'에도 선정되는 등 조사할 때마다 내 이름은 빠지지 않았다. 왜 그랬을까?

청렴하고 친절한 사람은 모두가 좋아한다. 하지만 쉽지 않은 것이기도 하다. 이는 본성이 아니라 부지런히 노력하고 연마해야 하는 부분이다.

아름다운 리더가 되고 싶다면 지금부터라도 '미인대칭'을 부단히 노력하면 어떨까?

# 연어처럼
## 서산으로

　민물에서 치어 시절을 보내고 바다로 나가는 연어는 다 자란 후에 고향의 물맛을 찾아 회귀한다. 회귀본능은 곰에 잡히거나 그물에 걸려 죽는 한이 있어도 물결을 거슬러 오른다.
　사람도 마찬가지다. 태어난 갓 맛본 물을 잊어버릴 수 없는 연어처럼 자신의 태가 묻은 고향을 잊을 수 없다. 내가 서산시의 부시장으로 회귀한 것은 이런 거스를 수 없는 자연의 본능 혹은 운명의 흐름이라고 생각한다.
　하지만 민물에서 자란 모든 연어가 바다로 다시 돌아올 수 있는 것은 아니다. 나름의 운과 노력과 시류가 필요한 것이다. 내가 서산시의 부시장으로 오게 된 것도 약간의 운과 노력과 생각지 않은 기회 때문이었다고 생각한다.
　서산시 부시장으로 부임하기 직전 나는 행정안전부에서 지방성과관리과장으로 근무하고 있었다. 지방성과관리과는 중앙정부가 지방정부를 평가하는 업무가 핵심이다. 길지 않은 8개월여의 기간을 통해서 지방에서 하는 일을 간접적으로 경험할 수 있었다. 나에게는 지자체의 부단체장으로 근무하는 데 아주 좋은 실무수습 기간이었던 셈이다.

당시 이상욱 서산 부시장이 아산시장에 출사표를 내는 바람에 공석이 되었다. 그 자리에 고향사람인 내 눈길과 마음이 갔고, 과감히 신청을 하여 어려운 과정을 거쳐 뜻을 이뤘다. 29년 만에 고향으로의 회귀는 정말 감회가 깊은 것이었다.

고향에서 일할 수 있게 되었다는 것을 안 그때의 마음은 날개를 달고 하늘을 나는 것과 비슷했다. 기분 좋은 기대감과 잘할 수 있을까 하는 두근거림으로 가득했다.

어렸을 때 봐왔던 우리 고향의 풍광은 뭔가 운치는 있되 희미하고 특색이 또렷하지 않은 그저 살기 좋은 시골 동네 같은 모습이었다. 오히려 한가운데 있는 사람들은 전체를 조망할 시야를 갖지 못하는 법이다. 어디를 어떻게 발전시켰으면 좋겠다라든가 하는 생각은 가져본 적도, 쉽게 가질 수도 없는 것들이었다.

그러나 부시장이 되고서 내 시야는 확연히 달라졌다. 깊어졌고 외연이 넓어졌다. 서산을 이루고 있는 모든 정서적, 문화적, 인적, 자연적 씨줄과 날줄들이 어떻게 교직되어 있고, 어디가 뜯어져서 너덜거리는지가 신기하게도 한 눈에 쏙 들어왔다.

사람들을 만날 때도, 대화를 할 때도, 자고 먹을 때도 서산에 대한 것들을 자꾸만 생각하니 고향에 대해 그간 몰랐던 사실들을 새록새록 알게 되었다. 그야말로 첫사랑의 열병을 앓는 사람 같았다. 연인에 대해 더 깊이 알고자 이것저것 탐색하는 모양마냥 늘 가슴이 두근거렸고, 늘 모든 것이 새로웠고, 더 많이 알고 느끼고 싶어 했다. 나는 서산과 사랑에 빠져 버렸다.

외국에 한번 다녀온 사람들이 열렬한 애국자가 되는 이치와도 같을까? 오래도록 중앙부처에서 외유를 했던 나였기에 오히려 더 고향에 대한 애틋함과 그리움이 폭발적인 애정으로 승화되었다. 내가 중앙에서 맺은 모든 인프라를 내 고향을 위해 모두 활용하리라 다짐했다.

와서 보고 느낀 것이지만 서산시의 공무원들은 정말 열정적이고 뛰어난 인재들이었다. 초보 부시장인 내가 열의를 갖고 하는 모든 것들을 서산시의 공무원들은 그야말로 스펀지처럼 빨아들여 배 이상의 것을 토해내었다. 그런 그들의 모습을 보면서 '아, 내 사랑이 결코 혼자만의 짝사랑만은 아니었어!'를 느꼈다. 기쁘고 설레었다.

서산으로 돌아오기 전 서산을 위한 선물을 하나 갖고 와야 한다는 마음의 부담이 있었다. 그 선물은 당장 눈앞에 들이댈 수 있는 즉물적이고 소비적인 것이 아니라 오래도록 마음속에 품을 수 있는 영속적이고 정신적인 가치를 가져야 했다.

리더십의 덕목 중 하나가 바로 '비전 제시'일 것이다. '비전 제시'야말로 지역 발전에도 큰 영향을 미친다. 지방자치시대 정책 추진은 리더의 '비전'이 올곧게 서야 성공적으로 추진될 수 있는 것이다.

내가 선사한 선물은 바로 '해 뜨는 서산'이라는 비전이었다.

'해 뜨는 서산'의 발상은 부시장으로 발령받고 행정안전부 내부망 게시판에 작별 인사말을 올리면서 처음 사용했다. 알다시피 서산은 서해안의 일몰과 낙조로 유명한 곳이다. 즉 '해 지는 곳'이었다.

언어는 의식을 지배한다. '해 지는 곳'이라는 말 자체에서 '낭만과 아름다움'보다는 '몰락과 퇴조'의 뉘앙스가 더 짙게 풍긴다. 서산은 더 이상 해 지는 곳으로 머물면 안 되었다.

우리 서산을 그 옛날 찬란했던 문명을 자랑하던 백제 왕국이 다시 부활하는 도시로 만들고 싶었다. 나는 '해 뜨는 서산'이라는 캐치프레이즈를 부임 이후 여러 언론보도와 내부 자료에 거침없이 쓰기 시작했다.

부시장으로 취임하자마자 나는 우리 시의 공무원들에게 많은 혁신들을 주문했다. 낯선 것에 대한 저항이 없을 리 만무했다. 변하지 않는 답보상태도 있었다. 그럴 때에도 나는 눈에 보이는 것들을 거세게 일갈하기보다는 끊임없이 소통하면서 집요할 정도로 요구하고 변화에 대한 자각을 요청했다.

지금 우리 서산시를 대표하는 행정혁신 운동으로 자리잡은 '5S(오 에스) 운동'도 이때 추진한 것이다. 속도감 있으면서도 시민들에게 행복을 줄 수 있는 변화를 모색한 것이 이 '5S'였다.

매사 친절하고 웃는 얼굴로 Smile, 쉽고 간단명료 Simple 하면서도 역지사지의 마음으로 유연하게 Soft, 속도감 있고 Speed 스마트하게 Smart 일을 처리하자는 것이다. 이 같은 '5S Smile, Simple, Soft, Speed, Smart'를 '오! 예스=Oh! yes 운동'으로 명명하면서 우리 모두의 실천운동으로 뿌리내리고자 고군분투했다.

발품행정과 사업별 진도관리도 주문했다.

담당자는 물론이고 계장, 과장, 국장들 모두 각자의 위치에서 소관 업무에 대한 전문성을 가지고 막힌 곳을 뚫어나가는 지혜와 부단한 노력을 경주할 것을 당부했다. 하지만 이것이 그냥 쉽게 이루어지지 않는다는 것은 오랜 공직생활로 터득한 바다. 발품을 팔고 중앙부처든 관계기관이든 기업과 시민이든 부단히 스킨십을 하는 행정을 자연스럽게 일상화시키지 않으면 불가능한 일이다.

서산시 공무원들은 대부분 뛰어난 인재들이었다. 하지만 '우물 안 개구리'와 같은 마인드를 버리지는 못했다는 아쉬움을 갖고 있었다. 그들에게 사무실을 박차고 나가 울타리 밖으로 돌아다니라고 주문했다. 그래야 시야도 넓어지고 생각의 깊이가 달라지며 추진하는 일에 속도가 붙게 되는 법이다.

자기가 담당하는 사업을 추진하면서 도청이나 중앙부처 관계자를 한 번도 만나지 않은 것을 부끄러워해야 한다고 말했다. 직무 중심으로 많이 변했다고 하지만 아직 우리 한국 행정은 인정과 안면에 의해 재량이 발휘되는 부분이 적지 않다. 사업을 무작정 늘어놓고 그 추이를 체크하지 않는 것도 질타했다. 자기가 만지는 업무의 진도를 관리하는 것은 기본 중의 기본이다.

성과를 창출하고 창의적으로 사고하라고 말했다. 생각 외로 많은 사람들이 그것을 마냥 어렵게만 여기는 경향이 짙다.

'하늘 아래 새로운 것은 없다. 다만 새로운 것을 보려는 사람이 있을 뿐!'

그냥 일상적으로 늘 하던 업무에서 무슨 성과를 내고, 어떤 창의성을 가미해야 할지 정 모르겠다면 이렇게 단순하게 생각하면 된다. '남들이라면?'이라는 역발상 또는 역지사지의 사고와 '조금만 더'라는 생각 자체가 창의적 성과로 가는 지름길이다.

'조금이라도 편리하게'
'조금이라도 간편하게'
'조금이라도 쉽게'
'조금이라도 빠르게'

민원서식 한 칸 없애는 것도 어마어마한 불편을 줄이고 예산을 절약하는 일이 될 수 있다는 사실을 안다면 이 '조금만 더'의 사고를 무시하지 않을 것이다. 1mm라도 앞으로 나가거나 어제보다 오늘이 더 나으면 발전이고 성공이다. 그리고 성과창출이다.

시정에 있어서 타이밍과 친절을 강조했다.

행정은 권투에서처럼 '타이밍'이 중요하다. 아무리 내용상 좋은 정책이라도 타이밍이 맞지 않으면 채택하기 어렵다. 집행업무가 많은 지자체의 행정도 타이밍의 중요성을 간과할 수 없다. 아니 오히려 중앙부처보다 더 중요한 요소인지도 모른다.

늘 소통을 중시했던 나는 부임하자마자 전 직원들하고 허물없이 친해지기 위해 먼저 다가갔다. 이미 그들에게는 난 부시장이다. 안 그래도 어려운 인물인데 초반부터 근엄하게 인상을 쓰고 말 한마디 주고받지 않으면 나갈 때까지도 그들과 마음을 틀 수

어르신, 어린이들로부터 받은 편지들

없다는 생각이 들었다.

　내가 먼저 움직였다. 밤늦게 남아 잔무를 할 때 내부통신망에서 아직 '로그온' 상태인 직원에게 말을 걸었다. 혹여 '사칭' 의혹을 받더라도 상관 않고 계속 그들에게 다가갔다.

　나중에는 사내 메신저로 말을 걸면 자연스럽게 답신이 되돌아왔다. 편지도 자주 썼다. 말 안 하면 왜곡되는 것이 사람의 생각이다. 인사발령에 의도치 않게 마음 다친 직원들, 곤파스로 인해 고생을 했던 직원들에게, 시정 사업에 대한 설명이 필요할 때에도 수시로 편지를 썼다. 관내 어르신들과 어린이를 대상으로 운영하는 '찾아가는 배움 교실'과 '똑똑talk talk 시장실' 참여 어린이들한테는 정성이 담긴 손 편지를 쓰기도 했다.

　소통이 얼마나 중요한지 모두들 잘 알고 있다. 문제는 실천이다. 소통의 부재는 인간관계의 병목현상을 불러올 수밖에 없다.

　부시장으로서 내게 주어진 소명을 다한 일 년 반 정도의 시간은 29년의 공직생활과는 아주 색다른 경험과 인식을 심어주었다. 정말 소중한 시간이었다.

 사건 사고도 많았고, 다 함께 눈물과 기쁨의 환호성을 보낸 보람찬 일도, 다시는 겪고 싶지 않은 참담한 일도 많이 겪었다.

 여러 가지 일들이 기억나지만 그중 몇 개를 꼽으라 한다면 우리 서산 대산항과 중국 영성시 용안항과의 뱃길을 튼 일이다.

 우리나라에서 중국으로 가는 14개의 뱃길이 있지만 우리 서산에서도 중국으로 배를 타고 갈 수 있는 길을 연 것이다. 이는 단순히 배가 왕래하는 차원을 넘어 관광과 물류 분야에 일대 혁신을 가져올 기념비적인 일이었다.

 2010년 11월 하순 사흘에 걸쳐 제주도 서귀포에서 제18차 한중해운회담이 열렸다. 의제 논의가 있었던 회담 당일은 성사되지 못했다. 중국 측에서 이런저런 문제로 쾌속선 운항의 안전성 문제를 제기하고 있어 신규항로 개설이 난항을 겪고 있다는 전언이었다.

 미리 현지로 파견한 지역발전사업단 조병하 계장과 윤경준 주무관으로부터 현지 상황을 실시간으로 보고 받으면서 애를 태웠다.

 두 번째 날 비관적으로 회의가 끝났지만, 결국 삼 일째 되는 회담 마지막 날 극적인 반전이 기다리고 있었다. 긍정적인 마무리가 진즉 감지됐었지만 점심 직전에 내놓은 '(신규항로 개설) 대산과 중국 용안간 국제여객항로를 개설'이라는 국토해양부 보도자료를 보고 그제야 환호성을 터뜨렸던 장면이 아직도 기억에 남는다.

 난항을 겪은 것으로 알려진 그 해운회담에서 의제로 채택된 7

개 항로 중 유일하게 서산 대산항-중국 룽앤항 간 항로 개설만 합의되었다는 것은 그만큼 서산시의 행보가 성실했고, 탁월했다는 것을 의미했다. 2전3기의 값진 성과였다. 한 사람만의 노력으로 된 것이 아니었다. 서산시 공무원과 시민들의 열렬한 염원으로 이룬 쾌거였다.

서산 대산항-중국 용안항 간 5시간 뱃길의 의미는 따질 수 없을 만큼의 가치를 지닌 것이다. 백제왕국의 선조들이 해상무역을 선점하여 웅거했던 것처럼 이제 우리 서산이, 대한민국이 서해의 바다를 지배하는 역사적 의미까지 더해진 선전이었다.

중국과 일본, 동남아를 아우르며 거대한 해상왕국을 건설해 최대의 번영을 누렸던 백제 근초고왕의 역사를 지금 다시 재현하기 위해서는 아직도 많은 과제들이 산적해 있다. 하지만 이렇게 해상로드를 뚫은 서산시의 저력이라면 충분히 헤쳐나갈 수 있다.

부시장 시절에 겪은 생각하기도 싫은 일은 2010년 9월 2일에 몰아닥친 제7호 태풍 곤파스로 인해 우리 서산이 쑥대밭이 되었던 때와 신종플루와 구제역 같은 못된 전염병들이 창궐하던 때다.

한때 만연한 '신종플루'는 공들여 준비해 왔던 지역 축제와 행사들을 무산시켜 허탈하게 만들었다. 구제역은 자식같이 기르던 가축을 '살처분'이라는 극약처방의 도가니로 몰아가 많은 축산농가들을 시름 짓게 만들었다.

하지만 가장 힘들었던 때는 바로 태풍 곤파스가 어둠의 마왕처럼 우리에게 다가왔던 2010년 9월이었다.

모두가 잠든 새벽 3시 반부터 2시간여에 걸쳐 서산 전역을 휩쓸고 지나갔다. 태풍은 중심기압 975hpa로 최대풍속은 자그마치 초당 40m 이상. 이토록 어마어마한 위력을 가진 태풍에 각종 공공시설물과 사유시설물들이 하나같이 폭격 맞은 것처럼 일순간에 초토화되었다.

잠 못 이루다가 새벽 일찍 나갔던 시청 건물은 온전하지 못한 모습을 하고 있었다. 본관 입구 천장과 서별관 연결통로 지붕도 뜯겨져 바닥에 나 뒹굴고 있는 상태. 본관 앞 마당은 온통 나뭇가지 파편 등으로 어지러웠고, 그 큰 아름드리 나무들이 피사의 사탑처럼 기울어져 있었다.

송곡사 송림공원 현장은 더 충격적이었다. 얼마나 강력한 태풍이었는지 그 태풍의 위력을 가늠해 볼 수 있는 현장이었다. 어떠한 풍상에도 끄떡없이 수백 년을 버텨왔던 아름드리 향나무도 예외는 아니었다. 그냥 맥없이 꺾여 있었고, 미끈미끈하게 쭉쭉 솟아 아름다운 자태를 자랑하던 소나무들은 거의 예외 없이 허리가 꺾여 있거나 뿌리째 뽑혀 있었다. 특히 아름드리 소나무가 물걸레 짜듯 비틀어 꺾인 모습은 기가 찰 노릇이었다.

과수밭이며 인삼밭도 초토화됐다. 수십 년 된 아름드리 소나무나 조경수, 가로수들이 꺾어지거나 뿌리째 뽑혀 나뒹굴었다. 서산시 산림의 30% 이상의 소나무들이 이 같은 피해를 당했다. 전신주조차 허리가 동강 나거나 한쪽으로 쓰러져 있는 형상이었다.

인명피해도 피해 갈 수 없었다. 여든이 넘으신 어르신께서 강풍에 날아온 기왓장에 맞아 숨지는 등 4명이나 인명피해가 났고,

한쪽으로 모두
쓰러진 전신주

이재민도 발생했다.

축사나 어업분야에서도 감당하기 어려운 피해를 입었다. 자식 같이 기르던 닭이며 돼지 등 20여만 마리 가축이 폐사됐다. 어선 97척이 크고 작은 피해를 입었고, 완파되거나 반파된 어선도 11척이나 되었다. 400억 원이 넘는 재산피해가 집계되었다. 그러나 이는 어디까지나 보상이 되는 정도를 집계한 것에 불과하고, 실제적인 유무형의 피해는 이보다 훨씬 더 컸다.

코앞으로 다가온 해미읍성 축제에 들떠 있었던 때였다. 곤파스가 할퀴고 간 그때의 서산은 도저히 축제를 치를 수 없는 상태였다. 결국 축제는 취소되었고 축제에 들어갈 예산을 긴급 수해 복구 지원금으로 사용했다.

가공할 벼 백수白穗 피해로 농가들의 시름은 깊었다. 서산은 우리나라 전체 쌀 생산량 3위를 차지하는 지역이다. 우리나라 전체 쌀 생산량의 1%를 차지하는 천수만 간척지를 채우고 있던 벼들이 난데없는 재앙을 맞은 것이다. 태풍은 이삭이 한참 여물어가려는 벼의 수분을 다 빼앗아 갔다. 게다가 해안을 타고 상륙하면서 바닷물까지 몰고 와 논에 염분을 뿌렸다. 벼는 쭉정이가 되어 말라죽었다.

이뿐만이 아니었다. 전기가 끊기고 사흘째가 지나도록 754가구의 정전사태는 지속되었다. 이로 인한 피해가 연쇄적으로 이어져 갔다. 전기 복구를 위한 아우성만으로도 그 번져가는 피해를 짐작할 수 있을 정도였다. 전기가 끊기니 냉장고도 죽고 주유소는 깡통이 되고 양식장 폐사도 막을 수 없었다.

"도대체 전화를 받지 않는다!"

"온다고 해놓고 깜깜 무소식이다!"

하루아침에 모든 것을 잃어버린 지역민들의 눈물어린 하소연이나 분노에 찬 음성으로 던지는 항의조차도 멀쩡한 마음으로 들을 수 없었다. 먹먹했다. 그들의 슬픔과 분노가 고스란히 내 가슴 속에 들어와 요동쳤다.

상서로운 땅, 서산이었던 만큼 한 번도 이런 큰 자연재해를 겪어본 적이 없었다. 그래서인지 날것의 아픔들은 더 생생하고 아팠다. 장화를 신고 흙과 돌을 함께 날랐다. 울고 계시는 농어민들은 바로 내 부모였고 형제였다.

민·관·군이 하나가 되어 신속하게 복구에 나섰다. 각지로부터 따뜻한 도움의 손길이 이어지면서 서산시민들은 다시 삶의 터전을 빠르게 회복시켜 나갔다. 서산시 행정을 책임지고 있는 부시장으로서는 한날한시 편하게 있을 수 없었다. 신속한 응급복구 추진에서부터 피해를 당한 분들의 아픔을 어루만져주는 일에 이르기까지 어느 것 하나 소홀히 할 수 없는 입장이었다.

그러나 어찌 혼자서 이런 일들을 다 할 수 있으랴. 천여 명의 서산시 공무원들이 시장이 되고 부시장이 되어 슬기롭게 어려움을 헤쳐나갔다. 각지에서 달려온 따뜻한 손길이 곤파스의 흔적을 지우는 데 큰 힘을 보탰음은 물론이다.

중앙부처에서 공직생활을 하던 나의 페르소나와 서산시의 부시장으로서의 페르소나는 확연히 달랐다. 중앙에서는 좀 더 직무 중심적이고, 집약적이고, 원심력의 반경과 동력으로 일하던 나였다. 하지만 서산시 부시장이 되고 나서는 사람과 환경 중심적으로 살펴보게 되었다. 몰입하되 그 관계와 의미까지 살펴보는 통합성을 중요시했고, 외연을 넓히는 구심력의 반경으로 일하게 된 것이다.

부시장 시절은 인간으로서도 많은 깨달음을 얻었던 시간이기도 했다. 그랬기에 손정, 눈정, 속정이 든 서산시를 떠나는 이임식장에서 나도 모르게 작별의 아쉬운 감정을 숨길 수 없었다. 자꾸 목이 메고 눈시울이 붉어져 난감했지만, 이런 내 감정에 공명하듯 따라서 함께 훌쩍여준 시청 공무원들의 모습을 보면서 기쁘고 감사했다. 아쉽지만 편안히 떠나올 수 있었다.

하지만 그때까지도 나는 전혀 예상하지 못했다. 고향으로의 두 번째 회귀가 곧 내 앞에 펼쳐지리라고는…….

# 선장을 잃은
## 서산호

　부시장 시절부터 선거법 위반으로 유상곤 전 시장님이 재판을 받는 것을 목도한 바 있었다. 하지만 그분의 차후 거취와 상관없이 내가 시장 선거에 출마하는 것은 꿈에도 생각한 적이 없었다. 혹자들은 내가 마치 '시장'이라는 최종 안착점을 위해 부시장직을 열심히 수행했다고 오해하기도 한다.

　하지만 이는 전혀 사실이 아니다. 행정안전부로 복귀하면서 주민등록지까지 안양으로 옮겨갔던 나였다. 결국 유상곤 시장님이 선거법 위반으로 시장직을 상실하면서 서산시는 재선거를 치르게 되었다.

　서산시의 분위기는 침울했다. 조규선 전임 시장에 이어 현직 시장까지 제대로 임기를 채우지 못하는 사태가 벌어졌기 때문에 민심도 흉흉했다. 그런 서산시의 상황을 알게 된 내 마음도 편할 리가 없는 것은 당연지사. 나를 아는 분들의 전화가 오기 시작한

건 그때부터였다.

'부시장까지 지낸 사람이 안 나오면 누가 나오겠나? 나와라!'

당시에 후보로 나선 이들 중 시청에서 국장이었던 공무원 한 명도 후보로 나온 마당이었다. 국장도 나오는 판에 부시장까지 지낸 사람이 안 나오는 건 어불성설이라는 여론이 비등해졌다. 그래도 나는 망설이고 또 망설였다. 혹 어떤 말빚을 질까 봐 뚜렷한 의중을 내비치는 것 자체도 엄청 경계했다.

순항하던 서산호가 갑자기 암초를 만나 방황하는 것을 보면서 불면의 밤을 보내며 고민하기 시작했다. 항해 중 선장을 잃은 서산호를 직전에 부시장까지 지낸 고향사람이 강 건너 불구경하듯 바라만 보고 있다는 것은 직무유기나 다름없다는 생각이 들었다. 그리고 사랑하는 서산시민에 대한 도리가 아니라는 생각이 나를 괴롭혔다.

주변에서 출마권유를 받으며 갈등이 깊어졌다. 개인적으로 비非고시 출신으로서 국장 승진 1순위였었고, 정년도 6년이나 남아 있어 출마를 결심한다는 것이 그리 쉬운 일은 아니었다.

그런 상황에서 서산 지역신문이 나의 출마 사실을 기정사실화하는 듯한 기사를 흘렸다. 곧바로 이 내용이 스크랩되어 장관님께 보고되었다. 그러니 이 같은 내용이 행정안전부 공무원들에게 사실처럼 파다하게 퍼져나가는 것은 불문가지不問可知. 내가 결심하지 않으면 안 되는 순간이 내 의지와 상관없이 도래해버린 셈이었다.

부시장을 하면서 서산에 대한 내 애정과 책무감을 너무도 많이 알아버린 나였기에 전혀 흔들리지 않았다면 거짓말이었다. 게다가 후보로 나온 사람들의 면면을 잘 아는 나로서는 그냥 남의 일처럼 수수방관할 수 없다는 생각이 들었다. 그들은 중앙부처 근무 경험이 전혀 없는 점에서 나에 비해 경쟁력과 비교우위가 떨어지는 후보자들이라는 것이 중론이었다.

부시장으로 시민들과 1년 6개월 동안 희로애락을 함께한 사람으로서 그저 방관하는 것은 온당치 못하다는 자책감이 점점 깊어졌다. 제대로 된 선장을 찾아 고향 서산시가 서해안의 중심도시로 더욱 발전해 나가야 한다는 생각에 언제까지 나 몰라라 할 수만은 없었다. 곰곰이 다른 후보들과 견주어보며 나의 강점과 약점을 따져보기 시작했다.

'지금 서산시장으로 출마한 후보들은 어떤 강점을 가지고 있는가?'

'중앙부처 근무경험이 있고 중앙부처 인맥을 가진 후보들인가?'

'깨끗하고 청렴한 후보들인가?'

'시장이 되어 소신 있게 시정을 펼쳐 나갈 수 있는 후보들인가?'

'시장으로서의 자질과 역량이 충분한 후보들인가?'

'나는 다른 후보들을 이길 수 있는 강점이 충분한가?'

'모든 것을 떠나 결과적으로 승산이 있는 게임인가?'

아무리 따져봐도 예측불가능한 힘든 게임이 될 거라는 결론에 도달했다.

지역에서 연을 쌓은 기간이 불과 1년 6개월밖에 안 된다는 점에서 인지도의 한계가 가장 큰 약점으로 다가왔다.

그러나 인지도는 선거운동 기간을 통해 충분히 극복할 수 있다는 확신이 들었다. 재보궐 선거의 특성상 언론방송이 집중될 수밖에 없을 거라는 생각에서였다. 하지만 한편에서는 겸허해질 수밖에 없는 처지이기도 했다. 나는 시장으로서는 초짜였고, 시장이라는 자리가 참으로 막중한 자리임을 시장님을 지근거리에서 모셔보았기 때문에 누구보다도 잘 알고 있었다.

게다가 나는 오랜 시절 행정 공무원으로서 살아온 사람이었다. 지자체장으로 선거에 나가기 위해서는 정치인의 옷으로 완전히 갈아입고 환골탈태할 준비도 되어 있어야 했다. 그런데 오랜 공직생활로 정치적 중립성을 지켜왔던 나로서는 이 부분에 대해 완벽하게 적응하기까지 시간이 걸릴 것이라 생각했다. 자칫 이것 또한 가장 큰 내 한계가 될지도 모른다는 강박관념도 있었다.

겉옷만 바꾸는 것이 아니라 정치인으로서 탈피하기 위해 가져야 하는 기본매너라는 것이 내 체질과는 영 맞지 않았다. 우스갯소리처럼 '없는 말도 만들어내고 아닌 것도 맞다고 하고 소위 잔머리도 잘 써야 한다'고 말하는 정치인의 자질이란 게 내게 있을 턱이 없었다.

하지만 내 강점인 역발상의 마인드로 충분히 이 고뇌를 극복할 수 있을 것 같았다. 정치력이 부족하다는 말은 역으로 따지면 그만큼 신인으로서 때 묻지 않았다는 소리가 아닐까라고 속 편하게 해석하기로 마음먹은 것이다.

서산시 시장으로 당선되어 활동을 하는 지금에서야 '없는 말도 만들어내고 아닌 것도 맞다고 하고 소위 잔머리도 잘 써야 한다'는 소리가 근거 없는 요설이라는 것을 잘 안다.

진짜 정치인은 없는 말을 만들어내는 자가 아니라 지킬 수 있는 말을 하는 사람이다. 아닌 것을 맞다고 하는 것이 아니라 아닌 것은 아니라 인정하고 올바른 방향을 다시 찾는 사람이다. 잔머리가 좋은 사람이 아니라 행정의 맥과 사람의 맥을 잘 뚫어 성과를 잘 내는 사람이라는 것을 알게 된 것이다.

어찌됐든 당시 시장으로서 적합한 나의 강점들을 찬찬히 끄집어내어 닦고 벼리기 시작했다. 점점 결심을 굳혀 나갔다.

내가 생각하는 나의 강점은 중앙부처와의 연결고리가 강하다는 부분이다.

오랫동안 행정안전부에 근무하면서 쌓아온 각 부처 인맥이 음으로, 양으로 서산시에 많은 도움을 줄 것으로 판단했다. 서산시 공무원들의 행정마인드를 보다 넓게 리드하고, 잠재된 역량을 끌어내는 데도 일조할 것으로 보았다.

서산시의 현안문제는 상당히 많은 부분들이 각 중앙부처의 협조를 받아내야만 하는 내용들이 상당수 차지하고 있었다. 서민경제 및 전통시장 활성화, 소외계층 지원문제, 생명산업인 농수축산업 육성, 다양한 교육활성화 지원, 기업 유치 및 산업단지 조성, 지방도 649호선 확·포장, 서산IC접속부 입체화도로 개설, 국도 대체우회도로 개설(성연-음암), 당진-대산간 고속도로 연장 등 막

대한 재원을 필요로 하는 사업들이 산적해 있었다.

 부시장으로 1년 6개월 근무하면서 체득한 경험으로 시장직을 보다 수월하게 수행할 수 있는 것도 강점이라면 가장 큰 강점이라 생각했다. 서산시와 중앙부처의 행정 흐름을 잘 알기에 중앙에서 추진하는 정책들을 시정에 접목시키는 부분에 관해서라면 나름 혜안도, 자신감도 있었다.

 이런저런 오랜 장고 끝에 도전하기로 마음먹었다. 이길 수 있다고 확신했고, 부시장까지 지낸 후보를 마다할 만큼 서산 시민의 판단력이 흐리지는 않을 것임을 믿어보기로 했다.

 아울러 내 고향을 위해 희생해야 한다는 책임감, 그리고 남자로 태어나 안온한 공직 생활과는 다른 도전다운 도전을 한 번쯤 해야겠다는 결의가 생겨났다.

 하지만 결과를 알 수 없는 것이 바로 선거판이 아닌가?

 공직을 사퇴하고 출마했다가 낙선했을 경우도 생각하지 않을 수 없었다. 그러나 그 부분은 쉽게 결론을 얻었다. 불가피하게 빚을 지는 것은 분명하겠지만, 대신 인생수업에 대한 수업료를 치르는 것으로 생각했다.

 남에게 손 벌리지 않고 살 수도 있다는 것은 큰 행운처럼 느껴졌다. 청렴한 공무원으로 그냥저냥 사는 소시민이지만 공무원 연금으로 먹고 사는 문제는 해결할 수 있었다. 게다가 숭실대 박사과정 교수 오퍼까지 올 정도였던 나라면 낙선해도 뭐라도 하며 살아가겠지라는 두둑한 배짱도 생겼다.

아내에게 출마의사를 밝히니 별로 만류하지 않았다. 그동안 묵묵하게 한 길을 가는 나에 대한 믿음도 있었겠지만 아내 역시 서산에 대한 내 감정과 애정을 잘 이해하고 있었기 때문이었다. 아내 역시 부시장 재직 시절 살았던 서산을 여전히 그리워하고 있노라 고백하면서 이왕 고향을 위해 힘껏 뛰어보라고 격려를 해주었다.

아내의 동의로 이미 마음은 굳혔지만 그래도 가까운 사람들의 생각을 확인하고 싶어졌다. 희생의 늪에 빠져볼 것이냐, 안정을 이어갈 것이냐의 마지막 한 가닥 갈등을 털어내고자 하는 생각에서였다. 주변 지인들에게 시장 출마에 대한 생각을 물었다. 일부 의견의 차이는 있었지만 자신들이 앞장서서 돕겠다는 강력한 출마 권유가 대다수였다. 결국 나는 2011년 9월 2일자 명예퇴직이라는 이름으로 루비콘 강을 건너고야 말았다.

사람들이 부러워하는 든든한 철밥통을 버린 것이다. 공직생활 30년을 채우지 못하고 순항하던 배에서 내려야 하는 아쉬움이 왜 없었겠는가. 그러나 막상 그만두니 미로 속을 헤매다 길을 찾은 것처럼 가슴이 후련해지는 것을 느꼈다. 지금까지의 삶도 도전의 연속이듯 고향을 위한 나의 도전에 스스로 용기와 자신감을 불어 넣기로 했다.

모천母川에 완전히 둥지를 틀고자 하는 연어의 꿈을 안고 나는 모든 것을 고향에 바치기 위해 출사표를 던졌다.

# 혼 빠지게 치른
## 초박빙 선거

내가 출마를 결심하고 공식화했을 때 일부 사람들은 걱정스러운 말을 하며 내심 내가 결심을 번복하기를 바라기도 했다. 그들 역시 나를 잘 알고 친분도 돈독한 사람들이었다.

"왜 정년이 6년이나 남았는데 위험하게 시장선거에 나서려고 하느냐?"

"나중에 정년퇴임을 한 이후 시장에 출마해도 되지 않느냐?"

약속이나 한 것처럼 이구동성의 말을 했다. 하지만 나는 그분들에게 단호하게 말했다.

"그건 나를 잘 몰라서 하는 말이다. 내가 시장에 도전하는 것은 내 개인의 영달을 위해서가 아니다. 시장이라는 자리는 아무나, 그리고 아무 때나 할 수 있을 정도로 녹록한 자리가 아니다. 그리고 노후생활 거처처럼 보이는 한가한 자리가 아니다. 정년퇴임 후 시장을 하라는 얘기는 나를 일신의 안위만 챙기다가 노후생활

수단으로 한자리 차지하려는 사람으로 치부하는 소리 같아 듣기 거북하다. 내가 지금 꼭 나가야 하는 이유는 바로 지금이 내가 가진 인맥과 역량을 가장 잘 활용할 수 있는 적기라고 판단하기 때문이다."

그들의 말처럼 내가 퇴임을 해서 시장으로 간다면? 아마도 그때는 내 중앙인맥의 활용가치가 약화될 대로 약화된 때일 것이다. 이미 내가 모셨던 상사들이나 동료들조차 조직에 없는 그때 중앙인맥의 도움이 얼마나 될 수 있겠는가? 당선 가능성은 물론 설혹 당선이 되었다 치더라도 그것은 나를 지지하고 뽑아준 서산 시민에 대한 도리가 아닌 것이다.

하지만 나도 인간인데 생전 처음 치르는 거대한 항전을 앞두고 왜 떨리고 불안하지 않겠는가. 말 그대로 선거판에서는 햇병아리다 보니 힘든 점이 한두 가지가 아니었다.

솔직히 출마선언 3~4일 차는 혼이 빠진 채로 시간이 흘러갔던 것 같다. 정신을 차려 선거운동에 본격적으로 돌입한 것이 선거일을 열흘 정도밖에 앞두지 않았던 시점이었다.

정신이 없었다. 해야 할 일은 왜 그렇게 많은지. 선의든 아니든 도와주겠다는 전화도 여기저기서 많이 걸려왔다. 사무장을 뽑고, 벽보 사진을 찍고, 후보자 등록을 하는 등의 행정적인 절차들도 여간 만만치가 않았다.

너무 신경을 쓰다 보니 몸무게가 삽시간에 3~4kg이 빠졌다. 무모한 도전을 한 게 아닌가 하는 의구심과 이겨낼 수 있을까 하는 불안감이 스멀스멀 피어났다.

늘 믿고 의지하던 형님이 선거 업무에 올인해주면 걱정이 없겠지만, 공직에 몸담고 있는 처지이니 그럴 수도 없는 형편이었다.

그렇게 혼란스럽고, 패기를 잃어가던 나를 다시금 일으켜 세우고 도전의지를 일깨워주고 바로 세워준 것은 역시 서산시민들이었다. 나를 지지하는 유권자가 아니더라도 상관없었다. 나를 객지 사람으로 대해주지 않고 오랜 시간 외지에서 고생하다가 돌아온 맏이처럼 맞아주시는 고향 분들의 푸근한 모습이 그저 눈물 나도록 고마웠다. 그래서 시장이 된 지금도 시민 한 분 한 분 모두가 내게는 너무도 소중한 존재들이다.

혈기 하나로 겁도 없이 선거에 뛰어든 것 같았다. 하지만 선거를 하려면 조직이 움직이고 돈이 있어야 한다는 말을 절대 듣고 싶지 않았던 나는 부지런히 발품을 팔며 선거운동에 나섰다.

처음 후보자는 다섯 명이었지만 한 명이 기권하면서 치열한 4파전의 양상을 띠고 흘러갔다. 나를 제외한 다른 이들은 지역세가 단단한 토호들이었던 셈이다.

그들은 서산에서 학교를 마쳤고, 수십 년을 오로지 서산에서 산 사람들이었다. 사적인 모임이든 공적인 감투든 여러 개를 갖고 있는 서산에 생활기반을 튼튼하게 뿌리내린 사람들이었다. 그에 반해 나는 어떤가? 오랫동안 고향을 떠나 외지에서 활동하다가 겨우 일 년 반 정도 부시장으로 재임한 것이 전부가 아닌가. 애당초 서산에서는 나를 큰 바람몰이를 할 인물로 평하지 않는 분위기였다. 인지도가 낮다는 점이 나의 가장 큰 핸디캡이었다.

오히려 여기서 나는 역발상을 발휘하기로 마음먹었다.

서산시 출신임에도 인지도가 낮다는 점을 극복하기 위해서는 차별화된 전략이 필요하다는 판단이 섰다. 순혈주의에 얽혀 선거 판세에 따라 민심이 요동치고 갈리는 것에 신물이 난 사람들을 집중 공략하기로 했다. 그 밥에 그 나물이 아닌 영양가 있는 식단을 시민들이 원할 것이라는 생각에서였다. 또 다른 가능성과 신선함을 제공한다면 분명 관심이 집중될 것으로 내다봤다. 혈연, 지연보다는 보편타당한 진리에 기대어 선거운동을 하기로 마음먹었다.

우선은 자치단체장이 가져야 할 덕목에 대해 설파했다.

자치단체장은 그 지역의 공익을 대표하는 지위이기에 여러 가지 덕목이 요구된다. 우선 지역사회에 대한 봉사를 최고의 덕목으로 삼아야 한다. 모범적인 생활 자세와 바른 양심으로 업무추진도 공평무사하게 해야 한다.

이를 바탕으로 풍부한 행정경험이 있어야 한다. 갈등을 관리할 수 있는 통합조정력은 물론 지역발전에 활용할 정치적 감각과 풍부한 인맥도 갖고 있어야 한다. 지역에서 쓸모없이 버려진 자원도 적극적으로 발굴해 나가는 안목과 식견이 필요하다. 이런 안목과 식견은 끊임없이 공부하고, 수많은 선진 행정을 배우고 경험해야 터득된다.

고향만 잘 지키고 있었다는 것은 결코 큰 덕목은 아닌 것이다. 공부 잘하면 외지의 좋은 학교로 가기 위해 부모와 당사자는 얼마나 애를 쓰는가. 그런데도 막상 선거 때는 울타리 밖을 나가보지 못한 토박이가 훌륭한 인재인 양 내세우는 것이 얼마나 희한한 이중적 잣대인가. 고향에 대해 누가 더 많이 연구하고 고향 발전에 필요한 대안을 제시하는 것이 더 중요한 것이 아닌가. 나는 이를 주장했다. 그런 점에서는 외려 고향을 떠나 있었던 사람이 더 많은 것을 객관적으로 볼 수도 있음을 부지런히 설파했다.

이는 바둑이나 장기판에서 훈수자의 입장에서 판세가 더 잘 보이는 것과 같은 이치라 할 것이다. 무엇보다도 중앙부처 근무경력을 가진 후보는 내가 유일무이하다는 점을 강조했다.

지방행정, 중앙행정 경험을 두루 갖춘 후보라는 것은 가장 강력한 무기가 될 수 있었다. 상대방 후보 측에게도 말했다. 모든 선거에는 돈을 쓰지 않겠다고 다짐하는 사람들만이 참여해야 하며 선거는 그런 후보들이 실력과 비전을 겨루는 깨끗한 장이 되어야 한다고.

비방과 유언비어가 난무하는 혼탁한 선거가 아닌 깨끗하고 정당한 클린 선거를 치르자고 제안했다. 부정 선거로 실추된 우리 시의 명예를 회복하면서 새로운 전화위복의 기회로 삼기 위해 최선을 다했다. 지역적 연고, 학연, 악수정치와 안면정치를 떠난 진정 사람을 보는 선거, 후보의 인물과 능력 경험, 역량을 살펴보는 선거가 되기를 희망했다.

이미 두 번의 전임시장이 재임 중 불명예스럽게 시장직을 잃어버리지 않았던가. 그만큼 서산시민들은 더 엄정해진 눈으로 우리를 지켜보고 있을 것이라 믿었다.

만나는 유권자들에게 나는 실추된 서산의 자존심과 명예를 회

선거캠프 개소식 모습

복할 수 있는 사람이 서산의 시장이 되어야 한다고 호소했다. 선거에는 학연, 혈연, 지연이 큰 영향을 미친다. 그러나 이에 못지않게 중요한 것은 후보자가 쌓아온 경력이라고 주장했다. 이 과정에서 많은 사람들로부터 받은 긍정적 신호를 읽으며 자신감을 보태나갔다. 그러나 일부 유권자들로부터는 맥 빠지게 하는 얘기도 종종 들어야 했다.

"인물로 보면 찍고 싶은데 한나라당이라서 찍지 못하겠다."

"하필 왜 한나라당으로 나왔나. 차라리 무소속이라면 맘 편케 찍을 텐데……."

당시 한나라당의 당적은 별로 도움이 되지 못하는 판세였다. 이명박 전 대통령의 인기가 바닥을 치고 있을 때였다.

아무튼 나는 30년 가까이 공직생활로 익힌 소박한 지식과 폭넓은 중앙인맥과의 소통을 강조했다. 중앙인맥과의 소통을 통해 서산시 발전을 확 앞당기겠다고 약속했다. '해 지는 서산'이 아닌

'해 뜨는 서산'으로 발전시켜 나갈 수 있는 유일한 후보임을 집중적으로 부각시켰다.

 이 당시 내가 선거 캐치프레이즈로 활용한 '해 뜨는 서산'은 단순한 구호가 아닌 내가 서산시민에게 선사하고 싶었던 서산의 미래이자 비전이었다. 일몰과 낙조로 대변되는 '해 지는 서산'에서 풍겨 오는 쇠락의 뉘앙스와 인식부터 없애야 서산을 발전시킬 수 있다고 생각했다. 그러기 위해 역발상 사고로 지은 비전이 '해 뜨는 서산'이었다.
 이 말이 내포하는 핵심적 의미는 서산은 떠오르는 태양과 같이 희망과 비전이 넘쳐나고, 모든 면에서 발전하고 융성하고 도약하고 나아지고 좋아지는 곳(서산)이라는 것이다. 국내적 시각으로 보면 무슨 소리냐고 하겠지만, 중국 산동반도 쪽에서 보면 가장 가까운 동쪽이 아닌가?
 선거는 바람과 운이라는 점도 실감했다. 내가 결정적으로 이길 수 있었던 데에는 이러한 바람과 운도 크게 작용했다는 얘기다. 바람은 한나라당 박근혜 전 대표의 서산 방문이었다. 구름같이 몰려든 인파는 서산에서는 처음 볼 수 있었던 일이라고들 했다. 나에게는 그보다 더한 천군만마는 있을 수 없었다. 한나라당은 싫어도 박근혜 대표는 그야말로 시민 모두의 로망이었다. 게다가 선진당 공천에서 탈당한 차성남 후보의 무소속 출마는 더할 수 없는 호재였다. 이때부터 행운의 여신은 내 편이라는 확신이 들었고 그 확신은 결과로 증명이 되었다.

서산 동부시장을
필자와 돌고 있는
박근혜 전 한나라당 대표

나는 서산시장 선거를 치르면서 인생을 새로 배웠다.

선거운동을 통해 배운 것은 '사람 위에 사람 없고 사람 밑에 사람 없다'는 평범한 진리였다. 한 사람 한 사람이 다 소중한 존재였다. 부자도 한 표, 가난한 자도 한 표, 남자도 한 표, 여자도 한 표, 나이든 자도 한 표, 청춘도 한 표였다.

평상시 사람들에게 잘하려고 노력했던 내 삶의 태도가 좋은 결과로 부메랑처럼 돌아온 것을 깨닫게 된 것도 큰 재산이었다. 중앙부처 과장으로 있을 때도 나는 손수 차를 타주며 타 부처에서 온 손님들을 편안하게 대했다. 그러한 작은 것들이 모여 좋은 입소문으로 번져가고 결국 나에게 복으로 돌아왔다고 생각한다.

순진했다고 해야 할까, 고지식하다고 해야 할까. 나는 서산시장 선거에 나오면서 몸담고 있던 행정안전부 사람들한테 부탁 편지나 연판장 하나 안 돌리고 나왔다. '서산시의 유권자도 아닌데 그들에게 부탁해서 뭐하나'라고 생각했던 것이다. 이렇게도 내가 참 순진한 사람이었다는 사실을 선거를 치르면서 뒤늦게 알 수 있었다.

내가 쌓은 인덕들은 선거 유세현장에서 좋은 호응을 주시는 유권자들을 만나면서 내게 다시 돌아왔다. 그들은 내게 말했다.

"행정안전부의 ○○○을 잘 압니다. 그 사람이 그렇게 칭찬을 하던 상사라고 해서~."

"건설교통부에 있는 ○○○이 훌륭한 분이라고 해서~!"

이런 말들을 들으면서 인맥과 평소의 행실이 얼마나 중요한 것인지를 다시 한 번 느낄 수 있었다.

유세, 공약개발 등등 버거운 일정에 지쳐 선거 당일은 오히려 해방감이 앞섰다. 당락을 떠나 허우적거리던 늪에서 빠져나온 기분으로 그저 아무것도 생각하지 않고 쉬고만 싶었다. 하지만 선거 결과가 발표된 이후 내 이런 피로와 무기력한 마음은 생기를 찾으며 눈 녹듯 사라졌다.

서산을 평생 지켜온 토박이를 이겼다. 10년 이상을 지역에서 시의원 도의원으로 구석구석 발판을 다진 후보도 이겼다. 바위같았던 상대를 달걀 같았던 생짜 신인인 이완섭 후보가 이겨버린 것이다.

그러나 승리의 환호가 있기까지에는 많은 지지자들의 속을 새까맣게 태워야 했다. 개표가 진행되는 동안 엎치락뒤치락하는 판세 속에서 누가 마지막에 웃을지 아무도 모를 박빙의 게임은 개표 마지막 순간까지 이어졌다.

막판에는 아예 틀렸다고 허탈해 하며 TV를 껐던 사람들도 많았던 한 편의 스릴 넘치는 드라마였다. 피 말리던 싸움은 공교롭게도 맨 마지막 투표함이었던 해미면 유권자들의 표심으로 극적인 반전을 이루며 승리를 결정지었다. 후보자와 지지자들 입장에서 보면 지옥과 천당을 오가는 싸움 그 자체였다. TV를 지켜본 사람들은 이보다 더 극적인 드라마도 없을 거라며 입을 모았다.

결국 서산시민들은 현명한 선택을 하였고 위대한 승리를 만들어냈다. 그동안의 선거풍토에서 보여줬던 것과 달리 인물 중심으로 후보를 선택한 것이다. 한 표 한 표 소중한 선거권을 행사해 주신 유권자들은 당보다는 인물 선거로 지역 일꾼을 뽑는 현명함을 보여주었다. 한마디로 박빙의 선거 결과는 시민의 위대한 승리였다.

그리고 '해 뜨는 서산'의 출발이 되었다.

# 나는 '서산당' 시장입니다!

선거에서 이겼다.

당시 나는 막판까지 지고 있던 상황에서 최종 순간에 극적인 반전을 통해 당선됐다. 그러니 그 기쁨이야 이루 형언할 수 없는 건 당연했다. 그러나 그 기쁨도 잠시, 시간이 지나면서 스스로도 이상할 정도로 덤덤해져 갔다.

나는 이 선거에서 오롯이 내가 완승했다고 절대 생각할 수 없었다. 가까스로 이겼기 때문이었다. 자만하지 않고 겸허해야 한다고 생각했다. 그리고 선거결과를 통해서 내가 무엇이 부족하고 무엇을 더 갖춰야 하는지를 찾아야 한다고 생각했다.

치열한 4파전 양상을 띠었던 시장 선거에서 내가 2등인 후보를 이긴 표차는 겨우 313표에 불과했다. 막판에 극적으로 이겼던 아슬아슬한 승리였던 것이다.

냉정하게 나를 평가하기로 했다. 내 출발점은 내 한계를 인식하는 것부터 시작되는 것이니까. 엄연한 사실은 내가 서산시 시민들의 1/3밖에 지지를 못 받았다는 것이었다. 지지하지 않은 사람들이 지지한 사람들의 두 배가 넘는다는 사실을 냉혹하게 받아들여야 했다. 그러니 어찌 승리의 기쁨에 도취할 수 있겠는가. 이것이 엄연한 나의 출발선이었다.

 승리의 달콤함에 마냥 취할 수 없는 냉엄한 현실이었다. 선거가 끝났지만 후폭풍은 거세었다. 선거가 끝나면 어느 지역이든 홍해처럼 갈라진 민심을 모으기가 쉽지 않다고들 한다. 서산지역은 상호 지인들의 결속력이 유독 끈끈한 곳이다. 그러니 일시적으로 이합집산하는 선거판이라고는 하지만, 서산에서는 단순히 셈법에 따른 득실뿐만 아니라 혈연과 학연 등으로 얽매인 복잡한 속내가 많았다. 이렇게 너덜너덜 흩어진 민심을 잘 보듬고 끌어안는 노력이 필요했다.

 시장 취임식 전날 나머지 후보 세 명에게 전화를 걸어 취임식에 와줄 것을 부탁드렸다. 원래 노상근 후보와는 선거 당시 이미 우리 공무원들끼리만이라도 페어플레이하자고 다짐했었다. 그 어떤 결과에도 승복하고 서로의 취임식에 가서 따뜻하게 축하를 해 주자고 약속한 바도 있었다. 하지만 취임식에는 선진당 소속의 후보자만 왔을 뿐이었다.

 나는 시장 취임 이후 간부들에게 다른 후보자들의 공약사항 중 실현가능한 괜찮은 공약은 시정에 모두 포함시켜 추진하라고 지시했다. 선거에 승리하기 위해 결국 공약空約이 될 공약을 남발하는 사람이 되지 않기 위해서 부지런히 공약을 이행해 나갔다.

선거 직후 서산의 민심은 뒤숭숭했다.

선거는 이미 끝났고, '네 편 내 편'이라는 편 가르기는 우리 서산을 위해서 하등 좋을 게 없었다. 나는 가는 곳마다 사람들한테 다음과 같은 말을 하며 부탁했다.

"한나라당 후보로 나와 서산시장으로 당선되었습니다만 저는 한나라당 시장이기도, 민주당 시장이기도, 선진당 시장이기도, 무소속 시장이기도 합니다. 그래서 말씀드립니다. 오늘부터 저는 서산당 시장입니다. 당파를 초월하여 모두를 통합하는 마음 하나만 갖고 시정에 임하겠습니다."

정말 이 말은 진실한 마음에서 우러나온 소리였다. 언제든지 서산시를 위해서라면 초당적으로 발 벗고 나설 것이었고, 겸허한 비판과 건설적인 아이디어에는 늘 귀를 열어놓을 것이라고 말했다.

하지만 내 이런 진심을 세상은 다르게 읽기도 했다. 선거에는 승자가 있으면 패자가 있는 법이다. 패자가 된 후보자 진영 측에서 정적政敵처럼 활동을 하던 수많은 사람들 역시 내게는 서산시 시민들이었지만 그들에게 나는 인정하기 싫었던 시장일 수 있었다.

시장이 되자마자 맞이한 첫 번째 인사人事에서 반대편에 서 있었다는 공무원들을 어떻게 해야 할까 고민했던 적이 있다. 참 난감했었다. 공직자의 신분으로 중립성을 지켜야 함에도 반대편에 서 드러내놓고 선거운동을 했다는 사람들을 모른 체하기란 쉽지 않았다. 아니 주변 사람들에 의해 점점 알게 되는 상황으로 이어져갔다. 성인군자도 아니고 그런 말을 들을 때마다 서운한 마음이 들지 않을 수 없었다.

특히 부시장 때 그렇게 좋아하며 가까이 다가왔던 공무원들이 나를 떠나 다른 후보를 맹렬히 지지했다는 사실을 알게 되었을 때는 배신감까지 들어 힘들었다. 이렇게 마음이 어지러워지는 것이 싫었던 나는 처음에는 시청 직원들 중 누가 어떤 후보의 편이었다는 말을 될 수 있으면 듣지 않으려고 노력했다. 그래서 처음부터 분명하게 내 생각을 전 직원에게 알렸다.

"이제 선거가 끝났으니 네 편 내 편은 없다."

이 말은 나의 진심이었다. 그리고 지금도 변함이 없다. 그런데 어디 내 생각대로만 흘러가는 세상이겠는가. 선거 때 누가 어땠고 누가 어땠다고 내 귀에 들려오는 말을 어쩌겠는가. 내 앞에서 누가 그런 말을 할라치면 듣지 않겠다고 말을 막았다. 설령 알아도 무시하려 애썼다.

그러나 시간이 지나면서 듣고 싶지 않아도 듣게 되고 알게 되는 상황이 생겨났다. 한편으로 그들을 가만 두어서는 안 된다고 말하는 이들도 있었다. 다음에라도 똑같은 상황이 생길 수 있다는 노파심의 발로에서 내게 우호적인 사람들은 그런 고언을 건넸다.

물론 어느 선거판에서나 나올 수 있는 상황이고 지금은 이미 흘러간 옛 이야기이다. 나는 그들 입장에서 이해하기로 했다. 그러자 고민거리는 눈 녹듯 사라졌다. 빨리 마음을 정리했던 만큼 사심 없이 그들을 포용하기로 했다.

인사는 만사다. 입장이 다르다고 편 가르기나 하고 뜻이 다르다고 보복하면 공직사회는 반목과 갈등으로 얼룩지고 방관이 팽

배해진다. 그 피해는 고스란히 시민들한테 돌아간다.

지자체일수록 공직사회를 잘 이끌어야 한다. 공무원이 움직이지 않으면 자치단체는 한 발자국도 전진할 수 없다. 민선 시장이 제아무리 뛰어난 철학과 비전, 행정경험이 풍부해도 공무원들이 움직여주지 않으면 어떤 일도 효율적으로 추진하기가 어렵다. 사심이 없어야 하고 솔선수범하는 자세가 필요하다. 무엇보다도 그들을 공정하게 대우해야 한다.

그들을 쉽게 포용할 수 있었던 배경에는 엄밀히 말해 나름의 냉정하고 사실적인 분석에 기인한 것도 있었다. 나는 서산에서 공직을 시작한 토박이 공무원이 아니었다. 말하자면 비록 내가 시장이 되었다지만 지금 서산시의 공무원들 중 내 측근이 도대체 몇이나 될까 하는 자각이 들었다.

그렇다면 내 편으로 분류할 소수의 공무원보다는 상대편 또는 무당편인 다수의 공무원을 포용하는 것이 이치적으로도 맞는 귀결이었다. 물론 누군가를 오래도록 경원시하지 못하는 내 천성에 따른 결론이기도 했다.

하지만 내가 단행한 인사발령을 놓고 반대편에 있었던 공무원을 보복인사했다는 일부 지역신문의 기사내용을 접하고는 정말 안타까움을 넘어 어안이 벙벙할 정도였다.

정말 유구무언이다. 해당 당사자와 그 주변 사람들은 보복인사라는 용어를 썼지만 그렇게 할 수밖에 없는 전후사정을 헤아리고 하는 말이겠는가? 그저 당사자 중심에서만 보고 잘못된 인사로 낙인찍어버렸다.

인사를 하다 보면 불가피하게 수평 또는 하향 전보가 있게 마련이다. 더욱이 선거를 마친 첫 인사발령에서는 상식적으로도 그런 경우가 생길 개연성이 훨씬 높을 수밖에 없다.

당시 상황 등을 종합적으로 고려하다 보니 어쩔 수 없이 한두 사람 하향 전보된 부분을 보복인사 측면으로 확대해석했다. 반대편에 섰던 사람들은 호재를 만난 듯 끈질기게 증폭시키고 집요하게 물고 늘어졌다. 일부 언론과 인터넷에서 떠드는 그 추종자들에 의해 말할 수 없는 고통과 비난을 받았다. 사람이기에 이런 호도는 나도 아플 수밖에 없었다.

가장 많은 경우의 수를 검토하고 여러 가지를 종합적으로 고려하여 판단할 수밖에 없는 사람은 바로 인사권자이다. 인사권자만큼 인사내용에 대해 고민할 사람은 절대 있을 수 없다. 인사 결과에 대해 책임져야 할 사람이 바로 인사권자 자신이기 때문이다.

원래 당선되면 속내는 어떻더라도 초반 밀월이라는 말도 있지 않든가. 언론이나 상대 진영과의 밀월관계도 갖고 서로의 이해타산의 지점을 맞추는 단계도 거친다고 들었는데 내 경우는 달랐다. 오히려 두들겨 맞았다. 일일이 대응하면 꼬리를 물고 늘어질 것이 뻔해 그냥 무대응으로 일관했다. 그냥 맷집 키우는 일로 넘겨버리기로 했다. 나로서는 한 점 부끄럽지 않은 인사였으니까.

나는 '인사는 만사'라는 말보다 '인사는 예술'이라는 말을 많이 쓴다. 백지의 도화지에 그리는 인사내용은 인사권자가 그리는 그림이다. 빨간색을 쓰든 파란색을 쓰든 붓을 든 사람이 판단할 일이다. 매화를 그리든 대나무를 그리든, 수채화든 유화든, 점을 찍든 선을 긋든 오롯이 화가의 몫이다. 자신이 그린 그림이 '조화'와 '균형'을 가지기를 가장 간절하게 원하는 이는 다른 누구도 아닌 화가 자신이다. 그림을 보고 왜 매화를 안 그리고 대나무를 그렸냐고 타박하는 것은 우스운 일이다. 다만 그림이 이상하거나 기괴하다면 그걸 비판하면 될 뿐이다.

'서산당 시장'

내가 가진 당파성이라는 후광을 정치적으로 충분히 활용할 수 있음에도 불구하고 나는 큰 틀에서 서산시의 갈라진 민심을 껴안고자 했다. 이렇게 해야 빨리 상처가 봉합되고 아물 것이라고 판단했다.

어디를 가나 '서산당 시장'이라는 타이틀을 빼놓지 않고 강조했다. 지역행사에서는 물론이거니와 지역에 입주한 기업인들과의 만남에서도 말했다. 이런 행보에 대해 처음에는 사람들은 반신반의했지만 이제는 모든 이들이 나의 '민심 모으기 노력'도 알고 있고 동참하려고 한다.

시장으로 당선되고 여러 가지 인선 과정과 직원과 기업, 시민들과의 간담회로 얼굴을 익히고 현장을 돌아보며 바쁘게 시간이 흘러가던 나날이었다. 갑자기 화두처럼 내게 떠오른 생각들이 나를 또 붙잡기 시작했다.

'나는 지역에 어떤 비전과 희망을 줄 수 있나?'

'나는 어떤 상상력과 에너지를 갖고 있나?'

후보였을 때와 막상 당선되고 나서 시장이 되었을 때의 고민의 무게는 이토록 달랐다. 그때 시작된 고민들은 아직도 목하 진행 중이다.

# 이완섭을
## 이완섭으로 만든 사람들

나는 참 행운아다.

이렇게 상서로운 땅인 '서산'을 대표하는 사람이 되었으니까. 하지만 내게 다가온 진정한 행운이란 바로 '사람'이다. 꽃보다 아름다운 사람만이 진정 내 인생을 풍요롭게 만들어주는 지상 최고의 가치가 아니겠는가.

소위 말하는 관운이 좋은 사람이었던 나는 공직생활 내내 참으로 인덕이 많았다고 자부한다. 인덕으로 지금의 위치까지 왔다고 해도 크게 틀린 말은 아닐 듯싶다. 그렇다고 잘 끌어주는 사람 덕으로 출세했다는 의미는 전혀 아니다.

갓 태어난 오리는 처음으로 바라보는 오리를 자신의 어미로 믿는다고 한다. 그렇듯 내 공직생활을 인도해주신 분들을 나의 은인으로 생각한다. 정말 고맙고 훌륭하신 분들이었기 때문에 무탈한 공직생활을 보내지 않았나 싶다.

마치 정신적으로, 업무적으로 부모님 이상의 멘토가 되어주신 그분들을 은연중에 본받으려고 했던 나의 노력들이 지금의 나를 만들었다고 확신한다.

총무처 시행 7급 국가행정직 공채시험에 합격하여 첫 발령지로 근무하게 된 곳은 철도청 소속 대전보선사무소였다. 내가 막연히 꿈꾸던 공직생활의 모습이 아니었다. 지방에서 2년간 비전 없이 근무하는 내 모습에 자괴감을 느끼고 있을 때였다.

당시 총무처(내무부와 함께 지금의 안전행정부로 통합) 총무과장이셨고, 관선 천안시장을 끝으로 공직을 마무리하신 이희영 前 시장님께서 나를 총무처 인사과로 발탁하여 주셨다.

최양식 現 경주시 시장님과 박명재 국회의원님(前 행정자치부장관)도 기억에 남는 멘토들이시다. 그분들은 내가 행정자치부에서 다시 한 번 도약할 수 있게 해주셨던 분들이다.

광화문 정부서울청사(총무처)로 올라온 나는 열심히 일했지만 승진에서는 뒤쳐지는 불운(?)을 겪었다. 내가 총무처에 전입되어 보니 7급 공채 동기들이 43명이나 근무하고 있었다. 당시는 7급에서 6급 승진에 필요한 법정 최저 소요년수가 2년일 때였다. 가장 빨리 승진한 동기 서너 명은 2년이 되자마자 승진하기도 했다.

비록 총무처 첫 발령을 인사국(교육훈련과)으로 받아서 선망하는 부서에서 근무하게는 되었지만 내가 근평점수를 잘 받는 건 무리였다. 인사국에 선임들이 많이 몰려있어서 근평 순위는 늘 하위에서 맴돌 수밖에 없었다. 게다가 연도가 바뀌면서 승진 정체 현상이 심화되어 나는 6년 7개월 만에 행정주사보의 '보' 자 꼬리를 겨우 뗄 수 있었다.

동기들 중 가장 늦게 후배 기수들과 승진하다 보니 승진의 기쁨을 느낄래야 느낄 수 없었다. 6급 승진을 늦게 하니 사무관(5급) 승진이 늦어지는 것은 당연지사. 사무관이 되어서도 서기관 승진에는 크게 미련을 두고 싶지도 않았다. 현고학생顯考學生을 면하면 됐다고 자위할 뿐이었다.

사무관 6년차로 접어들 즈음 2002년 한일월드컵조직위원회 유재한 과장으로부터 연락이 왔다. 인사과장 자리가 생겼다며 파견근무 의향을 묻는 것이었다. 하루 이틀 고민하다가 파견근무를 자청했고 월드컵조직위 인사과장으로 근무하게 됐다. 그 후, 월드컵을 잘 치루고 마무리가 한참이던 2002년 9월에 나는 행정자치부 인사계장으로 들어가게 됐다.

그때 나를 행정자치부 인사계장으로 발탁해 주신 분들이 최양식 당시 인사국장님과 박명재 기획관리실장님이셨다. 당시 행정자치부는 통합부처로서 총무과장은 내무부 출신이 맡고, 인사계장은 총무처 출신이 맡는 것으로 운영되고 있었다. 그 두 분께서 나를 인사계장으로 발탁해주셨던 그 순간부터 내 공직생활은 다음 스텝으로 순조롭게 도약하기 시작했다.

행정안전부에서 상사로 모셨던 정남준 전 제2차관님도 고맙게 생각되는 분이다. 나는 이분들 덕분에 지방자치단체의 부단체장으로 근무할 수 있게 되었다고 생각한다.

2009년 1월 어느 날, 총무처 부서에서만 근무하던 나는 돌연 내무부 쪽 부서인 지방행정국 지방성과관리과장으로 발령될 것이라는 전갈을 받았다. 정남준 전 차관님께서 그렇게 발령을 요구해서 지식제도과장이던 나를 지방성과관리과장과 맞바꾼다는 말이었다. 전혀 생각하지도 못했고 원했던 부서도 아니어서 처음에는 무척 실망이 컸었다.

그러나 이내 마음을 고쳐먹었다. 원래 나는 후회나 미련을 오래 끌고 가는 스타일이 아니었다. 게다가 자신의 관할부서로 끌어오신 정남준 전 차관님이 지방업무를 해야 고향에서 근무도 할 수 있는 기회가 생긴다며 나에게 발령 이유를 설명해주시는 말씀을 듣자 오히려 잘 됐다는 마음까지 들었다.

그 후 나는 8개월이 지나 고향인 서산시에서 부시장으로 근무할 기회를 잡게 되었다. 그리고 시장으로 일할 수 있게 되었다. 결과론적인 얘기지만, 지방성과관리과장으로부터 시장의 직에 이르기까지 모두가 운명같이 정해진 수순처럼 생각된다.

이달곤 전 행정안전부장관님과 정 차관님의 후임이 되신 강병규 전 제2차관님(현 지방세연구원장)도 고마운 분이다. 지방행정 업무의 기초를 닦고 있던 내가 서산시 부시장으로 갈 수 있도록 도와주신 분이기 때문이다. 나를 부시장으로 받아주신 유상곤 전 서산시장님 또한 마찬가지다. 주변에서 고향사람을 받으면 안된다고 만류하는 것도 뿌리치고 나를 선택해주셨다. 내가 서산시를 위해 일할 수 있는 귀한 기회를 선사한 유 전 시장님을 비롯해 이렇게 많은 상사 분들을 내 공직생활에서 만나 뵐 수 있었던 것은 행운이다.

어디 이분들뿐이겠는가?

내가 한 방에서 모셨던 상사 분들은 모두 하나같이 성공의 가도를 걸어가셨다. 총무처 교육훈련과장으로 모셨던 김종민 과장님과 박명재 과장님은 장관의 자리까지 오르셨고, 채일병 과장님은 국회의원이 되셨다. 인사과장으로 모셨던 권오룡, 최양식, 이성열, 김중양, 최석충, 김주섭 과장님 등은 정무직인 중앙인사위원장과 행정안전부차관, 중앙공무원교육원장, 소청심사위원장 등 장·차관급을 비롯해서 직업공무원 최고의 자리인 1급까지 모두 오르셨다. 총무처 교육훈련과에서 모셨던 안양호, 정남준, 이권상 계장님, 인사과에서 모셨던 전충렬 계장님, 행정자치부 총무과에서 과장님으로 모셨던 한봉기 과장님도 차관 또는 1급이 되시는 등 직속상관으로 모셨던 분들 모두 1급 이상이 되셨다.

내 입장에서 보면 큰 불 곁에 있었으니 곁불 쬐기에 유리했을지도 모른다. 2011년 10월 26일 서산시장 재선거 당시 서산까지 내려와 직접 지원유세를 펼쳐주신 박근혜 전 한나라당 대표(현 대통령)를 비롯하여 홍준표 한나라당 대표(현 경남도지사), 홍문표 전 한국농어촌공사 사장(현 국회의원), 정몽준 국회의원, 이완구 전 충남지사(현 국회의원), 박태권 전 충남지사, 최진학 전 경기도의원 등은 시장 당선에 직접적인 도움을 주신 분들이다. 지역에서 일일이 도와주신 분들까지는 거명할 수 없지만 이런 분들이 있었기에 시장이 될 수 있었다고 생각하며 늘 고마운 마음을 가지고 있다.

이분들이 공적인 '이완섭'을 만들어준 고마운 분들이라고 생각한다. 많은 선후배 동료 공무원들도 소중한 분들이기는 마찬가지다. 부모님을 모시며 끈끈한 형제애로 가장 든든한 후원자가 되어주고 있는 형님 내외를 비롯한 가족친지들도 빼놓을 수 없다. 보이지 않게 내 뒤에서 묵묵히 나를 지탱해준 것은 역시 피를 나눈 형제자매들이며 인륜으로 묶여진 가족이다. 언제나 자식의 평탄한 앞날을 축수해 주신 부모님은 나를 있게 해 준 뿌리다. 그리고 그 뿌리에서 뻗어 나온 나를 더욱 더욱 단단하고 아람 넓은 사람으로 만들어준 이는 단연코 내 아내다.

사람은 원래 지금 크기의 두 배였는데 너무 크고 교만해서 신이 그 절반을 남녀로 갈라놓았다는 말도 있다. 사람이 자신의 분신을 그토록 찾는 이유가 완전해지기 위해서라고 플라톤은 말했다. 나 역시 내 아내를 만난 후 그 이전보다는 더 완전해지고 충만해졌다.

아내는 평범한 가정주부지만 내게는 둘도 없는 매니저이다. 나의 부족한 부분을 가장 많이 일깨워주고 가장 진솔하게 충고해주는 멘토다. 두 딸과 막내아들을 가진 일가를 이루면서 아내는 늘 내 곁에서 온 마음을 다해 내조해 준 사람이다. 3남매 모두 특별할 것은 없지만 걱정할 필요가 없을 만큼 잘 성장해주어 늘 감사하다.

인생에 있어서 큰 기쁨의 순간이 있었지만 아내가 첫 딸을 순산했을 때의 기쁨을 빼놓을 수 없을 것 같다. 딸을 얻었다는 사실 그 자체의 기쁨보다는 내가 완전한 사내구실을 했다는 것이 입증되었다는 기쁨이 더 컸었다. 지금 떠올리면 웃음만 나는 생각이지만 왜 그때는 그 사실이 더 기뻤는지 참 알다가도 모를 일이다.

아내를 처음 만나던 순간이 떠오른다. 솔직히 아내는 그렇지 않다지만 나는 첫눈에 아내에게 반했다. 김제가 고향인 아내는 농림축산식품부 공무원인 형님 때문에 만났다. 형님이 건국대 농축개발대학원에 다닐 때 아내의 셋째 형부가 건국대 ROTC 교관이었다. 두 분들은 자연스레 결혼 얘기를 나눈 덕에 역사를 만드는 주인공들이 됐다. 미혼인 남동생과 처제를 맺어주기로 작당한 두 분 덕택에 나는 천하의 팔불출이 될 기회를 얻었다.

세종문화회관 커피숍에서 첫 선을 보기로 한 날, 문을 열고 들어오는 아내를 보고 나는 첫눈에 반했다. 당시 김제에서 어린 아이들을 가르쳤던 아내는 환한 미소를 지으며 들어왔다. 웃는 모습에 눈이 확 떠지며 이상형으로 가슴에 꽂혀버렸다. 그렇게 아내는 처음부터 내 눈에 깊게 새겨졌다.

본시 날카로운 인상을 가진데다가 체격이 호리호리한 나는 당시 아내에 비하면 볼품없는 외모였다. 하지만 인연이 되려고 그랬는지 7개월 동안 일곱 번 만난 끝에 우리는 결혼에 골인했다.

1987년 2월 22일 강남 목화예식장에서 결혼식을 올렸다. 피로연이 열렸던 식당 이름도 목화식당이었다. 아내와 나의 만남 곳곳에는 우연과 우연을 가장한 필연들이 숨어있었던 것 같다.

아내는 내가 공직생활을 시작했을 때부터 자신의 처신 역시 공무원처럼 하던 여자였다. 청렴했고, 올곧고, 늘 남들에게 친절했다. 나는 그 점이 특히 좋았다. 그녀의 장점은 그런 맑고 고운 심성이 세월이 가도 전혀 변하지 않는다는 데서 더 빛을 발한다.

**결혼식 사진**

남편인 내가 단체장이 되어서도 그녀의 생활은 그대로다. 여전히 이런 저런 봉사를 하러 다닌다. 시장 부인이라는 명목 때문에 어쩔 수 없이 참석해야 하는 행사도 많지만, 아내는 어느 자리에서건 시장 부인이라는 티를 내지 않고 참여해줘서 고마울 뿐이다.

봉사활동을 하는 현장에서 후덕한 인상으로 팔을 걷어붙이는 여자가 있으면 십중팔구 내 아내다. 시장 부인이랍시고 정장을 하고 사진만 찍는 사람이 아니라 진짜 어려운 일만 먼저 맡아 묵묵히 한다. 순수한 마음으로 일을 돕는다.

아내의 이 행동들이 나를 지탱하는 힘이 되어주고 있다. 우리나라 사람은 공적 개념이 부족한 데다가 그 측근들까지도 자신이 무슨 한자리를 하는 줄 착각하는 경우가 정말 많다.

그렇지 않은 아내가 나는 고마울 뿐이다. 서산시민들은 나보다 인상이 좋은 아내를 더 좋아한다. 지금도 어떤 분들은 아내를 보고 나를 찍었다며 말을 건네는 분들이 많다. 그런 면에서 나는 아내 덕으로 시장이 되었다고 해도 과언이 아니라고 생각한다.

아침마다 나는 아내가 불어넣어주는 기를 한가득 받고 출근하고 돌아와서도 스마일 인사를 받는다. 이 나이에 내조의 여왕과 다름없는 아내에게 이만한 대접을 받는 남편이 몇이나 되겠는가? 팔불출이라는 말을 듣는다 해도 싫지 않다. 나는 정말 행운아다.

내 정신에 자취를 남긴 인물은 이순신 장군이다. 어려서부터 많이 존경했다. 내 고향에 있는 해미읍성에서 이순신 장군이 군관으로 근무했다는 사실 때문만은 아니다. 그가 가진 훌륭한 리더십을 흠모하기 때문이다.

어릴 때도 커서도 어려운 일에 닥쳤을 때마다 '이순신 장군이라면 어떻게 하실까?'라는 생각을 하곤 했었다. 그런 의미에서 본다면 인생을 바꿔주는 역할은 아니었을지라도 마음속의 진정한 멘토가 아닐까 생각된다.

이순신 장군은 뛰어난 전략가이자 부하의 몸과 마음을 사로잡을 줄 아는 리더였다. 그는 늘 유리한 환경을 만들어 전투를 시작했고, 부하들이 기꺼이 적과 싸울 수 있도록 여러 가지 장치를 갖고 지휘했다. 그리고 힘들거나 어려운 일은 스스로 먼저 실천했다.

하지만 무엇보다도 이순신 장군의 리더십은 바로 '소통'에서 빛난다. 난중일기나 평전을 읽어보면 이순신 장군은 모든 군사를 소통에 참여시켜 일방적인 군대식 지휘 체계에서 벗어나 혼연일체와 화합의 군대로 만든 소통리더십의 전형이다. 최하급 졸병이라도 병법과 관련하여 자유롭게 말하게 하였던 이가 바로 이순신 장군이었다.

이순신 장군은 창의적 소통의 뛰어난 리더였다. 제작한 여러 무기와 작은 아이디어 하나도 모두가 이순신 장군과 부하들이 형식에 얽매이지 않고 기발한 상상력과 창의적 소통을 통해 발견한 것이었다.

단체장은 무엇보다 실천하는 리더가 되어야 한다. 단체장이 말만 앞서고 행동이 받쳐주지 않으면 리더로 인정받지 못한다. 이런 점에서 늘 행동으로 조직원의 신뢰를 모으는 리더의 자격을 보여준 이순신 장군을 존경한다.

나 역시 '신뢰'를 주기 위해 내가 뱉은 말들은 최대한 실천하고자 늘 노력하고 있다. 민선 단체장에 출마하는 후보자들은 선거 기간 동안 저마다 지역이 가야 할 방향을 제시하는 공약들을 쏟아놓으며 표심을 유혹한다. 그러나 당선되고 나면 그뿐 공약을 공약空約으로 돌린다. 나는 공약을 하나하나 실천해 나가고 있다. 분기마다 공약과 공약이행률을 하나씩 점검해 나갔다. 매니페스토(참공약)를 지키기 위해서다.

시장은 시민들에게 신뢰와 믿음을 주는 존재여야 한다. 그들에게 미래 비전을 제시하고 의지를 가지고 노력하면 공약이행은 시기만 문제일 뿐 그렇게 힘든 것은 아니다. 앞으로도 두드리고 또 두드리면서 한 걸음씩 공약들을 이행해나갈 것이다.

내 인생에서 많은 생각을 전달해 준 책은 지그지글러의 『정상에서 만납시다』와 나폴레온 힐의 『놓치고 싶지 않은 나의 꿈 나의 인생』이다. 꿈을 향해 꾸준히 등반하는 사람들의 마인드에 대한 좋은 이야기가 가득 찬 책이다.

나는 늘 긍정적이고, 고난이라 부를 수 있는 상황이나 일이 닥쳤을 때 놀라운 회복력과 탄력성을 가진 사람이라 자평한다. 모토로 삼는 인생 철학들 자체가 그렇다.

나는 '전화위복' '역지사지' '진인사대천명'이라는 말들을 좋아한다. 대학 입시에 두 번이나 실패를 했지만 그 덕분에 공직에 입문했고, 원치 않는 지방성과관리과장으로 갔지만 그 덕분에 서산시 부시장을 맡을 수 있었고, 결과적으로 시장이 될 수 있었다. 내게 닥친 고난들이 내게 또 다른 기회의 시초가 되었음이 자명하다. 즉 전화위복이다. 불운 속에 이미 행운의 맹아가 자란다는 사고 자체가 얼마나 밝고 희망적인가?

그 다음 좋아하는 말은 '역지사지'다. 상대방을 배려하기 위해서는 반드시 생각해야 하는 말이다. 주례사에서도 간혹 인용했던 우화가 「사자와 소의 결혼 이야기」이다. 고기를 먹어야 하는 사자와 풀을 먹어야 하는 소가 서로 사랑을 해서 결혼을 했다. 사자는 자신이 제일 좋아하는 피가 선연한 고기를 소를 위해 갖다 주고,

소는 자신이 정말 맛있어 하는 건초를 사자에게 갖다 준다. 어떤 결과를 불러일으킬까?

상대방을 위해 한다는 일이 결론적으로 상대방 위주의 배려인지 자기중심적인지 잘 살펴봐야 한다. 자신이 좋아하는 것들을 배려라는 미명 하에 최선을 다했지만, 그것은 상대방에게는 최악이 될 수도 있다는 것을 명심해야 한다.

시정을 행하는 지금도 마찬가지다. 시민을 위해 정말 좋은 일이라고 설득하기 전에 나는 늘 이 역지사지를 떠올린다. 정말 시민이 좋아할까? 공급자인 행정의 입장에서 하는 공허한 멘트가 아닐까? 늘 고민하다 보면 되도록 많은 길을 찾을 수 있다.

'진인사대천명'이라는 말도 좋아한다. 늘 내가 할 수 있는 일은 최선을 다하되 그 결과는 하늘에 맡겨야 한다. 설혹 그 결과가 원하는 방향이나 귀결이 아니더라도 낙심하거나 노여워하지 않는다. 최선을 다했다는 사실, 그것에 만족하는 것 자체도 정말 행복을 가져다주기 때문이다.


내가 좋아하는 사람들과 책, 생각들이 오늘날의 이완섭을 만들었다. 앞으로 내가 만나는 더 많은 이들과 좋은 생각들이 내일의 나를 또 만들어나갈 것이다. 아직도 채워질 공간을 많이 가진 나, 불완전한 나여서 정말 좋다.

앞으로도 많이 배우고 부지런히 채울 것이다. 발전을 계속해 가는 서산처럼…….

일러스트 : 강우현

# 해 뜨는 공화국 서산 2

안정과 변화의 변주곡

"안정성이라는 것은
시냇물에 떠내려가는 죽은 물고기와 같다.
우리가 아는 유일한 안정성은 변화뿐이다."

헨리포드의 말이다. 안정적이려면 변화를 두려워해서는 안 된다? 묘하게 배치되는 말이다. 흔히 안정적이고자 하는 사람들이 변화를 거부하는 것이 상례다. 하지만 오래도록 안정적이려면 반드시 '변화'라는 탈피를 거쳐야 한다. 탈피를 하지 못해 웅크린 채 말라죽듯 변화하지 않으면 도태되고 결국 죽음을 맞이할 수밖에 없다.

변화하지 않는 인간은 '시체'밖에 없다. 안정성을 추구하는 사람들과 변화를 추구하는 사람들은 실상 종이 한 장 차이다. 진정한 안정은 변화를 담보로 얻을 수 있는 쟁취물이고, 올바른 변화란 궁극적으로 안정적인 상태를 지향하면서 가는 것이기 때문이다.

도시 역시 마찬가지다. 높은 소득율, 출생률, 고용율이라는 안정적인 지표를 얻기 위해서는 갖가지의 변화와 혁신을 선행해야 하는 것이다. 시리도록 차갑고 세찬 물살을 가진 물도 고이면 따뜻하고 고요해진다. 하지만 오래도록 갇혀 있으면 썩어 악취를 풍긴다. 그런 물에는 아무것도 살아남지 못한다.

지금 서산은 안정과 변화의 변주곡을 화려하게 연주하는 도시다. 그 조화로운 앙상블을 위해 나는 전문성과 통찰력, 통합력을 갖춘 오케스트라 지휘자가 되어야 한다.

# 스타도시
## 서산

불과 2년이 안 되었는데 시장으로서 빠르게 결정하고 집행을 해서 얻은 것들은 많다. 그중 하나가 스타도시로서의 발돋움이다. 스타는 '앞서 나가고' '빛나고' '남다르고' '유지해야' 스타라 명칭될 수 있을 것이다. 스타도시 역시 마찬가지다.

스타도시라고 불리는 도시들은 확연히 다르다. 지방자치단체가 경쟁력을 가지려면 그 도시만의 유일한 것이 있어야 한다. 다른 도시들과 유사한 도시들은 경쟁력을 갖추기 힘들다. 그렇다면 스타도시의 조건은 과연 무엇일까? 거제, 울산, 광양, 구미처럼 전통적인 기업도시들만이 스타도시일까?

우선은 기본적으로 가져야 할 것이 적정 도시의 사이즈다. 그 사이즈는 지리학적인 넓이도 있겠지만 그 땅 위에 어떤 밀도로 시민들이 살고 있는지도 중요한 지표가 된다.

서산시는 인구 17만 명 돌파 '초읽기'에 들어갔다. 1년 만에

2,700여 명이 늘어나는 놀라운 증가세를 보이고 있다. 매월 평균 270여 명씩 꾸준히 증가하는 추세다. 많은 지자체가 인구 감소로 인한 세수稅收 부족으로 경제 활력을 잃어가는 것과는 사뭇 대조적이다. 기업 유치를 통한 지역경제 활성화가 인구 증가의 가장 큰 동력이 되고 있다.

다음은 도시가 가지는 부富의 수준이다.

1인당 소득GRDP이 높아야 한다. 3만 달러는 넘어야 스타도시 급이라 할 수 있다. 지역내총생산GRDP은 각 지역에서 한 해 동안 얼마만큼 부가가치를 일으켰는지를 나타내는 경제지표다. 개별 지역 소득수준을 가장 잘 표현하는 통계로서 1인당 소득 3만 달러를 넘는 시군구는 모두 21곳밖에 안 된다. 전체 지자체의 10% 남짓에 불과하다.

기업과 사람이 러시하는 서산은 시민 1인당 소득이 크게 올라 부자도시 반열에 올랐다. '지역내총생산'을 기준으로 전국 222개 시군구의 1인당 소득을 비교한 결과 서산시는 3만 7,965달러로 전국 12위, 도내 2위였다.

인구 증가와 부의 수준에 맞는 문화시설과 교통인프라를 많이 확충하고 교육 분야에 대한 투자를 집중적으로 하는 것도 스타도시의 조건 중 하나일 것이다.

더 나아가 교육 농업 서비스업 등 다양한 생산 기반을 갖추고 삶의 질까지 높아야 진정한 스타도시라 할 수 있다.

서산 역시 잠재력이 무궁무진한 곳이다. 지리적인 입지, 천혜의 자원들, 우수한 인적 인프라 등등. 이런 잠재력을 더욱 증폭시키기 위해서는 시정이 뒷받침을 확실히 해주지 않으면 안 된다. 좋은 구슬을 앞에 두고 어떤 식으로 잘 꿰고 이어 붙일지를 모른다면 아름다운 목걸이를 만드는 것은 요원하다.

서산시의 시정은 크게 두 개의 바퀴를 가지고 굴러가고 있다. '경제발전'과 '시민복지 증진'이라는 축이다. 여기에서 나는 좀 더 줄기를 뻗어 5가지 청사진을 시민들에게 제시했다.

'고품격 농축수산도시'
'희망찬 교육복지도시'
'활력 넘치는 경제도시'
'함께하는 문화관광도시'
'살기 좋은 생태환경도시'

이런 비전을 명확하게 설정하고 시민들에게 보여줄 수 있어야 해가 뜨는 행복한 도시 '서산'을 제대로 건설할 수 있으리라 확신했다.

'고품격 농축수산도시'를 만들기 위해서 가장 먼저 내가 추진한 것은 브랜드화와 명품화 그리고 현대화였다.

'6쪽마늘'과 '간월도 어리굴젓' '뜸부기쌀'과 같은 지역특산품을 브랜딩하여 가치를 드높였다. 브랜딩의 대상은 상품뿐만 아니라 사람도 포함되었다. 전통식품과 특산품을 생산가공하는 사람들 중에서 명인을 발굴했다.

종합농업타운과 농촌 신문화공간 조성을 통한 현대화 작업과 함께 농어업 면세유 기간 연장, 농작물 재해 보험가입비 지원 확대 등 농축어업인들의 시름을 덜어주려는 시정들을 지속적으로 펼쳤다. 아울러 농특산물의 해외 수출 및 판로개척에도 많은 노력을 기울여 눈에 띄는 성과를 창출했다. 서산시에서도 수억 원씩 돈을 버는 '자영농' 성공 스토리가 여기저기서 탄생하고 있다. 참으로 흐뭇하다.

'희망찬 교육복지도시'를 만들기 위해서 경로당 지원비 확대 지원, 마을순환 진료와 방문간호 서비스 확대, 저소득자·노인·장애인 지원 강화, 셋째 아이 이상 출산 지원금 확대를 통해 힘들고 어려운 계층의 말초까지 온기가 전해지는 따뜻한 복지를 펼치려고 노력했다.

'활력 넘치는 경제도시'를 만들기 위해서 비즈니스 프렌들리 문화와 인프라를 정착시키는 노력을 다양하게 펼쳤다.

서산시의 '부자도시' 비결은 활발한 기업 활동에 있다. 입주기업체들은 많은 지역민들을 고용하고 벌어들인 만큼 세금으로 납부를 했다. 서산시에 있는 300여 개의 기업체가 지역에 고용과 소득증대라는 선순환을 지속시켜주는 인큐베이터가 되었다.

대산석유화학단지 내 주요 5개 업체가 내는 국세와 지방세는 어마어마하다. 현대파워텍, 다이모스, 동희오토, 현대파텍스 등 자동차업체가 물밀듯이 몰리면서 매출 50억 원 이상인 기업이 100개를 넘었다.

특히 서산시는 꾸준한 신규 기업 유치를 통해 많은 신규 고용을 창출하는 동시에 포스코 사社와 5천억 원, 프랑스 토탈 사와 1조 9,800억 원, 영국 쉘 사와 3억 달러, 독일 린데 사와 8,000만 달러, 독일 컨티넨탈 사와 1억 달러 투자협약을 체결하는 등 외부재원도 많이 늘렸다.

대산항을 통해 충청권의 글로벌 물류 거점으로 설계하는 원대한 밑그림도 부지런히 그리고 있다. 이를 바탕으로 2014년부터는 본격적으로 해양항만물류와 관광산업에도 역량을 더할 것이다.

'함께하는 문화관광도시'를 만들기 위해서 우리 시를 대표하는 최고의 관광명소를 발굴하고, 홍보 마케팅에 주력하고 있다. 이미 색다른 역사와 특색을 가진 서산9경(해미읍성, 서산용현리마애여래삼존상, 간월암, 개심사, 팔봉산, 가야산, 황금산, 서산한우목장, 삼길포항)을 선정해 홍보하고 있다. 서산판 올레길인 '아라메길'의 정비와 홍보마케팅을 통해 관광도시로서의 서산 브랜딩에 총력을 기울이고 있다.

여기에 더하여 세계인이 찾는 관광도시 서산을 만들기 위해 더 큰 목표를 향해 심혈을 기울이고 있는 일이 있다. 340만 평에 달하는 서산한우목장(한우개량사업소)의 일부를 외국투자를 유치해 세계문화테마파크로 만들기 위해 노력하고 있는 일이 그것이다. 무엇보다도 고무적인 것은 이 사업을 추진하고자 하는 외국투자자가 이 지역을 갈망하고 있다는 사실이다.

나는 몇 달 전부터 이동필 농림축산식품부장관은 물론 이원종 지역발전위원장, 국회 농림축산식품해양수산위원회 최규성 위원장과 김영록 간사, 이완구·홍문표·이재오·성완종 국회의원 등을 만나 적극적인 협조를 요청하는 등 이 사업 유치를 위해 심혈을 기울이고 있다.

모두 긍정적인 데 반해 정작 토지소유주인 농림축산식품부가 구제역 피해 우려를 이유로 미온적이다. 그러나 이는 반드시 국가적 차원에서도 적극 나서야 할 과제라고 생각한다. 우리나라 95%의 씨수소를 서산목장에 두고 구제역이 무서워 여분의 땅에 아무것도 하지 못해야 한다면 얼마나 비효율적인가? 가진 달걀 모두를 하나의 소쿠리에 담고, 주식 한 종목에 가진 돈 전부 투자하는 것과 같은 위험을 언제까지 지속해야 하는 것일까?

국가는 종축산업의 안전을 위해 분산정책을 수립·추진하면서 한우목장을 효율적으로 사용할 수 있도록 하여야 할 것이다. 더구나 박근혜 정부가 지향하는 창조경제, 문화융성, 일자리창출이라는 세 마리 토끼를 잡는 일이기 때문에 더욱 그렇다.

'살기 좋은 생태환경도시'를 위해서 서산이 가진 생태공간인 청지천과 해미천을 친환경 친수공간으로 만들어 시민을 위한 쉼터이자 소통의 공간으로 만들었다. 천수만에 버드랜드를 조성하여 서산이 가진 어메니티 자연을 최대한 활용했다. 잠흥저수지 수변공간 조성사업도 착착 진행 중이다.

제아무리 자기 지자체가 스타도시라 떠들어대도 남들이 인정해주지 않으면 진정한 '스타'가 될 수 없다. 대외적으로도 인정[1]을 받는 스타도시가 바로 서산이다.

매일경제신문은 전국 222개 지방자치단체를 평가한 결과를 〈잘나가는 市長들 "스타도시 조건은…"〉이라는 제하로 보도하였다. 그러면서 서산시장인 나를 가장 먼저 다음과 같이 언급했다.

---

1. 2012. 12. 10자 매일경제신문 A8면 3단

"이완섭 서산시장은 화학과 자동차 산업을 키우면서도 농업에 대한 투자를 강화해 국내 최고 도농복합도시로 키우겠다고 밝혔다. 서산시는 앞으로 대산항을 통해 충청권의 글로벌 물류 거점으로 거듭난다는 계획이다. 2014년부터는 해양항만물류와 관광산업을 키우겠다는 계획이다."

2012년에 서산시는 각종 평가에서 우수 지자체로 인정받았다. 중앙부처와 충남도 주관으로 실시된 각종 시책평가에서 모두 40차례의 상을 받아 12억 2,400만 원의 인센티브를 받았다. 모든 수상 자체가 다 자랑스럽지만 나는 그중에서도 특히 행정안전부와 한국생산성본부 주관의 '지방자치단체 생산성 대상'에서 최우수상을 수상한 것이 가장 자랑스럽다. 바로 시민들이 낸 세금을 낭

제2회 지방자치단체 생산성대상 최우수(2012)

비됨이 없이 잘 쓰고 생산성을 극대화했다는 평가였기 때문이다.

2013년도에도 전년도에 비해 뒤짐이 없이 성과를 내며 전진하고 있다.

2013년 12월 기준으로 55건의 수상에 16억 8천 5백만 원의 인센티브를 확보했다. 이중에는 안전행정부와 매일경제신문사 공동주관의 '대한민국 지식대상 최우수기관(국무총리 표창)' 표창과 함께 3년 연속 지방자치단체 생산성대상을 수상하는 영예도 들어있다. 대부분의 평가가 완료되는 시점이 되면 더 많은 수상을 하게 될 것으로 확신한다.

상과 부상금을 받은 것만이 기쁜 게 아니다. 이 상들로 인해 비로소 서산 시민들이 자긍심 같은 것을 확연히 느낄 수 있었다는 사실 자체가 더 중요하다.

독보적인 서산의 행보가 아니더라도 단체장의 리더십과 통찰력이 지자체의 성장과 쇠퇴를 절대적으로 좌우하는 것은 분명한 사실이다.

나는 시장이 공부하는 만큼 지역이 발전한다고 믿는 사람 중 한명이다. 그래서 늘 신문이나 잡지, 책을 많이 접하려고 노력한다. 잘 설계된 시정의 밑그림은 십 년 아니 백 년, 천 년 미래를 좌우한다.

선택과 집중은 리더십의 핵심이다. 창조적 대안 없이는 지역의 미래도 없다. 천 년의 꿈을 위해 백 년을 갈 주춧돌을 놓는 심정으로 시정을 계획하고 바로바로 실천해야 한다.

제2회 대한민국 지식대상 최우수(2013)

　앞으로도 시민들의 행복한 서산을 위해 몸과 마음을 던져 고향 발전에 매진할 것이다. 국내외를 넘나들며 서산을 알리고 세일즈하는 일도 멈추지 않을 것이다.
　대산항이 개항되면 환황해권 시대가 본격적으로 펼쳐질 것이다. 서산이 그 중심도시로 자리매김하는 것을 찬연히 바라보고 싶다.
　시청 공무원들은 물론이고 서산에 뿌리내리신 모든 분들이 열정과 추진력을 갖고 일조해준다면 하루라도 더 빨리 그 날을 앞당길 수 있을 거라 확신한다.

# 창조관광의 메카
## '해뜨는공화국'

　21세기는 인류가 서로 공생 공멸하는 공동운명체의 관계망으로 발전한다.

　국가 간의 경쟁과 협력도 중요하지만 지방 간의 경쟁과 협력이 활발하게 이루어진다. 국가가 아닌 로컬, 즉 지방이 국제 사회의 기본 단위가 되고 있다. 이름하여 '세방화世方化'다.

　지방이 점점 미세하게 나뉘어 경쟁한다. 동시에 지방 간의 연대와 협력도 그 어느 때보다 더 중요해지고 있다. 말 그대로 공생 공멸하는 시대가 되었다.

　창의와 자율이 지역 발전의 키워드가 되고 있다. 다른 지자체와 똑같아서는 경쟁력에서 뒤처진다. 이런 시대에서 단체장의 리더십 역시 변화되고 있다. 누구보다도 자유로워야 하고, 누구보다도 빨라야 하고, 누구보다도 창업가적으로 변모해야 하는 시대가 오고 있다.

그렇다면 지방자치단체 시대에 무엇을 연대하고 어떻게 협력해야 상생할 수 있는 것일까? 그 지점에 대해 고민을 하던 차에 나는 '상상나라 국가연합(이하 상상나라연합)'을 만났다. 그리고 운 좋게도 즐겁고 기분 좋은 그 연합국에 뒤늦게 합류할 수 있었다.

'상상나라연합'은 대한민국 새로운 관광혁명을 위한 비영리 사단법인이다. 전국 11개 지방자치단체와 춘천 남이섬이 공동 브랜드를 만들어 새로운 관광 성공사례를 만들기 위해 자발적으로 모인 것이다.

주축은 남이섬이었다.

잡풀만 무성했던 이 섬은 예술가들의 손길을 거쳐 한 해 평균 260만 명의 관광객이 방문하는 세계적인 관광지로 거듭났다. 그리고 한 발 더 나아가 남이섬이 지자체 간 협력과 공조를 통해 새로운 관광수요를 창출하기로 하고 회원국을 모집한 것이다.

2012년 가을쯤 접한 남이섬 대표 강우현 씨의 『상상망치』라는 책을 읽고 나는 강 대표를 꼭 만나야겠다는 생각을 굳혔다. 콘텐츠 하나만으로 남이섬을 세계적인 관광명소로 만들 수 있었던 강우현 대표의 재기 넘치고 번뜩이는 상상력과 실행력이 사무치게 부러웠다.

바쁜 일정으로 미루고 미루다가 더 늦으면 안 되겠다는 생각이 들 즈음 남이섬을 찾았다. 어느덧 해가 바뀌어 3월 초 어느 날이었다. 현장에 가서 참으로 많은 것을 보고 느꼈다. 예전과는 그야말로 판이하게 바뀐 모습에 어안이 벙벙할 정도였다. 그냥 버려지는 깨진 병조각이나 나무토막 하나도 창조적인 모습으로 재탄

생되어 눈길을 끌었다. 큰돈을 들이지 않고도 무에서 유를 창조한 강우현 대표가 존경스러울 뿐이었다.

혼자만 보고 넘어가서는 안되었다. 이어 시청 공무원들과 시의원들까지 남이섬을 견학하게 했다. 처음에는 색안경을 끼고 보는 시각도 있었다. "도시를 바꿔야 시장도 활성화가 된다."는 말을 하며 선진지 견학을 시키는 내게 "지역경제에 무슨 도움이 된다고 쓸데없는 짓을 하느냐?"고 말하는 사람들도 적지 않았다.

하지만 내가 이런 상상관광에 목매는 이유가 있다. 우리는 지금 당장이 아니라 가깝고도 먼 미래까지 내다봐야 하기 때문이다.

도청이 위치하고 있는 도시는 변화하기 마련이다. 대전에 있던 충남도청이 내포신도시가 세워지는 예산·홍성군으로 이전하여 2014년부터 본격적으로 내포시대가 열리게 된다. 이 도시에 유입 인구가 많아지고, 서산 대산항 국제여객선 취항이 이뤄지면 국내·외 관광객들이 서산으로 많이 들어와 지역 경제를 부흥시킬 것이다.

이 관광객들을 위해서는 역사문화자원 등을 연계한 관광루트 개발과 전통시장 명소화, 각종 체험행사 및 축제 활성화 등 신경 쓸 일이 한두 가지가 아니다. 특히 간과해서는 안 되는 일은 바로 다른 지자체와의 연계 관광시스템을 확보하는 것이다.

내포신도시-세종시-대전시를 연결하는 공동의 관광루트 개발도 중요하다. 대한민국 전 관광지를 우리 서산과 대산항과 긴밀히 연계한다는 생각은 먼 미래의 결실을 위해 지금 뿌리는 작은 씨앗일지도 모른다. 하지만 거둬들이는 결실은 어마어마할 것이다.

해뜨는공화국
선포식에서 필자

나는 강우현 대표를 만나 연합국의 합류를 제안했다. 그리고 2013년 4월 16일 한국관광공사 건물에서 창립식을 가졌다. 우리 서산시를 비롯해 서울 광진구, 충북 충주시, 경북 청송군 등 11개의 지자체와 춘천 남이섬이 그 주인공이었다.

12개 회원국은 나미나라공화국(춘천 남이섬)을 주축으로 해뜨는공화국(서산시), 동화나라공화국(서울 광진구), 장난끼공화국(경북 청송군) 등 지역 특성에 맞는 관광테마로 공화국을 세우고 자체적인 선포식도 가졌다.

'상상나라'라는 공동브랜드로 묶어 회원국 간 투어라인 운영, 해외관광 박람회 공동 참가, 회원국에서만 통용되는 여권·우표·화폐 등 브랜드 공동 개발과 관광네트워크를 구축하기로 했다. '상상나라'에 대한 감이 잘 안 온다면 강우현 대표가 상상나라 연합 홈페이지에 올린 글을 보면 윤곽을 잡을 수 있을 것이다.

'한국을 관광객들이 바느질하듯 돌아다니게 해야 합니다.'

관광으로 먹고 살지 못하는 허울관광지가 우리나라엔 너무 많다. 그래도 관광객 숫자는 매년 늘어난다지만, 통계를 믿는 사람은 거의 없다. 여행자들의 발길로 전국을 '오바로꾸' 치자고 외치며 돌아다녀도 귀 기울이는 이가 없었다. 지방 공무원은 내 코가 석 자, 다른 지역까지 신경 쓰기는 어려운 일이다. 창조경제 창조관광을 구호 삼고 있는 정부가 나서기도 쉬운 일이 아니다.

광진, 강남, 정서진, 여주, 가평, 양평, 양구, 충주, 서산, 진도, 청송의 시장 군수 구청장님들이 나섰다. 남이섬과 합세, 민간과 공무원들이 관광이론에도 없는 상상관광을 들고 일어섰다. '12개 상상나라 공동 브랜드로 함께 살기', 지역과 정파를 넘어서서 상상유엔은 현실에서 사단법인으로 태어났다.

그리고 상상엑스포, 상상실험이 현실로 나타나기 시작한다. 기왕 상상하는 김에 해외여행하는 것과 똑같이 해 본다. 여권을 발급하고 비자를 받게 한다. 비자가 없으면? 입국거절은 당~연. 열 두 나라를 모두 여행한 관광객에게 혜택은 없나? 특별히 귀한 손님으로 대접받고 지역 특산물도 싸게 살 수 있어야겠지. 연방국민이기 때문이다.

엑스포가 끝나면? 대부분의 용품들은 재활용, 끝나는 순간 지역은 작지만 새로운 관광명물이 생기게 한다. 열두 개 지역을 관광버스가 순회한다. 품앗이 관광이래도 좋고 밀어주기라도 좋다. 사람이 찾아갈 이유가 그렇게 만들어진다.

상상만으로도 먹고 살 수 있는 관광이 상상관광이다. 사람이 찾아오지도 않는데 관광산업 살리는 것이 관광무역이다.

서산시도 2013년 7월 3일 시 문화회관에서 '해뜨는공화국' 선포식을 거행했다. 8월 7일부터 나흘간 서울 코엑스에서 '상상할 수 있는 모든 것'이라는 주제로 '대한민국 상상엑스포'를 개최하기도 했다. 11개 지자체와 춘천 남이섬 등 '상상나라연합' 12개 '회원국'이 참가해 투어라인 전시와 함께 다채로운 공연 및 체험코너를 운영했다.

관람객들은 입국심사대를 거쳐 각 공화국 방문을 위한 여권을 만들고, 12개 상상나라 이벤트를 비롯한 상상이미지관, 창조마당, 상상학교, 네이처존 등을 차례로 둘러보았다. 5만 명이 넘는 관광객이 우리 '상상나라연합'에 입국했다.

'해뜨는공화국'으로 참가한 우리 시는 간월도, 해미읍성, 황금산 등 지역을 대표하는 관광명소 '서산9경'과 6쪽마늘, 어리굴젓, 생강한과 등 농특산물 23종을 적극 홍보했다. 행사기간 중에 높은 농·특산물 판매 소득도 올렸다. 음암면 탑곡리에 전승되는 인형극놀이 '박첨지 공연'과 박인형 만들기 체험행사를 선보여 높은 호응을 받았다.

다소 엉뚱하게 보일지 모르지만 기발한 아이디어라는 옷을 입은 상상나라연합이 지방 관광의 획기적 발전을 도모하며 외국인 관광객을 유치하여 국가경쟁력 강화를 견인하는 모습! 이게 바로 요즘 최대의 화두인 창조경제의 전형적인 모습이 아닐까?

미래의 먹거리로 가장 관심을 끄는 분야가 바로 창조관광이다. 창조관광은 기존의 관광자원에 문화예술, 레저 스포츠, 정보기술 등 다양한 영역의 창의적 아이디어를 융·복합해 새로운 콘텐츠를 만들어내는 것이다.

　일반적으로 관광산업의 취업유발 계수는 제조업의 2배, IT산업의 5배에 달하는 것으로 알려져 있다. 하지만 좋다고, 유망하다고 무턱대고 아무나 뛰어든다고 누구나 재미를 보는 것은 아니다. 제대로 하지 못하면 손해를 보는 것 역시 관광사업이다.

　관광사업은 감동을 파는 사업이다. 잠재자원의 성격에 어울리는 소프트웨어를 개발해야 한다. 창조적인 기획이 관건이다. 관광사업에서 양적 성장에 걸맞은 질적 성장을 이루기 위해서는 고부가가치 관광상품을 동시에 개발해야 한다.

　해뜨는공화국의 수장으로서 나는 막중한 책임감을 느낀다. 서산시의 창조경제를 이끌어갈 관광콘텐츠 개발을 위해 우리 서산을 바지런히 걷고, 보고, 만지고, 맛보고, 체험하게 할 것이다. 그래야 제대로 고객에게 감동을 소개할 수 있으니까…….

# 기업과 사람을 키우다

미래학자들이 말하길 미래사회의 국력은 인구에서 좌우된다고 한다.

'우리는 나보다 더 똑똑하다We are smarter than me'라는 캐치프레이즈에서 알 수 있듯 미래에는 집단지성과 협업이 중요하다. 사람이 에너지고 자원이 된다. 나라 발전을 위한 국가 수준을 높이려면 꺼낼 수 있는 생각들이 다양해야 한다. 그러자면 인구가 많을수록 절대 유리하다.

서산시로서도 투자유치보다 중요한 게 사람의 유치라고 생각했다. 서산의 모든 자원 중에서 가장 으뜸 자원은 바로 사람이다. 우리 시정의 핵심 가치 역시 사람을 향한 것이고, 사람이 가장 우위에 있는 것이다.

서산시는 다양한 출산 정책, 교육 정책, 귀농 귀촌 정책, 기업진흥 정책들을 펼쳐 사람과 기업을 키우고자 노력했다. 특히 기업을 키운 이유는 한 도시가 번성하면 자연히 인구가 늘어날 수밖에 없기 때문이다.

'근자열 원자래 近者悅 遠者來'

'가까운 곳에 사는 사람이 즐거워해야 먼 곳에 있는 사람이 찾아온다.'

공자의 '논어'에 나오는 말이다. 서산에 사는 시민들이 행복할 수 있는 환경을 만들면 사람은 불러 모으지 않아도 따라 오게 마련이다.

서산은 자동차 관련 산업의 메카이자 산업단지들을 갖고 있는 親 기업 도시다. 그만큼 기업과 긴밀한 스킨십을 갖고자 노력하는 행정이 발달했다. 서산시만의 특별한 기업 유치 비법은 없다. 다만 열심히 발품을 팔고 최선을 다하는 것이 비법이라면 비법이다. 서산시는 3개 태스크포스TF팀을 구성해 뛰어난 서산의 입지 조건을 홍보하며 기업 유치에 심혈을 기울이고 있다.

서산시에는 현재 8개의 일반산업단지가 만들어지고 있다. 분양률도 성공적이라 평할 만큼 높다. 기업들의 러시가 끊이지 않고 이어지고 있다. 현대파워텍(주), 현대파텍스(주) 등 자동차 관련 기업들이 들어왔고, 시험가동을 마친 SK이노베이션(주)은 본격 생산에 돌입했다. 생산유발, 고용창출, 세수증대 등의 효과를 누려 명실상부 서산은 환황해권 중심도시로 거듭나고 있다.

수도권 규제완화와 글로벌 금융위기가 지속되면서 제조산업 불황 등으로 투자유치에 빨간불이 켜진 상황이다. 하지만 서산시만은 예외의 상황이 벌어지고 있다.

SK이노베이션의 친환경 배터리 생산공장 착공에 이어 (주)포스코P&S와 5,000억 원의 투자협약을 체결했다. 프랑스 토탈사를 방문해 1조 원 규모의 외자유치활동을 전개했다. 또한 영국 쉘사와 1억 1,500만 달러, 독일 린덴사 및 컨티넨탈사와 1억 8,000만 달러의 투자협약도 체결했다.

　우리시가 특화산업으로 주력하고 있는 자동차 업종을 중심으로 한 기업 유치를 성공시키기 위해 도지사와 함께 국내 굴지의 자동차 핵심부품 회사인 현대위아와 투자협약을 체결하기도 했다. 서산시 지곡면 무장리에 위치한 13만여 평 부지에 2015년 상반기까지 6,000억 원 규모의 투자로 최고의 공장을 짓기로 협의한 것이다. 2020년까지 2조 원대 이상의 투자도 계획 중이다.

　또한 부석면 일대에 추진 중인 서산 바이오웰빙연구특구 사업의 추진은 더욱 특기할 일이다. 이 사업은 2008년 12월에 특구로 지정된 이후 단 한 발자국도 진전을 이루지 못하다가 5년 만에 결실을 이루게 되었다. 나는 지난 2012년 5월 16일 열린 특구위원회에 참석하여 특구 내에 자동차 연구개발 용지를 포함하는 내용의 '서산 바이오웰빙특구 변경 계획'에 대해 그 필요성과 당위성을 강력히 어필하였었다. 그러나 사업시행자인 현대건설에 대한 특혜 인식과 당초의 특구지정 목적에 맞지 않는다는 이유로 표결 끝에 부결되는 안타까움을 맛보아야 했다. 그러나 서산시와 지역 주민, 성완종 지역구 국회의원 등은 여기서 포기하지 않았다. 사업기간을 2015년까지 3년간 연장받은 후 재도전하여 서울 여의도 중소기업진흥공단에서 열린 제30차 지역특구위원회(2013. 12.

수석산업단지 기업인과의 대화

13)에서 변경계획대로 사업추진을 승인받는 쾌거를 이뤘다.

 이에 따라 중소기업청 승인 고시 절차를 거쳐 천수만 간척지 B지구 일대 서산 바이오웰빙연구특구 개발이 본격적으로 추진되게 되었다. 사업시행자인 현대건설은 570만㎡의 부지에 2015년까지 7,200억 원을 투입해 자동차 첨단부품 연구소와 농업바이오단지, 의료 및 관광시설을 짓게 된다. 아울러 현대모비스는 110만㎡에 2,700억 원을 투입해 14개의 주행 시험로, 내구 시험동, 연구동을 갖춘 자동차 첨단부품 연구시설을 짓게 된다. 앞으로 이 사업이 정상적으로 진행되면 9,100억 원의 생산유발효과와 1만 500명의 고용창출, 312억 원의 세수 증대 효과가 있을 것으로 기대된다. 더불어 특구에 자동차연구시설이 들어서게 됨에 따라 모닝과 레이를 생산하는 완성차 공장인 동희오토를 비롯한 자동차부품

공장 60여 개가 시너지 효과를 발휘해 서산은 명실상부한 자동차 산업 '메카'로 발돋움하게 될 것이다.

우수기업 유치를 위한 인프라 구축에 서산시 공무원들은 열심히 뛰고 있다. 기업이 유치될수록 지역경제가 살아나고 서산시가 더 다이내믹한 활기를 되찾을 것은 자명하다.

하지만 이 모든 것들이 한 번에, 손쉽게 이루어진 것은 절대 아니다.

기업들의 손톱 밑 가시를 뽑기 위해서 '기업 氣 살리기 프로젝트'를 바지런히 펼친 서산시의 노력을 간과할 수 없다. 입주 기업들을 찾아다니며 애로사항 등을 청취하고 문제점을 해결하는 데 나와 우리 서산시 공무원들이 발 벗고 나섰기에 가능했다.

대산공단 내 기업들을 비롯하여, 수석산업단지, 고북농공단지 등을 돌며 대표자들과 머리를 맞대고 애로사항들을 청취하며 건의사항을 들었다. 가능한 부분들은 해결을 약속하고 빠른 시일 내에 그 약속을 지켰다. 준공된 지 20년 가까이 된 단지 내 주차장 등 기반시설 확충이 시급하다는 건의에 대해 즉석에서 해결을 약속하고 이를 신속하게 이행하며 신뢰를 쌓아 나갔다.

　기업들이 현장에서 느끼는 손톱 밑 가시를 뽑는 것이 행정의 역할이었다. 기업이 잘돼야 서산 발전도 이뤄지는 만큼 기업활동 지원에 더 노력해야 한다는 것이 내 생각이다.
　기업지원센터를 중심으로 입지여건 개선과 민원 원스톱 처리, 구인난 해소, 경영안정 자금 지원, 기업집적 프로그램과 인·허가의 신속성, 세제감면 및 자금지원, 기업 유치 노력 및 사후관리, 산학연 협력 활성화, 공영주차장 및 생활 인프라 확충 등 경영하기 좋은 환경을 만드는 데 역점을 뒀다.
　서산에 입주한 기업은 갑을관계에 있는 것이 아니라 우리 서산시와 함께 가야 할 파트너고 동반자였다. 이런 서산시의 속마음은 기업에게도 충분히 전달됐다.
　현장의 목소리를 들어 그들이 처한 어려움을 실감하고 갑을관계가 아닌 동반자적 상생협력을 실천하고 있다. 이 같은 시책으로 기업과 공장이 물밀듯이 몰려 매출 50억 원이 넘는 곳이 100개가 넘었다. 2013년에도 연간 기업 유치목표 20개를 8월 이전에 달성했다. 종업원 50인 이상 중대형 기업 3곳과 소형기업 22개 등 모두 31개의 기업을 유치한 것이다. 투자 유치액은 2,014억 원이고 이들 기업이 가동되면 800여 명의 고용효과를 볼 수 있다.
　기업만족도 전국 기초자치단체 중에서도 상위권에 올랐고, 충남 도내에서는 최고인 도시가 되었다.
　기업들의 러시가 이어지면서 취업인구들이 증가하고 지역경제를 위한 수요가 늘어났다. 관광객과 귀농·귀촌인들이 많아졌다. 또한 결혼 이민자의 유입으로 다문화 가정의 증가도 점점 늘고 있다. 아이들이라고는 눈 씻고 볼 수 없었던 농촌 마을에 재잘거림과 웃음소리가 들리기 시작했다. 서산시 자체가 젊어지고 있다.

지역경제 활성화도 영향을 줬지만 시의 인구증가 시책이 주효한 것이기도 했다. 조직개편을 통해 '저출산대책팀'을 신설하는 등 인구 증가를 위해 행정력을 모았다. 셋째아 이상 출산지원금과 양육지원비(다섯째아 이상은 최고 1천만 원)를 100만 원에서 200만 원으로 두 배나 대폭 올리는 등 다양한 출산지원책을 펼쳤다.

난임 부부를 위해 체외수정 시술비를 회당 180만 원씩 4회까지, 인공수정 시술비는 회당 50만 원씩 3회까지 지원해 난임부부의 심적·경제적 부담을 줄여주고 기초건강 검진 및 부부사랑교실에도 참여시키고 있다.

영·유아와 임산부를 대상으로 월 7만 원 상당의 우유와 감자, 계란 등 보충식을 제공해 영양의 균형과 건강한 성장을 돕고 있다. BCG와 소아마비, DPT 등 11종의 영·유아 기초예방접종을 전액무료로 실시하고 전문교육과정을 이수한 산모·신생아 도우미를 파견해 산모의 산후조리와 신생아의 건강관리를 돕고 있다.

아이돌보미사업 확대 운영으로 맞벌이부부의 육아 어려움을 해소하고 부모와 함께하는 가족놀이학습 운영을 통해 건전한 가족문화 조성에 앞장서고 있다.

다문화가족 어린이들의 건강한 성장과 바른 발달을 위해 '다문화가족 행복 가꾸기 사업'을 적극 추진하고 영어와 중국어 등에 대한 원어민교사 확대로 사교육비 절감에 앞장서고 있다. 이러한 노력에 힘입어 제2회 인구의 날(2013)에 서산시 개청 이래 처음으로 '출산장려책'으로 대통령 기관표창을 받았다.

인구 증가에 맞춰 문화시설과 교통인프라를 확충하고 교육 분야에 대한 투자도 강화하고 있다. 서산시는 우수 인재 육성 프로젝트인 '사칙연산 인재스쿨'을 운영하고 있다.

사칙연산 인재스쿨은 '부족함은 더하고 어려움은 빼고 성과는 곱하고 지식은 나눈다'는 의미에서 출발했다. 서산여고, 서령고, 서일고 등 3개 거점학교 학생 250명을 대상으로 우수 학생을 선발해 지역 우수 교사나 외부강사가 국어, 영어, 수학, 논술 과목을 평일과 주말에 가르쳤다.

지역 우수 인재 육성이 곧 지역사회 발전의 원동력이다. 2013년 한해 총 232억 원의 예산을 교육 분야에 투자한 이유다. 비록 당장 눈앞에 성과가 드러나는 사업이 아닐지라도 서산의 백 년 미래를 제대로 일구기 위해 보이지 않아도 투자해야 하는 분야가 바로 교육이다.

이런저런 시정에 힘입어 서산의 인구 증가는 아직도 현재진행형이다. 게다가 기업과 출산 장려로 인한 인구 증가 외에도 대산항과 중국 룽앤항을 잇는 국제여객선이 취항하면 인구는 더욱 급속히 늘 것이다.

손이 많은 집안을 가르켜 다복하다는 표현을 쓴다. 담장 밖으로 들리는 아이들과 부모들의 웃음소리는 나그네가 들어도 참 듣기에 좋다. 사랑하는 대상이 곁에 많이 있다는 것이 인생 최고의 더없는 복이라 생각한다.

  시장으로서도 내 얘기에 공감을 해주고, 조언을 건네고, 함께 울고 웃는 시민들이 더 많이 늘어나기를 바란다. 같은 비전을 공유한 동행자들이 손을 맞잡고 함께 발걸음을 내딛어주어야 성공으로 가는 길이 더 손쉽고 즐거울 수 있기 때문이다.

# 5품으로 펼치는
## 활어 행정

거시적인 시야나 안목이 있으면 펼칠 수 있는 행보가 달라진다. 행정은 특히 그렇다.

부시장 때부터 느꼈지만 서산시의 공무원들의 역량은 상당하다. 전문성도 높았다. 하지만 시야가 좁았다. 행동반경이 중앙까지 미치지 못한다는 것이 약점이었다.

내가 부시장이나 시장으로서 우리 시의 국과장급 공무원들을 제일 힘들게 한 일이 있다. 바로 이 우물 안 시야를 타파하라고 독촉한 일이다. 틈만 나면 나는 그들을 데리고 중앙부처가 모인 과천과 광화문을 돌면서 여기저기 인사를 시켰다. 국회에도 자주 들어갔다. 의원회관 곳곳을 누비며 의원실을 드나들 때면 이마에 땀방울이 맺히기 일쑤였다.

서산시뿐만 아니라 다른 지자체 공무원들 모두가 아마 중앙에 대한 거리감과 두려움을 갖고 있을 것이다. 전화 한 통 하는 것

자체도 매우 어려워하고 주저하는 모습을 많이 봤다.

 하지만 나는 우리 시 공무원들에게 끊임없이 중앙과의 연결고리를 만들어놓을 것을 주문했다. 이는 평소에도 작은 친분이라도 쌓아놓기 위한 노력을 하라는 말이었다.

 평상시의 경험치와 인맥은 중요한 순간 무시 못할 힘을 발휘하게 마련이다. 사람은 누구나 찾아와 인사하고 전화를 자주 하는 사람을 기억할 수밖에 없다. 인사이동을 했는지도 모르는 것보다 영전을 했을 때 인사를 건네오는 사람을 더 잘 기억하는 것이 인지상정이다.

 무슨 일이 터질 때만 전화하는 사람을 반가워할 이는 아무도 없다. 평소에 안면을 트면 오히려 중앙에서 지방에 도움을 줄 일을 역으로 자청해서 만들어주기도 한다. 서로 공생의 관계가 자연스럽게 이뤄지는 것이다. 이렇게 중앙에 대한 눈을 틔우게 하려고 부단히 애썼다. 서산시 공무원의 시야와 보폭을 넓히기 위해 나는 늘 노력했다.

 단순히 친목교류나 인맥형성 차원이 아니라 업무적으로도 중앙과의 연계점을 만들 것을 주문했다. 국가계획이나 중앙부처와 연계되는 우리 지자체의 업무를 잘 살펴봐야 재원도 지원도 받을 수 있음을 코칭했다.

 똑같은 일을 244개 지자체가 하는데 담당자가 얼마나 더 고민을 하느냐에 따라 그 결과는 판이해진다. 작년 계획을 그대로 카피하는 것과 좀 더 나은 방향이 무엇일까 고민하고 선진 계획을 벤치마킹한 계획은 천양지차다.

나 역시 사무실에 자리를 지키지 않는 것을 탓하지 않는다. 전라도 경상도 먼 곳까지 가서 배워야 한다면 편안히 갈 수 있도록 예산 지원을 아낌없이 해주었다. 남이섬을 탈바꿈시킨 강우현 대표를 초빙해서 강연을 받게 하는 데서 끝나지 않았다. 나는 우리 시 공무원들을 부시장부터 말단 직원까지 직접 남이섬을 탐방하도록 했다.

현장만이 답이고, 배움만이 자산이기 때문이다.

2013년 9월 초, 유난히도 무더웠던 폭염으로 인해 피해가 발생한 부석 창리 가두리 양식장을 일정을 쪼개 방문했다. 이상 수온으로 28개 어가의 소중한 자산인 우럭과 숭어가 집단으로 폐사해 버린 것이었다. 금액 피해만도 상당했다. 27억 원이 훌쩍 넘었다.

어민들에게는 가두리 양식장에 있는 물고기가 거의 자식과 매한가지였다. 그런 자식들을 몽땅 잃어버린 의연한 모습에 오히려 눈시울이 뜨거워진 것은 나였다. 어찌 그 속을 괜찮다 할 수 있을까? 하지만 오랜 삶이 주는 연륜으로 일상화된 체념을 보는 것은 참 가슴 아픈 일이었다. 시에서 예비비를 지원해서 신속하게 폐사체를 처리해주었다. 피해민 중 한 분이 내 손을 잡고 '고맙다'라는 말을 하였다. 순간 내 가슴속에 뭔가가 울컥 넘어왔다.

솔직히 그가 잃어버린 것들을 모두 보상할 수는 없었다. 하지만 행정은 지금 시민들이 필요로 하는 것 중 당장 가려운 곳이라도 제대로 긁어주는 행동과 마음이다. 이는 현장에서 발로 뛰어야만 보이는 것들이고, 직접 만나야만 가질 수 있는 교감들이다.

공무원들에게 현장 교육을 많이 시켜야 한다.

기업을 벤치마킹 시킬 때도 대기업이 아니라 중소기업의 현장으로 보내 작업복을 입고 직접 현실을 느껴보도록 해야 한다. 그래야 열악하고 힘든 상황을 체득할 수 있다. 민간 영역에서 공무원의 혁신적인 응대가 얼마나 많은 편의성을 증대시키는지를 깨닫는 것은 매우 중요하다.

현장 행정은 살아있는 활어와 같은 행정이 되어야 한다. 현장에서 시민의 목소리에 적극적으로 귀를 기울이고 신속한 의사결정을 내려야 시민들은 만족해 한다. 그 만족을 보면서 공무원들은 더 큰 만족감을 느끼게 될 것이다. 공무원들이 일을 하면서 보람과 긍지를 느낄 때 시민들에게 진정한 감동 행정을 펼칠 수 있다.

솔직히 행정을 하다 보면 욕도 많이 먹게 된다. 시민들을 100% 만족하는 대책을 만들어 낸다는 것은 보통 쉬운 일이 아니다. 시민의 욕구는 너무나 복잡하고 다양하기 때문에 이를 다 수용하기는 힘들다. 그래서 실증적 증거를 통하여 예측하고 대책을 세워서 시민들의 욕구를 해결하는 행정을 할 필요가 있다.

남들이 하지 않는 2%가 승부를 결정짓는다. 남들이 다 걸었다고 생각할 때 한 걸음 더 나아가고 다른 사람이 가지 않는 2%를 더 가는 것이 마지막 승부에 방점을 찍는 것이다.

내가 '5품' 행정을 부르짖는 이유가 여기에 있다. '불광불급不狂不及'이라는 말이 있다. '미치지 않으면 미치지 못한다!'는 뜻이다. 그만큼 더 열심히 해야 그나마 빛을 발하는 법이다.

서산이 예전과는 다른 행보를 보인다는 것을 많은 이들이 이구동성으로 말한다. 서산의 발전을 위해서라면 우물 안에서 벗어나

다른 지자체의 선진지도 적극적으로 벤치마킹을 시킬 것이다. 세일즈를 위해서라면 해외에라도 적극 날아가야 한다.

국내든 국제든 서산시의 위상을 높이려면 가만히 있어서는 안 된다. 남이 그냥 알아주기 기다리면 죽도 밥도 안 된다. 요즘은 '오른손이 한 일을 왼손이 피켓을 들고 알려라!'는 말이 있다.

내가 말하는 5품은 '입품' '손품' '발품'의 3품에 '두頭품'과 '심心품'을 더한 것이다. Smile, Simple, Soft, Speed, Smart 행정인 '5S 운동'이 시민을 위한 행정에 중점을 두었다면 두품, 입품, 손품, 심품, 발품의 '5품 행정'은 성과를 내기 위한 공무원의 행동 강령에 가깝다.

'두품'은 머리를 써서 창의적으로 일하는 것이다. 그냥 종전 관례대로 따라하는 타성화된 행태에서 벗어나 조금이라도 개선되고 발전될 수 있도록 고민하면서 새로움을 창출하는 자세로 일하는 것이다.

'입품'은 대화와 소통을 잘하면서 일하는 것이다. 행정을 하는 데 있어 관계되는 모든 분들과 대화를 통해서 이해 설득시키고, 원활한 소통을 이뤄야 소기의 성과를 얻을 수 있음을 강조하는 말이다.

'손품'은 어려움의 돌파구를 찾고 헤쳐나가는 데 다양한 소통수단을 잘 활용하자는 것이다. 요즘과 같은 정보화 시대에서 온라인 소통은 말할 것도 없지만, 정성이 담긴 오프라인 소통은 더 큰 위력을 발휘할 수도 있다. 이메일이나 메시지뿐만 아니라 각종 SNS, 손 편지 등은 말의 한계를 보완할 수 있는 유용한 수단이다.

'심품'은 마음心을 담아서, 진심 어린 마음으로 나 자신은 물론이고 상대방의 가슴을 여는 행정을 하는 것이다. 열린 마음, 열린 가슴으로 하는 행정이야말로 상대방의 마음을 얻을 수 있다.

'발품'은 탁상행정과 반대되는 말로 열심히 발로 뛰는 현장행정을 하자는 말이다. 가랑비에 옷 젖는다는 말과 같이 발품의 정도에 따라 성과가 달라진다는 것을 강조한다. 이름하여 가랑비 전법이다. '우문현답(우리의 문제는 현장에 답이 있다)'과 같이 발품행정은 행정의 기본 중의 기본이다.

서산시는 도농복합지역이어서 농촌지역이 많다. 시골은 삶이 녹아있는 터전이자 고향이다. 하지만 노인들만 덩그러니 남아있는 곳이 많다. 힘은 없지만 그래도 꿋꿋하게 고향을 지키는 어르신들을 이제는 행정이 보살펴야 한다. 수도시설, 전기시설, 도로를 꼼꼼히 살펴드려야 한다.

의료생활복지를 통합서비스 형태로 운영하는 통합서비스 복지지원 사업을 펴고 있다. 교통이 불편하거나 경제적으로 어려운 사람들이 의료나 복지혜택을 받지 못하면 안 된다. 민관이 현장에 찾아가서 의료와 복지서비스를 원스톱 형태로 제공하는 등의 노력이 필요하다.

우리 시 공무원을 대상으로 '발품왕'을 선발하기도 했다. 생활불편민원을 능동적으로 발굴하여 처리한 공무원을 뽑아서 표창을 하고 해외연수나 인센티브 같은 혜택을 줬다. 발품행정 문화를 확산시키기 위해서였다.

서산시의 발품행정은 정부특별교부세나 국도비를 확보하거나 산업단지 진입로를 개설하는 등 SOC 사업에서도 빛을 발했다. 지방자치단체의 재정여건은 늘 열악하다. 이런 현실에서 지역에 활기를 불어넣기 위해서는 무엇보다 국·도비 등 외부재원 유치가 가장 중요할 수밖에 없다.

시장이라고 뒷짐을 지고 폼만 잡고 앉아있으면 안 된다. 나 역시 국비예산을 확보하기 위해 열심히 국회를 뛰어다녔다.

2012년에 정부특별교부세 등 국도비 41억 2,000여만 원을 확보한 것도 중앙부처와 국회를 부지런히 찾아다닌 덕분이었다. 이들 중 특별교부세로는 서산 용현리 마애여래삼존상 주변을 정비하고 양대로 개설공사, 잠홍천 재해예방 사업비 등으로 활용했다.

중앙단위평가에서 우수한 성공을 거둔데 따른 물가안정 인센티브 1억 5천만 원과 재정조기집행 인센티브 1억 원도 확보했다. 지원받은 41억 2천여만 원 국도비는 팔봉산권역 농촌마을을 개발하고, 덕지천로 개설공사 등에 사용했다.

대 중국 국제여객선 취항에 필요한 국제여객터미널 건립을 위한 실시설계비가 행정부 예산에 빠져 있었다. 그런데도 나는 포기하지 않았다. 결국 국회에서 예산을 확보했다. 이것이 바로 발품행정이 이뤄낸 최대 성과였다. 본격 사업추진을 위한 본예산을 확보하는 데 있어 단초가 되는 예산이기 때문이다.

국비예산 확보는 시장 혼자의 힘만으로는 어려운 일이다. 물론 국회의원 혼자만의 힘으로도 안 될 일이다. 시장이 되어 살펴보니 국회에 넘긴 예산에 대산항 관련 예산이 아예 빠져있었다. 이때부터 발등에 떨어진 불이 되어 국회를 통해 확보하려고 노력했다. 각고의 노력 끝에 결국 값진 결실을 일궈냈다. 2011년을 마무리하는 12월 31일 종무식을 마치고도 한참 지난 오후까지 전화를 뜨겁게 달군 후에 기쁜 소식을 전해들을 수 있었다. 여기까지에는 많은 분들의 도움이 있어야 했다. 당시 경남기업 성완종 회장과 서산·태안 국회의원이던 변웅전 의원, 국회 예결위원이던 선진당 임영호 의원, 한나라당 구상찬 국회의원, 국회 예결위 이종후 전문위원 등의 도움이 없었다면 기대하기 어려운 일이었다. 내가 할 수 있는 일은 이분들의 도움을 이끌어 내는 것이었다. 인맥이 얼마나 중요한가를 실감할 수 있는 사례라 할 것이다.

2012년 본예산을 확보하는 데 있어서도 힘난한 과정을 거치고 서야 웃을 수 있었다. 500억 원에 달하는 대산항 건설 관련 예산 확보는 서산시 최대의 과제였다. 그러나 기획재정부에서는 '민자로 해라!', 국토해양부에서는 '연차 사업으로 해라!'라고 주장했다. 나는 2014년부터 배를 띄우기로 약속한 중국과의 국가 간 신뢰문제를 되짚으며 민자건설과 연차별 사업추진은 안될 일이라며 설득에 설득을 거듭했다.

그 당위성과 필요성 및 시급성 등을 수시로 관계 부처에 설명했다. 국가항만을 국가가 지원해줘야 하는 거 아니냐는 논리로 강하게 어필했다. 국회 의원회관 여야 의원실을 돌며 자료 전달과 함께 보좌관을 통해서도 설명했다. 지역구 국회의원은 물론이고 한나라당 예결위 의원, 국회·기획재정부·청와대 인맥, 유력한 출향인사 등에 협조를 요청했다. 결국 성완종 국회의원과 김태흠 국회의원을 비롯한 많은 분들의 도움으로 국제여객터미널 및 부두 건설 소요예산 240억 원을 포함하여 총 411억 원을 단년도 예산으로 확보하게 되었다.

정부청사에 한번 들어가면 나는 최대한 많은 부처를 순회하는 편이다. 해양수산부에 들러 대산항 관련 사업 협조 지원을 요청하고, 농림축산식품부에 들러 서산목장의 활용방안등 현안사업에 대해 설명한다. 이렇게 내가 조금이라도 발품과 손품, 입품을 많이 팔면 팔수록 서산이 더 행복해질 수 있다고 생각하면 거짓말처럼 몸 상태가 생생해지곤 했다.

이렇듯 내가 적극 독려하는 5품 행정은 깨어있는 공무원이라면 당연히 할 수 있고, 해야만 하는 '소통 행정'의 다채로운 모습들이다.

사람과 사람, 지방과 지방, 지방과 중앙, 지방과 국가의 소통이 원활할수록 행정은 더욱 빛을 발한다. 살아있는 활어 행정만이 지자체를 제대로 설 수 있게 만든다.

# 서산의 가치를
# 세일즈하라!

'미래는 세계가 하나의 거대한 도시가 될 것이다.'

미래에는 국가 간의 경쟁과 협력보다 지방 간의 경쟁과 협력이 활발하게 이루어져 국가가 아닌 지방이 국제사회의 기본 단위가 되는 '글로컬리티'가 일반화된다.

글로컬은 '글로벌global'과 '로컬local'에서 유래한 조어造語다. 세계화된 지방을 뜻하는 세방화世方化와 같은 뜻으로 보면 되겠다. 교통, 통신수단 등의 발달로 사람들의 생활권이 국가의 틀을 넘어서 지구 규모가 되고, 동시에 경제문제를 비롯한 환경문제, 평화문제 등에서 국익을 초월한 이익실현이 요구되는 '글로벌리즘'이 현대 추세다.

이런 시대에서 국가 단위로 행정을 펼치던 예전과는 다르게 자치단체에서도 세계로 뻗어가는 노력을 게을리해서는 살아남을 수 없다. 솔직히 발품행정을 구현하는 데 국내외라는 커튼이 존재할 수는 없다. 발 달린 인간이 가지 못할 곳은 지구상 어디에도 없다.

나 역시 서산이 돈과 기업, 인재, 관광인파 등이 몰려드는 '구심력의 도시'로 기반을 튼튼히 하는 것이 매우 중요하다고 생각한다. 하지만 전 세계의 도시와 손잡고 우리 서산에서 만든 상품을 글로벌 무대로 내보낼 수 있는 파워를 갖춘 '원심력의 도시'로의 변신도 하루바삐 꾀해야 한다고 생각한다.

'원심력의 도시'는 '글로벌 도시'다. 글로벌 무대에 자금을 투자하고 인재를 육성해 전 세계로 내보내 국부창출에 앞장서는 도시가 되어야 한다.

나는 '시장 집무실'이라는 게 따로 없다고 생각한다. 시장이 있는 곳이 바로 '시장 집무실'이다. 모내기하는 논 또는 동부전통시장이 시장실이다. 파리의 호텔방이 시장실이며 런던으로 가는 비행기 안이 시장실이다. 해외로 눈을 돌려야 서산시의 가치 상승에 더 힘을 쏟을 수 있다.

2012년 4월 투자유치를 위해 프랑스와 영국을 방문하는 해외순방길에 오른 적이 있었다. 밤늦게 프랑스에 도착한 나는 다음날 아침부터 토탈TOTAL 석유화학사社를 방문하여 수석부사장인 베르나뎃 스피누아Mrs. Bernadette Spinoy를 만났다. 그와 함께 서산 대산임해산업지역 소재 삼성토탈에 대한 투자확대에 관한 의견을 나눴다.

이 자리에서 나는 국도 38호선 미개통구간 연장과 국가항만 대

베르나뎃 스피누아에게 서산의 투자환경에 대해 설명

산항의 인프라 구축 등 최근 글로벌 스탠더드에 맞게 변화를 거듭하고 있는 서산시의 괄목할 만한 산업인프라 확충과 눈부신 발전 상황을 자세히 설명했다. 자신 있게 투자환경 개선에 따른 토탈그룹 본사 차원의 지속적이고도 적극적인 투자확대를 주문했다.

이를 들은 스피누아 수석부사장은 투자가치가 수직상승하고 있는 서산시의 산업인프라에 대해 폭넓은 이해와 깊은 관심을 나타냈다. 서산시와 삼성토탈의 더 큰 가능성과 미래비전을 공유할 수 있었다. 그는 적극적인 투자의지를 표명했다. 나 역시 시의 적극적인 지원을 약속해줬다.

1시간 40여 분간의 회담을 마치고 토탈TOTAL 석유화학사社 펠루이Feluy 연구소와 생산 공장을 방문, 최신기술 및 물류시스템을 둘러보았다.

영국 템스강변 도크랜드 개발지구의 신도시 '카나리 워프Canary

Wharf'와 런던시민들의 꿈의 주거지라 불리는 '그리니치 밀레니엄 빌리지Greenwich Millennium Village'에도 방문하여 선진 도시개발현장을 세세히 살펴봤다.

영국의 신흥중심지로 급부상하고 있는 카나리 워프는 런던 도심에서 8㎞ 떨어진 템스강변의 도크랜드 개발지구에 있다. 재개발로 조성된 이곳 복합단지는 원래 슬럼가였던 것을 영국정부가 1978년과 1980년 두 번에 걸쳐 지방정부 도시계획토지법을 제정, 토지를 강제 수용해서 공영개발방식으로 조성된 신도시이다.

또 그리니치 밀레니엄 빌리지는 석탄으로 만든 도시가스를 런던에 공급하는 공장이 있던 곳이라고 한다. 1985년 공장이 폐쇄된 후 이곳은 건축폐기물로 뒤덮인 채 방치되었다. 그러나 영국정부와 지방자치단체, 공기업 등이 협력해 손을 잡았다. 그리고 공영개발회사를 설립하여 스웨덴 건축가 '랠프 어스킨Ralph Erskine'이 설계를 통해 세계적으로 손꼽히는 미래형 친환경 주거단지를 탄생시킨 것이다.

이곳을 둘러보는 동안 소위 '똥방죽'에서 탈바꿈되어 우리 서산시민의 사랑을 받고 있는 중앙호수공원이 생각났다. 생각을 바꾸고 의지만 있다면 무엇이든 원하는 방향으로 변모시킬 수 있다는 확신과 자신감을 더욱 다지는 시간이 되었다.

바쁜 국내 일정을 뒤로 하고 지구 반대편 외국에까지 나가 시간을 할애한 데에는 그만한 이유가 있었다. 서산의 보폭을 세계로 넓혀가기 위함이었다. '행정에 있어서 모든 문제의 해결책은 현장에 있다'는 말은 국내만 가리키지 않았다. 글로컬 세상, 세방화 시대에 서산시의 행보가 국내에만 머물러서는 우물 안 개구리를 면치 못할 것이기 때문이다.

이것은 바로 '5품 행정'과 '5S 행정'을 글로벌적으로 확대한 것이다. 사고의 틀을 깨는 냉철한 이성(두품)과 먼 길을 마다않는 열정(심품)으로 서산시의 장점을 적극 알려(입품) 투자유치(손품)를 하기 위해 해외순방(발품)에 나선 사례다.

일반기업뿐만 아니라 지방자치단체에 있어서도 글로벌마인드의 필요성을 재빨리Speed 깨달아야 한다. 한국인의 친절한Smile 모습과 유연한Soft 사고, 진솔한Simple 대화를 통해 시공에 구애됨 없이 최선을 다해 노력Smart하여 서산시의 발전과 서산시민의 행복을 위해 열심히 뛰는 모습을 보여줘야 한다.

서산이 명품도시를 넘어 국제도시로 거듭나기 위해서는 단체장은 자신의 행보에 대한 고심의 흔적을 깊게 새겨야 한다. 그런 고뇌가 없으면 진위에 상관없이 흔히 말하듯 외유성 해외순방으로 비춰질 오해가 다분하다.

외국이 부르면 수동적으로 달려가는 방문에서 벗어나 우리가 주체적으로 참여하고 선도하는 노력도 게을리하지 말아야 한다.

2012년 11월, 일본의 나라 현에서 한국과 일본 등 아시아 5개국 40개 지방정부가 참가하는 제3회 동아시아지방정부회합이 있었다. 나는 국내일정으로 참석하기 어려워 김영제 기획감사담당관을 보냈다. 굳이 참석 안 해도 그만이었던 행사였지만 주저 없이 서산시는 참여했다. 이곳에서 일본 내 자치단체를 제외하고는 참가국 중 유일하게 우리 서산시가 사례발표를 했다. '저출산 노령화 극복을 위한 서산시의 노력'이 주제였다. 우리의 선진행정을 동아시아 자치단체에 널리 알리는 좋은 계기가 되었음은 물론이다.

2012년 8월, 세계적인 정유회사인 쉘Shell사 아시아총괄본부가 있는 싱가포르를 방문해 3억 불 규모의 투자유치협정MOU을 체결했을 때의 기쁨도 잊히지 않는다.

쉘사는 네덜란드 헤이그에 본사를 둔 다국적 글로벌기업으로 세계 윤활기유[1] 시장을 선도하고 있다. 그 협약으로 쉘사가 현대오일뱅크와 함께 현대오일뱅크 단지내 별도 법인 '(주)현대쉘베이스오일'을 설립하여 2012년부터 5년 이내에 3억 불 이상을 투자하기로 했다.

이 자리에는 나를 포함해 권희태 충남도 정무부지사와 마크 게인스보로우Mark Gainsborough Shell 대표, 문종박 현대오일뱅크 전무, 강달호 현대쉘베이스오일 사장 등이 참석했다.

양사의 합작투자를 통해 자동차와 선박 등에 사용할 수 있는 윤활기유를 생산하는 사업이 본격화되면 고용효과를 비롯해 막대한 시너지효과가 창출될 것이다.

이 쉘사와의 MOU는 드러난 성과보다도 숨어있는 가치가 더 큰 협정이었다. 한국의 3대 석유화학단지로서 중국과 최단거리

---

1. 윤활유 완제품의 기초 원료로, 여기에 각종 첨가제를 넣으면 자동차나 선박, 산업용에 쓰이는 완제품이 만들어진다.

인 수출항이 인접해 있고, 물류수송에 필요한 도로와 항만이 잘 구비되어 있어 발전 잠재력이 무궁무진한 서산에 이런 다국적 기업이 투자한다는 것은 커다란 호재였다. 다른 외국기업의 투자까지 유인할 수 있는 기회였다. 서산이 글로벌 도시로 거듭나는 하나의 터닝 포인트였다.

그 가시적 출발점은 투자협약 체결 후 5개월이 지난 2013년 1월에 이루어졌다. 나를 포함해 권오갑 현대오일뱅크 사장, 마크 게인스보로우Mark Gainsborough 쉘 아태지역 대표 등 200여 명이 참석한 가운데 '현대쉘베이스오일 윤활기유 공장' 기공식을 가진 것이다.

현대오일뱅크 대산공장 내 3만 3,000㎡에 들어설 윤활기유 합

현대쉘베이스윤활기유 공장 기공식
김태경 노조위원장, 필자, 권오갑 사장, 마크게인스보로우, 권희태, 문종박

작공장은 하루 2만 배럴을 처리할 수 있는 규모로, 2014년 하반기부터 본격 상업 생산에 들어갈 계획이다. 업계는 윤활기유 공장이 상업가동 되는 2015년부터는 연간 1조 원 내외의 매출을 올릴 것으로 기대하고 있다.

2012년 11월, 중국 롱청시를 방문해 지앙산江山 시장과 자매결연을 맺었다. 산둥반도의 가장 동쪽에 있으며 중국대륙에서 한국과 가장 가까운 도시인 롱청시는 인구 67만 명에 재정수입이 80억 위안(1조 4,400억 원)에 달한다.

서산시는 2008년 롱청시와 국제여객선 정기항로 개설 업무협약 체결에 이어 2010년 11월 대룡해운㈜의 중국 사업자인 시샤코우그룹과 정기항로 개설에 관한 업무협약을 맺고 2015년 쾌속여

롱청시(江山 시장)와 자매결연

객선 취항을 추진하고 있다.

　서산 대산항과 롱청시 용앤항은 한국과 중국을 연결하는 최단 거리 항로(339㎞)로 쾌속선이 취항하면 5시간 만에 중국에 닿을 수 있다. 관광산업 활성화 등 지역경제에 미치는 파급 효과는 막대하다. 국제여객선 항로개설을 포함해 행정·문화·경제 등 다양한 분야에서 지역적, 문화적 특색 등을 살린 교류와 협력까지 추진될 것이다.

　서산 대산항과 롱청시 용앤항 간의 국제여객선 항로개설을 통해 해양 항만물류의 판도에 일대 변혁이 일어날 수 있다. 지앙산 시장과 나는 롱청시와 서산시가 동북아 물류와 관광 거점도시로 부상시키자고 의기투합했다.

　그 방문에서 나는 국제카페리선 항로를 가진 중국내 대기업 시샤코우西霞口 그룹의 대표全文科도 만났다. 마치 살아있는 생물처럼 방사형으로 뻗어가는 인맥의 확산은 우리 서산시 미래를 담보할 소중한 자산이 될 것이라고 의심치 않았다.

　2010년도 중국 랴오닝성 잉커우시는 충남도와 우호교류협정을 체결했었다. 중국인민정부 국가해양국 국장, 랴오닝성 성장, 진저우시 시장 등 주요인사가 참석한 '해양도시 정상포럼'에 충남도 유일의 국가관리 무역항인 대산항을 보유한 서산시가 초청됐다.

　추한철 부시장을 단장으로 한 서산시 방문단은 극진한 대접을 받았다. 잉커우항을 시찰하고 잉커우시정부 왕샤오류王笑柳 부시장과 함께 잉커우항과 서산 대산항 간 여객과 컨테이너 정기항로 개설 등을 내용으로 한 항만교류에 대해 여러 가지를 협의했다.

잉커우시는 항만교류에 대해 높은 열정을 갖고 있었다. 우리 역시 장기적으로 지린, 랴오닝, 헤이룽장 등 중국 동북 3성省과 몽골과의 교역을 위해 랴오닝성과의 교류는 대세의 물꼬를 튼 것이라는 것을 더 잘 알게 되었다.

서산 대산항은 여객과 북중국 컨테이너 정기항로 개설을 먼저 기반으로 삼아 항만교류를 확장할 것이다. 아직은 주로 상해 이남 지역을 비롯한 동남아에 집중된 컨테이너 정기항로를 잉커우시와 교류를 잘하여 북중국 항로 개설의 교두보로 삼을 생각이다. 이 외에도 세계 최대시장인 중국과의 교류를 넓혀나갈 계획이다. 우선은 우리 시와 우호적 관계에 있는 중국 안후이성安徽省 중부에 있는 합비시와의 자매결연 추진을 목표로 두고 있다.

우리가 원심력의 행보를 거듭할수록 이에 비례하여 다른 나라에서 우리나라로 오는 구심력 외교성과 역시 적지 않을 것이기 때문이다.

2012년 6월 우리 시와 자매결연을 맺은 일본의 아오모리현 타코마치田子町가 이듬해 우리 서산시에 친선단을 보내왔다. 야마모또 정장과 사와구치 의장 등 12명의 방문단이 참석한 가운데 자매결연을 맺은 지 꼭 1년 만의 일이다. 타코마치와 우리 서산시는 마늘을 매개로 1990년부터 23년 동안 교류를 이어왔다. 타고마치는 일본의 '마늘수도'라고 불릴 정도로 마늘로 유명한 곳이다.

하라 마사요리 부정장을 단장으로 의회 사와구찌 마사루 의장, 의원 등 11명이 나흘 동안 우리 시에 머무르며 팔봉산 감자축제

일본 마늘센터에 진열된 마늘 가공제품. 가운데는 타코마찌 정장(야마모또 하루미)

현장에 가서 감자도 캐고, 다 함께 아라메길을 걷기도 했다. 단순히 우리 시에 있는 기업체 현장을 보여주는 무미건조한 만남보다는 그들이 우리 서산의 문화와 정서를 이해하기를 원했다. 그런 관계가 오래갈 수 있기 때문이다. 일방적 관계는 오래가기 어렵다. 상호 소통과 교류를 통한 정이 통하는 관계라야 끈끈하게 지속될 수 있다. 이에 대한 답방 요청을 받아 나도 2013년 10월 초 시의원(지행중), 민간인(김지중 팔봉산 감자축제위원장), 시청 공무원 등 11명이 일행이 되어 타고마치를 방문, 마늘수도의 명성을 확인해 보면서 우정도 더욱 돈독히 다지고 왔다.

타코마치는 우리 서산시에 비하면 아주 작은 도시이긴 하지만, 마늘로는 스스로 세계 최고라 할 정도로 자부심이 대단한 곳이었다. 실제로 방문 기간 중 놀란 것은 마늘 가공품 종류가 상당히 많았던 점이다. 마늘센터의 상품 진열대에 즐비하게 자리를 차지하고 있는 각종 마늘 상품들이 타고마찌가 마늘수도라는 것을 말하고 있는 듯 했다. 가로등이며 안내표시며 조형물 등 곳곳에서 마늘의 형상이 눈에 쉽게 들어왔다. 심지어 마늘 요리도 다양했다.

우리가 방문했던 그 기간(10. 3~10. 6)에 타코마찌에서는 '마늘과 소축제'가 열렸다. 마침 타코마찌와 25년간의 자매도시 인연을 맺고 있는 미국의 길로이시 방문단 16명도 우리와 함께 축제에 참가했다. 나는 길로이시자매도시협회 회장인 Hugh Smith, 前 길로이시 시장 Al Pinheiro 등과 만나 상호 마늘을 통한 우호협력 관계를 다져나갈 것을 제안하여 향후 실무적 논의를 계속해 나가기로 했다.

2013년 8월에는 1991년에 자매결연을 맺은 일본 텐리시天理市의 학생 친선단이 서산을 방문하기도 했다. 미나미중학교 나카다니 요시노리 교장과 교사 2명, 학생 8명 등 11명의 친선단은 관광명소 견학, 홈스테이 체험 등 서산지역 학생들과 벌천포해수욕장에서 야외 캠프를 함께했다.

서산시와 텐리시는 어려움에 처했을 때 서로의 일처럼 아파하고 힘이 되어주며 우호협력을 지속하고 있다. 텐리시는 2001년 한·일 역사 왜곡 교과서 문제 때 해당 역사교과서 불채택을 결의했고, 2007년 허베이스트리트호 유류유출 피해 당시에는 50만 엔의 성금을 서산시에 보내오기도 했다.

일왕도 인정²했지만 그들의 선조에는 고대 백제인들의 피가 흐르고 있다. 일본인들은 백제 문화의 영향을 받은 사실 자체를 부정하지 않는다. 우리 서산은 백제왕국의 찬란한 문화가 꽃피웠던 고장이다. 그들에게 많은 것을 어필할 수도 있을 것이라는 자신감이 있었다. 지금 비록 한일 양국 간에 화합하지 못하는 현안들이 몇 개 있지만 이렇게 서로 왕래를 하다 보면 상생하는 좋은 관계가 되리라는 예감이 들었다.

2013년 10월에는 3박 4일의 짧은 일정으로 독일로 날아갔다. 두 개의 회사와 총 1억 8천만 불 외자유치 투자협약을 체결하기 위해서였다. 가고 오는데 꼬박 하루씩 잡아먹는 빡빡한 일정이었지만 뿌듯한 성과를 안고 돌아왔다. 먼저 독인 뮌헨에 본사를 두고 있는 린데 사와 8,000만 불의 투자유치 협약을 맺었다. 린데 사는 134년의 역사와 함께 전 세계 100개 국가에 자회사를 두고 있는 가스분야 세계 제1의 기업이다. 린데 사는 이번 협약으로 900억 원을 투자해 서산에 4,300㎡ 규모의 산업가스 생산 공장을 짓기로 했고, 서산시와 충남도는 공장 건립에 필요한 인허가 절차와 인프라를 지원하기로 했다.

협약식 서명에 앞서 가진 인사말에서 라이너 슐리커Rainer. Schlicher 대표는 한국(서산)에 대한 투자에 매우 만족함을 드러냈다. 한국의 안정화를 보고 투자를 결심했고, 향후에도 확대할 예정이라고 말했

---

2. 2010. 10. 8. 일본의 '헤이죠쿄천도 1,300년 기념축전' 현장(나라현, 부시장으로 필자 참석)에서 일왕 아키히토 일왕이 직접 언급("속 일본기에 의하면 간무일왕 생모는 백제 무령왕을 선조로 여기는 백제 도래인(渡來人)의 자손이다.")

좌측부터 라이너 슐리커 대표, 안희정 충남도지사, 이완섭 서산시장

다. 장기적 관점에서 투자를 하는 것이고 안정적 환경에 투자하는 것이 중요하다고 했다. 수년간의 한국 경험에 비추어 긍정적으로 보고 있고 향후 협업증대를 희망한다고 말했다.

 아울러 반도체 산업에 깊은 관심을 가지고 있고 그린기업 홍보에 노력하고 있다고 했다. 함께 참석한 안희정 도지사의 인사말에 이어 나는 린데 사의 투자결심에 대한 환영을 표하고 선견지명이 있는 판단이라고 경의를 표했다. 그리고 이번 투자협약을 통해 린데 사가 산업용 가스분야에서 명실상부한 세계 1위 기업으로서의 자리를 더욱 공고히 함과 동시에 도약하는 계기가 될 것이라고 했다. 아울러 중국과 최단거리에 있는 대산항과 함께 세계 5위권의 석유화학산업, 자동차공업 도시로서의 입지와 여건이 투자가치를 더욱 높여 줄 것이라고 확신을 주었다. 인사말을 주고받은 후 회사 소개와 사업설명을 듣는 순서에서 나는 신선한 충격을 받았다. 맨 처음 4층 건물 내에 있는 2개의 비상통로 안내부터 시작하였기 때문이다. 당장에라도 대피할 일이 생긴다면 안내하는 비상구를 통해 탈출하라는 것. 가스회사라서 어쩌면 당연하다 할 수도 있겠지만, 국가적 협약식을 하는 자리에서 볼 때 그들이 얼마나 안전을 제일로 여기며 생활화하고 있는지 깊이 느낄 수 있었다.

다음 날에는 베를린으로 날아가 자동차 부품분야 글로벌 기업인 컨티넨탈Continental 사와 2,363억 원(외국인 직접투자 1억 달러) 투자협약MOU을 체결했다. 컨티넨탈 사는 1871년 독일 하노버에서 타이어 제조 기업으로 출발, 현재는 우리나라와 미국, 유럽 등 전 세계에서 자동차 부품을 생산하고 있으며, 직원 16만 명, 연매출 327억 유로(약 47조 5,000억 원)의 글로벌 기업이다. 협약식 자리에는 컨티넨탈 사 마커스 하이네만Marcus Heinemann 부사장, 컨티넨탈 이모션Continetal E-motion 사 이혁재(로버트=Robert H. Lee) 사장, 노규성 한국법인장(부사장) 등이 참석했다.

컨티넨탈 사는 SK이노베이션과 합작해 SK컨티넨탈이모션을 설립하고, 서산 오토밸리 내 4,800㎡의 부지에 전기자동차 배터리 제조 공장을 건설하게 된다. SK컨티넨탈이모션은 빠르면 2015년부터 전기자동차 필수 부품인 고효율 배터리를 생산, 현대와 기아, GM 등 국내 자동차 업체에 공급할 계획이다. 컨티넨탈 사는 SK이노베이션(096770)과 함께 설립한 합작법인 SK컨티넨탈이모션코리아를 통해 앞으로 5년 안에 서산시 지곡면 일원에 전

좌측부터 마커스 하이네만 부사장, 이혁재 사장, 안희정 충남도지사, 이완섭 서산시장

기자동차 배터리 공장을 건립하기로 했다.

마커스 하이네만 부사장은 15년 전에 서산을 방문했었고 이천 공장에서도 근무한 경험을 가지고 있다고 했다. 그러면서 서산이 자동차산업이 활발하고 발전의 여지가 많은 점을 고려해서 투자를 결정하게 됐다고 말했다. 이에 나는 "서산은 토탈 사와 쉘 사 등 많은 다국적 기업이 성공을 거두고 있는 지역으로 중국과 최단거리인 수출항이 인접해 있으며 도로와 도시기반시설 등 산업 인프라가 잘 갖춰져 있다."며 "사업이 성공적으로 추진될 수 있도록 환경시설 구축과 안정적 산업용수 확보, 인허가 지원에 최선을 다하겠다."고 말했다.

이번 협약으로 친환경 자동차 필수 부품인 배터리가 안정적으로 공급돼 서산의 자동차 산업발전은 물론 국내 기업들의 국제 경쟁력 강화에 큰 도움을 줄 것으로 기대된다.

2013년 11월에는 이기학 농정과장을 비롯한 시청 직원들과 우리 농특산물 명인들로 팀을 구성하여 미국으로 파견했다. 우리 농특산물의 수출 확대와 안정적인 판로를 확보하기 위해서였다. 결과는 대성공. 우리 교포들이 많이 거주하는 뉴욕과 뉴저지, 로스앤젤레스 등 현지 매장 7곳에서 대대적으로 우리 농특산물 판촉전을 벌여 행사기간 동안 어리굴젓 등 젓갈류를 포함해 생강한과, 조청, 편강, 흑마늘 등 준비해 간 16종의 농특산물 1억 원어치를 모두 판매하는 성과를 거뒀다.

현지 수입업체와 유통업체 관계자 등을 대상으로 수출 확대를 위한 상품 설명회도 개최해 미국 바이어의 서산시 방문 약속을 이끌어 냈다.

언제까지나 국가 단위로 하는 거시 외교에 집착하고 그 외교에서 얻어지는 이익을 기다리기에는 세상은 너무 급변하고 있다. '글로컬'이라는 보편적인 추세에 따라 지자체 자체도 빨리 움직여야만 한다. 이젠 지방자치단체도 편협한 사고와 딱딱한 생각의 틀을 깨고 글로벌마인드로 무장해 지구촌을 향해 뛰어가야 한다.

무적함대를 무찌르고 바다를 정복한 대영 제국을 가리켜 '해가 지지 않는 나라'라고 명명했듯 우리 '해 뜨는 서산' 역시 전 세계를 주도하는 최강의 명품도시가 될 것이다.

전 세계에 걸쳐 대단한 인기를 누리고 있는 케이-팝K-pop과 같은 문화콘텐츠뿐만 아니라 산업부문에 있어서도 지구촌에 한류 바람이 곧 불 것이다. 나는 그 바람의 진원지가 서산이 될 것이라고 확신한다.

# 최고다, 서산시!

지자체 중 서산시만큼 상복이 터진 곳도 많지 않을 것이다. 2012년 40차례 수상했고 12억 2,400만 원의 인센티브를 받았다. 한 해만 반짝 지은 농사가 아니다. 2013년에도 상복은 이어졌다.

서산시가 중앙부처와 충남도 등이 주관한 각종 시책평가와 공모사업에서 두각을 나타냈다. 시정 전 분야에 걸쳐 수상한 기관 표창만 해도 스무 건이 훌쩍 넘는다. 12월 현재까지 정부부처와 충남도, 외부기관이 실시한 46개 분야 평가에 입상했고 시상금 16억 8천 5백만 원을 확보한 것이다.

2013년 출산지원에 관한 조례를 제정해 최고 1,000만 원의 출산장려금을 지원하는 등 저출산 극복을 위한 공로를 인정받아 저출산 대책 최우수기관으로 선정되며 개청 이래 최초로 대통령 기관 표창(2013. 7)을 받았다.

창의적 업무 수행과 연구하는 직장 분위기 조성에 노력해 안전행정부 주관 제2회 대한민국 지식대상에서 최우수상을 수상(2013년 10월)했고, (사)한국환경정보연구센터가 주최한 대한민국 친환경도시대상(2013년 5월)에서는 3개 부문을 석권했다.

또 기획재정부와 충남도가 실시한 '2012년도 광역·지역발전 특별회계 운영평가'에서 최우수 지자체로 선정(2013년 9월)되며 11억 3,000만 원의 재정 인센티브를 확보했다.

이 밖에 충남도 주관 지방세정종합평가 우수, 재정균형집행 최우수, 공무원 소양고사 종합 1위 등 크고 작은 성과를 거뒀다.

굵직굵직한 대규모 신규 공모사업에 선정되며 국·도비를 유치하는 성과도 거뒀다.

간월호는 환경부 주관 '통합·집중형 오염지류 개선사업'에 선정돼 2016년까지 국비 519억 원을 지원받아 수질 개선이 대대적으로 추진된다. 상습 가뭄지역인 팔봉면 금학지구는 다목적 농촌용수개발 신규 사업 대상지로 선정 농림축산식품부로부터 국비 273억 원을 지원받는다. 동부시장은 중소기업청 '문화관광형 시장'에 선정돼 2년간 국비 10억 원을 지원받아 특성화시장으로 탈바꿈하게 된다.

이 같은 성과를 거둘 수 있었던 것은 1천여 공직자가 맡은 업무에 최선을 다하고 시민들이 적극적으로 힘을 보태준 결과였다.

연연세세 계속 이어지는 상복에 시장인 나도 우리 공무원들도 자부심이 높아졌다. 시민들 얼굴을 떳떳하게 보며 웃을 수 있으니 덩달아 웃음복이 터진 것은 당연지사.

한 달에 두세 번꼴 이상으로 중앙정부와 충청남도 등 각 기관으로부터 받은 각종 수상 실적은 우리가 그동안 얼마나 많은 일을 해왔고, 또 얼마나 훌륭한 성과를 거두었는지를 단적으로 보여주는 증거였다. 우리 서산시 공직자들의 열정과 17만 시민들의 열망이 어우러져 이루어낸 값진 결실이었다.

행정 내적인 변화를 이루기 위해서는 나 역시 더 배우고 익히려고 노력했다. 원래 상이라는 것은 행정의 맥을 잘 알면 의외로 쉽게 거머쥘 수 있는 것이다. 그러자면 일도 잘해야 하겠지만, 못지않게 대내외에 쌓은 인적 인프라가 많은 영향력을 끼치는 것도 중요하다.

자랑 좀 하자면 우리 서산시 공무원들은 제대로 일할 줄 아는 사람들이다.

'전국 최고'라는 우수성을 인정받은 서산시 성과관리시스템을 증명한 주인공이 서산시 공무원들이다. 서산시 성과관리시스템은 다른 지자체의 러브콜을 받는 벤치마킹 대상이 된 지 오래다.

2007년부터 도입한 서산시 성과관리시스템SSIMS은 사실 초기에는 다른 지자체의 시스템과 별반 차이점이 없었다. 하지만 점점 서산시가 발전과 역동성을 지닌 도시로 변해감에 따라 체계적이고도 통합적으로 성과를 관리할 필요성이 생겼다.

2009년 부시장으로 취임했을 때 이 성과관리시스템에 대한 공부를 하기 시작했다. 원래 성과관리업무를 했던 터라 어느 정도 이해도는 있었지만 서산시만의 특수성을 고려한 성과관리시스템을 운영할 필요가 있음을 깨달았기 때문이었다. '지방정부의 통합성과 관리모델에 관한 연구'란 제하의 논문으로 숭실대에서 공학박사 학위를 받았다.

전국 지자체 최초로 BSC 성과관리 이행과제를 활용한 개인성과평가 및 직무성과계약제를 시스템으로 구축해 운영했고, 정부 합동평가보다 앞서 자체개별평가를 온라인으로 실시하게 했다. 그렇다고 성과지상주의에 휩싸여 중요한 것을 놓치는 우를 범하지는 않는다.

성과도 중요하지만 그 성과를 창출하는 것은 바로 사람이다. 성과를 쥐어짜내기 위해 직원들에게 과도한 업무 부담을 지우면 악순환의 '자가당착'에 빠질 우려가 있다. 성과를 내야 한다는 강박관념과 피로에 쌓인 직원은 역설적으로 더 이상 성과를 낼 수 없기 때문이다.

우선은 직원들의 업무 부담을 덜어주는 것부터 시작했다. 거기에서 효율성을 얻을 수 있는 것이면 더 좋겠다는 생각에서 주요 업무와 연계되는 미시적인 이행과제들을 단위별로 나눠 챙기기 시작했다. 이행과제를 활용해 부서평가, 개인성과평가, 국·단장 직무성과계약제를 운영했다.

항상 직원들에게 조직의 미션과 비전을 마음속에 새기도록 했다. 자신이 하는 일의 의미와 자신이 가는 곳의 방향이 어디인지도 모르고 일한다면 아무런 가치가 없는 것이다. 나는 종종 직원과의 면담을 통해 효율적인 동기부여를 유도했다.

시정이 시장과 공무원들만의 리그가 되어서도 안 된다. 시정은 소통이다. 흐름이 원활하지 않은 시정은 병목현상이 생기고 마침

내 어느 한 방향에서 흐름이 꼬이고 문제가 생기기 마련이다. 이런 것을 보완하기 위하여 500여 명의 시민평가단을 구성했다.

주요 시책에 대한 평가를 시민의 손으로 이뤄지게 한 것이다. 시정모니터링을 통해 올라온 시민의 의견을 바로 바로 시정에 반영했다. 이런 선순환 덕분인지 길지 않은 시간에 시민중심의 성과관리시스템을 다른 어느 지자체보다 더 완벽하게 구축할 수 있었다.

이런 서산시 성과관리시스템에 찬사와 시선이 모였다.

부시장으로 근무 중이던 지난 2009년에는 합동평가에 대비해 성과관리시스템 내에 합동평가 과제를 사업 초기부터 탑재 운영해 시·군 통합평가에서 우수기관으로 선정되어 1억 원의 인센티브를 받았다. 지식경제부가 주최하는 '대한민국 IT 이노베이션 대상'에서 지방자치단체 중 유일하게 '특별상'을 수상한 바도 있다.

서산시 성과관리시스템의 우수성이 알려지면서 성과관리시스템을 벤치마킹하기 위해 전국 50여 개 지자체에서 방문했다. 현재도 문의전화가 끊이지 않고 있다.

잘 갖춘 성과관리시스템 하나 덕분에 열심히 일하는 공직 문화는 자연스레 형성되었다. 게다가 업무 성과를 시민들에게 공정하게 평가받고 시민들의 다양한 의견을 시정에 반영하는 소통의 통로로까지 활용하고 참으로 실속 많은 시스템이라 생각한다.

중앙부처와 충남도 주관으로 실시된 각종 행정평가에서 상과 포상금을 휩쓴 것도 여러 차례다. 해마다 수상 개수가 늘고 시상금이 증액되었다.

국토해양부 주관 '2011 대중교통시책평가'에서 전국 최우수기관에 선정돼 3억 원의 포상금을 받았고, 행정안전부에서 실시하는 '2011 지방물가안정평가'에서도 전국 최우수상을 수상하며 1억 5,000만 원의 상금을 받았다.

충남도 주관 '2011 민원행정 개선 우수사례 경진대회'와 '2011 공공기관 에너지절약 종합평가'에서 최우수상을 받았고, '2011 충남도 지방세정평가'에서는 우수기관에 선정되며 2,500만 원의 포상금을 받았다.

농림수산식품부 '2011 가축방역 특별평가'에서 구제역 청정지역을 지켜내며 최우수기관에 선정돼 1,000만 원의 상금을 받았고, '2011 대한민국 농어촌마을 대상'에서도 우수상을 받으며 2,000만 원의 상금도 받았다. 특히, 행정안전부와 한국생산성본부 주관의 '지방자치단체 생산성 대상' 수상과 행정안전부 공공 '디자인지원재단 주니어그랑프리' 수상은 더욱 값진 성과로 여겨진다.

2012년에도 상복 행진은 계속되었다.

행정안전부가 실시한 지방자치단체 생산성 대상 평가에서 전국 최우수기관에 선정된 것을 비롯해 재정분석 및 재정 조기집행 평가 우수, 환경부가 주관 '제5회 그린시티 평가 환경부장관상' 등을 차지했다.

특히 전국 민원행정 우수사례 경진대회에서 '5S실천운동'으로 우수상을 수상했고, 행안부 주관으로 실시된 민원행정서비스 평가에서 충남 도내 우수기관 인증을 받아 타 시군의 부러움을 샀다.

또 충남도 지방세정 종합평가에서 우수기관상을, 농촌지도사업 종합평가에서 최우수상을 받았다. 이 밖에도 출산친화정책 추진에 기여한 공로로 보건복지부 장관상을 받았고 공공하수처리장 운영관리 평가에서도 전국 최우수 기관으로 선정됐다.

내 개인적인 수상으로도 이어져 더 큰 영예와 기쁨이 되었다.

2012년 지역 농업 발전과 농업인 삶의 질 향상에 기여한 공로로 농협중앙회로부터 '지역농업발전 선도인상'을 수상(2013년 4월)했다.

농업은 서산의 뿌리와 같은 핵심 기반사업이다. 시장 당선 후, 고품격 농·축·수산 도시 조성에 대한 강한 의지를 시정의 핵심 방침으로 삼기도 했다. 농정의 방향은 건강·생명과 직결되는 먹거리 생산과 깊은 관련이 있다는 점에서 친환경농업 발전은 앞으로의 사명 중 하나였다.

이때 받은 '지역농업발전 선도인상' 시상금 1,000만 원을 서산인재육성재단에 장학금으로 기탁했다. 그 상은 서산시 농업인 모두에게 주는 것을 대표로 받은 만큼 시민들과 함께 기쁨을 나누는 것이 당연했다.


2012년 12월에는 제5회 '도전 한국인상' 시상식에서 '위대한 리더십상'을 받았다

'도전 한국인상'은 불굴의 도전정신을 가지고 지방자치, 국제교류, 교육, 자원봉사 등 각 분야에서 두드러진 성과를 낸 사람들을

정근모 대회장으로부터 도전한국인상 수상

50여 명의 분야별 전문가가 엄격한 심사를 거쳐 선정하는 상이다.

내가 시장으로 취임한 이후 짧은 기간에도 불구하고 많은 성과를 이뤄, 시 발전과 시민과의 소통을 통한 지방자치의 새로운 모델을 제시하며 진정한 리더의 역할과 올바른 자세를 제시했다는 점에서 높이 평가받았다.

특히 '5S·5품 실천운동'을 통해 공직사회 내부혁신과 역량을 강화하고 이를 민간부문까지 확대시킨 파급효과를 크게 인정해 준 것이다.

그동안 수상자로는 반기문 유엔사무총장, 미국 워싱턴주 상원 부의장을 역임한 신호범 의원, 야구선수 박찬호 씨 등 사회 유명 인사들이 대거 수상자였던 상이라 정말 뜻깊었다.

2013년 7월에는 (사)전국지역신문협회로부터 기초단체장 부문

'행정대상'을 수상했다.

탁월한 행정역량과 리더십을 바탕으로 가시적 성과를 창출하면서 시 발전을 견인하고 시민 복리증진에 기여한 점을 높이 평가받은 지자체장한테 주는 상이었다. 어려운 경제상황에서도 31개 기업 유치를 통해 1,500명의 고용을 창출하고, 현대위아와 6,000억 규모의 투자유치 협약을 체결하는 등 활력 넘치는 산업·경제도시 건설을 이끈 공로였다.

서산시는 각종 체육행사를 성공적으로 개최하여 주목받기도 했다. 제64회 충남도민체전과 제19회 충남장애인체전을 성공적으로 개최하며 모두 종합우승을 차지해 17만 시민의 자긍심을 한껏 고양시켰다.

적극적인 외부재원 유치나 인센티브 확보에서도 다른 지자체의 감탄을 살 만큼 서산시는 두각을 나타냈다. 사상 최대의 국·도비 5,437억 원을 확보하고, 중앙부처 및 충남도 주관으로 실시된 40개 시책평가에서 12억 2,400만 원의 인센티브를 받았다.

상 받는 노하우가 특별히 따로 있는 것은 아니다. 다만, 행정의 맥을 제대로 짚고 평가기준에 입각하여 매사 최선을 다하는 것이 노하우라면 노하우라 할 것이다.

물론 열정을 다해 입품, 손품, 발품 등을 열심히 팔아야 하는 것은 기본이다. 나는 이런저런 수상과 실적들에 대한 우호적이고 긍정적인 평가결과들을 지역발전을 위해 더욱 열심히 노력하라는 주마가편走馬加鞭의 채찍으로 여긴다.

'수성守城이 공성攻城'이다. 우리가 이룩한 좋은 결과물을 잘 지키기 위해서는 더욱더 '최고'가 되기 위해 노력을 멈추지 않아야 할 것이다.

# '오 예스(5S)'
## : 소통, 긍정, 창조의 행정

　공급자 중심이 아닌 수요자 중심의 행정이 되어야 한다고 강조하지만 실제 현장 실무에서 이렇게 이뤄지는 건 쉬운 일이 아니다. 인간 자체의 본성이 원래 루틴화된 것만 하는 것을 편안하게 여기는 관성에 따르기 때문이다. 개혁이라는 것에 대해 사람들은 일단은 열렬히 환호한다. 하지만 금세 개혁에 대한 피로감을 느끼고 종내는 염증을 느끼기 쉬운 이유가 바로 이런 인간의 본성 때문이다.

　'5S(오 예스 운동)'가 한마디로 기성의 행정을 깨트리는 파격에 가까운 행정 실천 운동만이었다면 오래 영속되지도, 성공하지도 못했을 것이다.

　의식적으로 계속 긴장하고 노력해야만 이뤄질 수 있는 것이라면 행정의 공급자인 공무원들은 심히 피로하다. 또한 수요자인 시민들 역시 왠지 불편하고 불안하다. 하지만 5S는 쉽게 행동으로 옮길 수 있는 내용을 담고 있다.

내가 부시장으로 근무하던 2009년부터 서산시가 변화된 행정서비스를 선보이기 위해 실천한 것이 5S다. 5S는 '오 예스Oh Yes'처럼 들리는 발음에서도 느껴지듯 언제나 '열린 마음Open heart, Open mind'과 '긍정Yes'의 자세를 근본으로 한다.

마음의 문을 활짝 열지 않고 부정적인 시각을 앞세우다 보면 매사 한발 뒤쳐질 수밖에 없다. 좋은 결과도 결코 기대할 수 없다. 행정서비스를 제공할 때 5S를 최소한의 기본지침으로 삼고 실천한다면 국민들로부터 더욱 신뢰와 사랑을 받을 수 있다.

첫째, 스마일Smile 행정이다.

행정은 딱딱한 것이 아니라 웃음과 친절이 담긴 최대의 서비스라는 누군가의 말을 빌리지 않더라도 요즘은 고압적인 행정 공무원의 모습을 거의 눈 씻고 찾아보기 힘들다.

나그네의 두꺼운 솜옷을 벗기는 것은 모진 비바람이 아니라 따뜻한 햇살이라는 동화도 있다. 인간은 본성적으로 부드럽고 친절한 사람에게 마음을 열기 마련이다.

Smile은 과거에도 그랬고 현재도 그렇고 미래에도 그럴 불변의 생존법칙이다. 삶에 있어서 웃음은 인간관계의 끈이며 문제해결의 출발점이 된다. 웃는 자는 사랑을 받는다. 반면 웃지 않는 자는 외면을 당한다.

행정도 마찬가지다. 웃음기 없는 딱딱한 모습의 공직자를 국민은 좋아할 리가 없다. 미소는 친절을 낳고 친절은 이해를 낳고 이해는 갈등의 벽을 허문다. 미소는 지구촌 공통의 언어이며 누구한테나 부여된 소통과 이해와 사랑의 언어이다.

둘째, 스피드Speed 행정이다.

오늘날 우리는 속도의 시대에 살고 있다. 빠른 자가 느린 자를 지배하고 느린 자는 빠른 자를 위해 존재하는 세상이다. 한마디로 속도에 웃고 속도에 우는 세상이라 해도 과장이 아니다.

행정이라고 다를까? 아니다. 느려터진 응대와 불필요한 절차 등에 속이 터지는 행정을 국민들은 결코 원하지 않는다. 타임리Timely하게 행정을 처리하는 것이 참 중요하다. 다 일해 놓고도 속도를 못 맞춰 무산되는 프로젝트가 너무 많다. 속도를 먹고 사는 정보화의 시대에 걸맞게 행정도 속도로 무장해야 한다. 빠른 행정이야말로 국민으로부터 사랑을 받는 첫걸음이 될 것이다.

셋째, 심플Simple 행정이다.

세상은 점점 복잡다기한 양태로 변해가고 있다. 따라서 이를 규율할 각종 법규와 제도가 하루가 다르게 생성되거나 손질되고 있다. 그러나 복잡한 세상사와 달리 사람은 누구나 단순하고 간단한 것을 원한다. 핸드폰 사용을 위해 수십 쪽짜리 매뉴얼 읽기를 원하는 사람이 있겠는가?

행정도 단순, 간단명료해야 한다. 복잡하고 번거롭고 짜증나는 알쏭달쏭한 행정을 좋아할 국민은 어디에도 없다. 모호한 행정은 시민을 잡을 수도 있다. 여지가 많고, 빈틈이 많다는 것은 그만큼 나쁜 식으로 악용될 가능성이 높다는 이야기에 진배없다. 국민은 보다 알기 쉽고 편리하며, 단순하면서도 명확하고 명료한 것을 원한다.

넷째, 소프트Soft 행정이다.

약육강식 시대는 당연히 강한 자가 모든 것을 가지는 시대였다. 강한 것의 원천은 물리적인 힘이었고, 사회구조도 그에 맞게 형성되어 왔다. 그러나 점점 더 유형보다 무형의 힘이 더 커지고 있고 직선은 곡선의 미에 침식당하고 있다. 바야흐로 부드러움이 강함을 이기는 유연柔軟의 시대이다. 부드러운 것이 강한 것을 이긴다는 '유능제강柔能制剛'이라는 말도 있다.

행정도 마찬가지다.

경직되고 딱딱하고 관료적 냄새가 풀풀 나는 인간미 없는 행정을 국민은 원하지 않는다. 상대방의 입장에서 유연한 사고로 풀어가는 솜사탕 같은 행정을 국민은 원한다. 법과 제도를 철저히 지키면서도 모나지 않게 풀어가는 유연한 행정! 이는 역지사지 마음으로 풀어가는 행정이다. 모두가 바라는 바가 미래를 선도하는 행정의 본모습이다.

마지막으로 스마트Smart행정이다.

스마트하다는 말처럼 듣기 좋고 사랑받는 말도 드물 것이다. 그래서 그런지 스마트는 여기저기 붙어 다니며 그 생존반경을 넓혀가고 있다. 스마트폰, 스마트카드, 스마트카, 스마트머니, 스마트워크, 스마트행정 등등……. 그러니 생존경쟁이 점점 치열해져 가는 21세기 사회에서 스마트하지 않고 어떻게 살아남을까?

공직자는 무릇 모든 면에서 모범이 되어야 한다고 국민들은 생각한다. 신언서판. 깔끔한 외모와 반듯한 언행은 공직자라면 당연히 갖추어야 할 기본적인 자질로 본다.

그러나 이 같은 외형적 모습뿐만 아니라 행정업무 수행은 더욱 스마트하게 해야 할 것이다. 빈틈없이 깔끔하고 문제가 없는 똑똑한 행정 처리는 스마트행정의 본 모습이다.

하지만 5S라는 구호보다 훨씬 더 중요한 것은 바로 실천이다. 5S가 추진하는 정신을 얼마나 제대로 정수로 삼아 동력으로 활용하는지가 더 중요한 과제다. 그저 성실하기만 해서는 안 된다. 공무원들은 스스로 프로정신을 가져야 한다. 그리고 전문성을 가져야 한다.

공무원들은 대체로 정직하고 성실하다. 하지만 이따금 프로근성과 주인의식이 부족하다는 느낌을 받는다. 공직은 철밥통에 비유된다. 대충 일과만 채워도 봉급이 나오고 특별한 문제가 없는 한 정년이 보장된다.

그러나 이제는 같은 자치단체, 같은 동류의 행정기관끼리의 경쟁이 아닌 시대에 살고 있다. 공직자들도 자기 분야에서 전문성을 갖고 남들이 생각하지 못하는 분야를 개척해야 민간부문을 이끌 수 있다. 지역 활성화에 성공한 지역에 가보면 공통적으로 지역발전에 강한 애착에다가 전문성까지 지닌 리더십을 가진 공무원들을 많이 보유하고 있다.

공무원들 사이에서도 직장에 다니면서 새로운 분야를 공부하는 '샐러던트' 열풍이 불고 있다. 현재의 결과에 만족하지 않고 끊임없는 도전을 통해 변화를 모색해 나가는 것이다. 프로가 결과에 만족하면 안주하게 되고 목표의식을 잃는다.

인류의 역사가 시작된 이래 생명이 있는 것들은 모두 끊임없는 변화와 혁신을 통해 생존하고 발전해 왔다. 공무원들도 유기체처럼 주변 환경에 적극 대처하고 끊임없는 연구와 노력으로 미래를 준비해야 한다.

나는 공무원들에게 기왕 하는 일이라면 즐거운 마음으로 하라고 한다.

성실한 데다가 즐기기까지 하는 사람을 따라갈 재간은 없다. 서산시 공무원들이 열정 어린 마음으로 최선을 다해 힘을 키운다면 세계와 경쟁하는 경쟁력 있는 서산을 창조할 수 있다고 믿는다.

공무원은 전투력도 갖고 있어야 한다. 쌈닭이 되라는 말이 아니다. 하지만 대형 프로젝트를 통해 서산의 동력을 가늠하고 서산 발전을 증폭시키고 싶다면 앉아서 그저 수성만 해서는 어림도 없다.

해외 기업을 찾아가 수많은 난관을 돌파하고서라도 수주를 따내는 민간기업의 뚝심과 절박함을 배울 필요가 있다. 필요하다면 강하게 목소리를 내고, 과감히 승부수를 내던질 배짱도 있어야 한다. 우리가 움직이지 않으면 서산시의 발전이 없다는 생각으로 뛰어다녀야 한다. 시정을 움직이는 공무원들이 시정변화의 핵심을 삼켜버리고 토해내지 못하는 블랙홀이 되어서는 안 된다. 여러 가지 생각과 노력으로 들끓다가 마침내 터져 여러 성과들을 탄생시키는 빅뱅이 되어야 한다.

들끓기 위해서는 먼저 변화해야 한다. 복지부동하는 공무원들은 더 이상 발붙일 데가 없다. 지금의 지위를 핑계로 호가호위狐假虎威해서도 안 된다. 공무원 한 명 한 명이 자신들이 서산시 시민들을 이끄는 야전사령관이라는 생각으로 앞장서야 한다.

시민에게 희망과 감동을 주는 행정이 되어야 한다.

하지만 막연한 희망은 손에 잡히지 않는 신기루같이 허망하고 설득력이 떨어진다. 십 년, 백 년 뒤의 청사진을 제시하는 것도 좋지만 한 달, 1년 뒤의 로드맵을 보여주는 것이 더 필요하고, 현실적일지 모른다.

시민 한 사람 한 사람에게 내일에 대한 희망을 쥐어주어 지역 발전을 위한 대열에 동참하도록 해야 한다. 시정이 그들의 손에서 이뤄진다는 자부심과 뿌듯함을 줄 수 있어야 한다.

미래에 대한 통찰력을 갖고 있는 행정, 공무원이 되어야 한다. 그러기 위해서는 부지런히 공부하고 선진지를 견학하고 전문가와 조력자들의 말에 경청해야 한다.

미래는 남의 것이 아니라 우리 것이라는 마인드를 가진 공무원들이 만들어내는 성과는 엄청나고 놀라운 것이리라! 반면 내가 할 수 있는 게 뭘까? 반신반의하는 공무원들은 주저할 수밖에 없다. 주저하는 동안 기회를 잃고 세계적인 대열에서 뒤처지게 된다.

내일에 대한 준비가 되지 않은 도시는 쇠퇴하기 마련이다. 1년, 10년, 100년 후의 서산의 좌표를 설정하고 거기에 도달할 수 있는 방법을 맹렬히 찾아야 한다.

리더라면 그 길을 함께 갈 동반자들을 찾는 노력도 게을리해서는 안 된다고 생각한다.

사람들 중 모든 것을 다 구비한 십전십미+全+美한 사람은 없다. 리더는 통합적인 마인드를 가지고 다채로운 재능을 가진 드림팀을 꾸릴 수 있어야 한다. 뭐가 부족하고 무엇에 강점인지를 잘 알고 있어야 한다. 전체를 훑어볼 수 있는 눈이 있다면 그 영역에 탁월한 사람을 골라 쓰기만 하면 된다. 리더 자신이 전지전능한 신일 필요는 없다.

하나하나 영롱한 구슬 같은 인재가 되는 것도 중요하다. 하지만 사람이 신이 아닌 이상 완벽할 수만은 없다. 다른 빛깔로 영롱하게 빛나는 구슬들을 적재적소 잘 꿰는 통합 시장이 되는 것이 필자의 바람이다.

# 환황해권의 전초기지, 대산항

'바다를 지배하는 자가 세계를 지배한다.'

동서양을 이어 온 최초의 무역로는 비단을 매개로 한 실크로드지만, 15세기 콜럼버스의 신대륙 발견을 계기로 세계의 패러다임은 육지 중심에서 해양 중심으로 전환됐다. 이후 세계의 권력지도는 바다를 중심으로 재편됐다. 역사 속에서 바다는 문명과 문명이, 대륙과 대륙이 만나는 접점이었다.

한반도에서는 장보고가 청해진으로 신라인의 물질·정신적 삶을 풍요롭게 했던 것도 바닷길이 있었기에 가능했다. 장보고가 활약했던 통일신라시대는 한국의 역사에서 지역 패권을 주도적으로 발전시켰던 때다. 바다를 통해 나·당·일의 삼국 무역은 물론 멀리 아랍까지 서방세계와의 교역을 통해 당시 동북아의 주도권을 주도적으로 유지할 수 있었다. 그런 의미에서 '바다를 지배하는 자가 세계를 지배한다'는 말은 현대에도 여전히 유효하다.

현재 전 세계 물류의 90% 이상이 바다를 통해 이뤄지고 해산물과 각종 자원, 관광과 레포츠가 바다에서 생산되고 펼쳐지고 있다.

해양 중심의 마인드, 바다 경영의 마인드가 중요한 시점이다. 해양은 1, 2, 3차 산업을 모두 포괄하고 있기 때문이다. 미래 먹을거리뿐만 아니라 조력·풍력에서부터 해저 자원 개발은 새로운 미래를 보여주고 있다. 해양 교통은 무역의 연결고리를 이루고 첨단 과학과 결부돼 스마트 물류의 새로운 영역을 개척하고 있다. 이제 해양은 전통적인 기능에 더해 국가 경쟁력을 결정하는 핵심요소다. 미국, 영국, 일본, 중국 등 현대의 해양 강국들이 정책을 재정비하며 해양을 선점하기 위한 적극적인 채비에 박차를 더하고 있다.

본격적인 서해안 시대의 시작과 함께 대중국 무역이 국가의 전략산업으로 대두되는 상황에서 서산 대산항이 가진 잠재가치는 매우 높을 수밖에 없다.

서산시는 2008년 중국 룽청시와 국제여객선 정기항로 개설 업무 협약을 체결했다. 이를 시발점으로 2010년 한중 해운회담에서 서산 대산항과 중국 영성시 용안항 간의 국제여객항로 개설에 합의하는 등 대산항 개척을 위해 행정력을 총 집중시켰다.

서산시는 2013년 7월 1일에 항만정책팀, 항만사업팀, 물류지원팀으로 구성된 항만물류과를 신설했다. 꼼꼼하게 국제여객선 취항을 준비하고, 화물유치와 항로개설을 하기 위한 포트세일즈 업무를 특화적으로 추진하기 위해서였다.

중국인 관광객 방문에 대비한 권역별 관광벨트를 조성하고 항공, 육상, 철도 등 물류업무를 통합해 전담하고 공영화물터미널과 물류단지 조성사업도 추진했다.

나를 비롯한 공무원들이 서산 시민들의 열망과 지지에 힘입어 부지런히 발품을 판 결과 드디어 국제여객부두 및 터미널 건립비용 240억 원을 포함한 411억 원의 국비를 확보하기도 했다. 이 사업의 전체사업비는 민자를 포함해 모두 1조 원을 훌쩍 넘을 것으로 예상되는데 그중 많은 국비를 확보함으로써 사업 부담을 훨씬 덜게 되었다.

부두와 터미널 시설을 완공한 후 2015년에는 중국으로 가는 국제여객선의 취항 모습을 바라볼 수 있을 것으로 예상된다. 현재의 계획대로라면 하루 1,000여 명의 중국관광객이 서산 대산항을 통해 유입되면서 관광산업이 크게 활성화될 것이다.

충청권 유일의 국가관리 항만인 대산항은 중국과 339㎞밖에 안 떨어져 있는 지리적 이점으로 대중국 무역의 전초기지가 될 것이다. 서산 대산항과 중국 산동성 룽청榮成시를 잇는 항로는 우리나라에서 중국을 오가는 뱃길 중 가장 짧아 5시간이면 중국에 닿을 수 있다. 국제여객선까지 생긴다면 다른 교통수단의 승객과 화물까지 흡수할 수 있다. 화물과 여객이 공존하는 국제무역항으로 도약은 따 놓은 당상이다.

항만도시로서의 발전 잠재력도 매우 높은 서산은 동북아 물류 중심지로 부상할 수 있는 천혜의 입지와 여건을 갖고 있다.

수도권과 불과 1시간대 거리에 위치한 '접근성'도 뛰어난 여건이다. 그뿐만 아니라 우리나라의 석유화학산업을 이끌면서 국가 경제 발전의 중추적인 역할을 하고 있는 대산석유화학단지를 비롯하여 서산 일대 곳곳에는 300여 개의 기업체가 입주해 있다. 이 중 매출이 50억 원을 넘는 기업만 100개 이상이다. 물동량 기준으로도 전국 31개 무역항 중 6위 규모다. 컨테이너 정기항로는 인도네시아까지 열렸다.

새로운 동북아 물류허브의 가치는 금액으로는 환산하기 어려운 대단한 미래가치가 될 것이다. 내실 있는 항만 물류확보를 위한 방안을 찾아야 한다. 새로운 물동량 창출과 더불어 다양한 화물과 부가가치 컨테이너를 유치해야 대산항을 활성화할 수 있다.

항구를 번성시키기 위해서는 그 항구를 갖고 있는 도시의 발전이 필수다. 서산시의 특화상품 개발, 국내외 관광객 유치, 항만과 연계된 주변 관광자원 발굴 등과 비례하여 대산항은 더 발전할 것이다.

서산시 갈산동에 들어설 특급호텔 조감도

중국 쪽 관광수요에 부응하기 위해 관광호텔을 건립하고 관광상품을 개발하는 사업도 적극 추진하고 있다. 지하 2층, 지상 13층 규모의 특급관광호텔 건립을 추진 중에 있다.

대산항 배후지 확보와 대산항과 연계되는 수송수단의 시너지 효과를 높이기 위해서도 노력해야 한다. 자동차산업 활성화를 위해서라도 대산항에 자동차 부두를 건설해야 한다. 해양 레저산업 육성을 위한 마리나항만 조성사업도 추진할 것이다.

다만 난항이 있다면 대산항 활성화를 위한 도로 등 기반시설을 더 확보할 필요성이 높은데도 국가에서 그 중요성을 제대로 인식하지 못한다는 것이다. 대산-당진 간 고속도로 연장건설은 필요가 아니라 이제 당위가 되었다.

대산항이라는 좋은 인프라를 활용하여 앞으로 서산은 더욱 더 '기업하기 좋은 도시' '동북아의 물류 허브'로 변신할 것이다. 서산뿐만이 아니라 인근의 태안, 당진, 홍성, 예산은 물론이고 충청권을 넘어 광역적 경제활성화로 이어질 것이다.

서산의 미래는 신 해양 경제시대를 얼마나 제대로 개척하느냐에 달려 있다. 바다를 지배하는 힘의 차이가 역사를 바꾸는 원동력으로 작용한다는 선례를 잊지 말자! 대산항이 청해진이나 벽란도처럼 된다면 번성했던 해상왕국 백제의 부활은 헛된 몽상만은 아닐 것이다.

# 불황 모르는
## '비즈니스 프렌들리' 서산

　인간은 경제적 동물이다. 동물의 몸과 신의 영혼에다가 이익을 위해 사는 경제적 관념이 더해 만들어진 것이 인간이라고 한다. 인간의 생존에 있어서 '경제발전'은 필수적이다.
　전 세계적인 추세로 장기 불황이 이어지고 있다. 경제 불황은 여러 많은 국가들과 국가 안 여러 도시들의 파산으로 파급되고 있다. 국가나 도시 부도의 여파는 국민과 지역민의 고통으로 분담될 수밖에 없다.
　자체 수입으로 인건비도 해결하지 못하는 재정이 부실한 우리나라 지자체도 많다. 제법 큰 규모의 지자체임에도 재정이 건전하지 못한 곳이 많은데 하물며 작은 규모 지자체의 여건이 어떻게 녹록할까? 이런 경제 여건 속에서 도시가 뚫어야 할 돌파구는 무엇일까?
　바로 기업 유치다.

기업하기 좋은 도시에 희망이 있다. 일자리와 도시의 부를 창출해주는 기업은 명품 도시의 핵심요소다. 미국의 실리콘밸리, 프랑스의 니스, 일본의 도요타 등 명품 경제도시들의 면면을 봐도 한 지자체의 新 성장동력이 될 수 있는 여부는 우량 기업의 유치에 달려있다.

여기저기 불황으로 신음하지만 우리 서산만은 그런 폭풍을 비켜나 있다는 것은 가슴을 쓸어내릴 만큼 안도할 만한 일이다. 폭풍을 비켜난 정도가 아니라 눈부시게 도약하고 있다.

복록이 많고 재운이 넘치는 땅이라는 지명답게 우리 고장에 자금줄과 기업들이 몰리는 것은 어쩌면 당연한 것인지도 모른다.

왜 우리 서산에 기업들이 몰리는 것일까?

첫째는 천혜의 입지조건 때문일 것이다. 수도권과 버금가는 위치에 있으면서 가로림만, 천수만 등 해양을 끼고 있는 광활한 토지자원과 수도권 중부권과의 1시간대 거리에 위치하고 있는 강점 때문에 서산이 주목받고 있다. 게다가 대산항이 활성화되면 수출의 전진기지로서의 활용성은 더욱 커진다. 명실상부 해양경제시대에 걸맞은 입지를 안고 있는 서산의 높은 활용가치는 열 개가 넘는 산업단지가 건설되었거나 건설 중이라는 사실로 증명됐다.

서산 성연면에 위치한 서산테크노밸리, 자동차전문산업단지인 서산오토밸리, 계룡건설에서 조성중인 서산인더스밸리, 성연농공단지 등은 모두 자동차 생산 및 부품단지이다. 자동차 산업군의 집적화로 울산, 부산권의 자동차 벨트와 어깨를 나란히 하는 수준의 성장을 꾀하고 있다.

특히 삼성토탈, 롯데케미칼, LG화학, 현대오일뱅크, KCC 등 대기업이 입주해 석유화학과 플랜트를 제공하고 있는 대산임해공단은 한국 기간산업의 중추적 역할을 담당하고 있는 핵심단지다. 대규모 원료제공 납품공장이 집적화되어 있어 산업활동의 최적지로 부상 중이다.

여기에 현대오일뱅크와 일본 코스모석유사의 합작투자로 준공(2013년 4월)한 제2BTX 공장의 본격 생산, 삼성토탈과 현대오일뱅크 등의 공장증설 등으로 서산 대산지역은 명실상부한 한국 석유화학과 플랜트의 메카가 될 것이다. 기업이 투자하는 만큼 지방세수는 자연히 늘어날 수밖에 없다.

하지만 단순히 입지여건만 좋다고 서산의 경제 부흥이 이뤄질 수는 없다. 이익에 밝은 기업이 해당 지자체에 투자를 결정하는 것은 수많은 내부 검토와 전략적 선택에 의해 이뤄지는 것이다. 망설이던 그들이 서산에 방점을 찍은 이유 중의 하나로 서산시만의 차별화된 비즈니스 프렌들리 정책을 들 수 있겠다.

시장이 되고 나서 내가 공무원들에게 주문한 것은 전문성을 가지라는 것이었다. 기업 유치를 위한 일, 관광 발전, 항만 물류 등등에 대해 시와 공무원 모두 전문성을 가지기 위해 공부하고 뛰어다녔다.

기업을 유치하는 데 있어서 우리 시의 공무원들은 프로모션에

현대위아IHI터보(주) 서산공장 기공식

참여하는 민간기업의 직원들처럼 여기저기 쫓아다니고 협상했고 설득했다. 아마 기업들 입장에서도 서산시 공무원들만큼 집요하고 열의가 가득한 사람들도 많지 않다고 볼 것으로 생각한다. 기업만족도가 높은 지자체 1위로 손꼽힌 것은 쉽게 된 일이 아니었다.

한국의 포스코와 현대위아는 물론 프랑스의 토탈 사, 영국의 쉘 사, 독일의 린덴 사와 컨티넨탈 사 등 국내외 기업과 잇따라 대규모 투자협약을 체결한 것도 이런 발품 행정의 결과였다. 특히 글로벌 경기 침체에도 불구하고 국내 최고의 자동차 부품 전문 생산업체로서 세계 자동차 시장을 선도하는 현대위아(주)와 6,000억 원 규모의 투자유치 협약을 체결한 것은 빛나는 쾌거였다.

현대위아 공장만 들어서는 것이 아니다. 최대 50여 개의 협력사와 연관기업이 입주된다면 서산 경제에 미치는 파급 효과는 어마어마할 것이다.

이미 그 성과를 향한 첫 삽뜨기는 시작되었다. 2013년 8월 현대위아와 일본 IHI 사 간 합작법인인 현대위아 IHI 터보 주식회사 서산공장 기공식이 그 것이다. 이 공장에서는 2019년까지 총 370억 원이 투입되는 사업으로, 완공 시 연간 75만 대 규모 터보차저 생산시설을 갖출 예정이다. 현대위아 IHI 터보 주식회사는 2014년까지 1차로 3,000평 부지에 150억 원을 투입해 생산시설을 갖춘 뒤 오는 2015년 터보차저 양산에 나서게 된다.

어느 지자체에서는 막상 기업이 투자와 입주를 결정할 때까지는 그토록 지극정성을 쏟아놓고는 막상 기업이 들어오자마자 규제해제와 인프라 지원을 해주지 않아 불평불만을 야기하기도 한다. 그러나 우리는 Before 관리뿐만 아니라 After 관리도 철저히 하여 입주 후에도 기업들이 섭섭해 하지 않을 만한 여건을 만들려고 노력하고 있다.

기업이 늘 이익만을 내니까 지자체가 많은 것을 얻어내야만 된다고 생각하는 자체가 기업 친화성과 상생을 해치는 마인드다. 이익을 창출하기 위해서 들어가는 노고와 희생이 적지 않다. 우리 서산시는 그런 부분에 대한 이해도가 높았다.

생생한 현장의 목소리를 듣기 위해 많이 돌아다녔다. 기업을 유치하려면 먼저 입주한 기업들이 만족을 느껴야 한다. 만약 '오라고 해서 갔는데 지자체가 하나도 안 도와주더라'는 평가는 기업 유치에 치명적이기 때문이었다.

2013년 10월, '서산시 상생산단 조성사업'이 충남도의 상생산업단지 조성사업 공모에서 선정되어 도비 60억 원을 지원받게 된 것도 기업을 만족시키려는 노력의 일환이었다. 2016년까지 총사업비 120억 원을 투입하여 산업단지 주변 환경개선, 근로자 문화수준 향상, 생활 편의를 위한 사업을 추진할 계획이다.

대산읍은 국내 최대의 석유화학 관련 기업이 입주한 곳이다. 하지만 대산 임해산업지역은 문화와 복지시설 등 정주 여건이 상대적으로 열악해 상당수 근로자가 관외에서 거주하고 있는 형편이었다. 서산시는 이곳에서 생활하는 산업단지 근로자와 지역주민의 생활환경 개선과 휴식공간을 위해 20만㎡ 규모의 산책로, 문학테마길, 야생화초원, 숲속쉼터를 갖춘 근린공원도 조성하고, 공원 내에는 체육관과 문화시설, 어린이도서관, 체육시설을 갖춘 문화·복지·체육시설센터를 건립하여 근로자들의 생활수준을 높이고, 다양한 문화욕구를 충족시킬 것이다.

또한 지곡면 오토밸리(일반산업단지)에는 맞벌이부부 근로자들의 보육 걱정을 덜어주고 안정적인 근무 여건을 조성하기 위해 맞춤형 영유아 보육시설을 만들 계획이다. 그동안 여성 근로자 800여 명이 근무하는 서산일반산업단지는 보육시설이 없어 여성들이 육아에 어려움을 겪어 왔다.

'상생산업단지'가 성공적으로 조성되면 인구 유입은 물론 생산과 소비가 연계되는 지역 발전의 선순환 체계를 구축할 수 있다. 기업과 지역주민이 상생할 수 있도록 서산시가 추진하는 '비즈니스 프렌들리' 정책은 이렇게 폭넓다.

다행히도 이런 우리 서산에 대한 기업 친화 시정은 입소문에서 상당히 긍정적이다. 많은 기업들이 서산으로 눈을 돌렸다. 이렇게 불황인 경제상황에서도 서산의 대규모 산업단지의 분양률은 순항하고 있다.

기업체 인사부서장과의 간담회, 고용서비스 유관기관과의 간담회, 여성친화기업 일촌협약, 일자리 네트워크 구축, 일자리 박람회 개최, 구인·구직 만남의 행사, 직업훈련 등 다양한 일자리 창출 시책을 추진하여 지역 인재들의 고용도 촉진시켰다. 지속적으로 지역에 필요한 인력의 안정적 공급을 위한 인력개발센터 HRD 설립도 추진 중에 있다.

지역여건에 맞는 맞춤형 일자리가 많이 창출될수록 지역경제 역시 윤기를 더할 수 있다. 그 지역에서 벌고 그 지역에서 먹고, 입고, 자는 '자족의 경제'를 구현할 수 있는 지자체는 그리 많지 않다. 우리 서산시는 구현하는 정도가 아니라 넘쳐서 그 에너지를 외부로 돌릴 수도 있다.

기업하기 좋은 여건을 계속 만들어가는 한 서산은 앞으로도 많은 기업들이 선택하는 0순위 성장요람이 될 것이다.

# 서산이라는 '명품 브랜드'

　오늘날은 조직이든 개인이든 브랜드 가치가 성패를 좌우하는 시대다. 핸드폰 브랜드 하나로 수백, 수천만 명을 먹여 살릴 수도 있는 것이 브랜드 가치다.

　내가 서산시를 대표하는 브랜드 창출에 중지를 모으는 이유는 잘 키운 브랜드 하나가 진짜 명품이 될 수 있기 때문이다. 명품이 되면 타 지역 농특산물보다 가격 프리미엄을 누릴 수도 있다. 즉 경제적 이익도 엄청나다.

　이 브랜드 사업의 시초는 2008년도에 있었던 제9회 세계지식포럼에서 영감을 얻었다. 당시 포럼의 세션을 맡은 사람 중에 다트머스 대학의 케빈 켈러 교수가 있었다. 그는 브랜드 분야의 대표적인 석학이다.

　초기에 'G4C'라 불리던 전자민원 행정서비스를 일종의 브랜드로 만들어 마케팅을 펼쳤던 나는 평소 '브랜딩'에 관심이 많았다.

그래서인지 켈러 교수의 강연내용이 쏙쏙 귀에 들어왔다. 그때 케빈 켈러 교수가 말했다.

그는 '브랜드는 가장 중요한 무형자산이며, 앞으로 나가는 쿠션 역할을 한다'고 했다. 브랜드는 무엇보다도 '차별화'가 관건이라고 한 그의 말도 인상에 남았다.

내 눈길을 끈 또 다른 한 사람은 세계적인 마케팅 전문가이자 『포지셔닝』이라는 책의 저자로 인정받고 있는 잭트라웃이었다.

그의 강연도 꽤 재미있고 인상 깊었는데 그는 '포지셔닝'을 '소비자의 기억에 남겨질 수 있도록 극도로 단순화된 차별적인 메시지를 전달하는 전략'이라고 소개했다. 국가에 대한 포지셔닝을 예로 들자면 미국은 자동차, 비행기, 스위스는 시계, 프랑스는 와인, 향수를 떠올리는 식이다.

잭트라웃은 '제품에는 그만의 특성이 있어야 하고, 하나의 특징에 집중해야 하며, 스토리텔링이 있어야 한다'고 말하며 예를 들었다. BMW는 운전, 볼보는 안전, Sexy 하면 마릴린 몬로, 도요타는 신뢰성, 페라리는 스피드 등으로 연상되는 등의 명확한 특성을 갖고 있다.

스토리텔링의 중요성에 대해서는 '아쿠아미네랄' 상품이 타 경쟁사 제품과 차별화될 수밖에 없었던 예를 들었다. 실제로는 산에서 나오는 물이 아니지만 새하얗게 눈 덮인 산을 제품 홍보그림으로 사용하여 마케팅에 성공한 것은 상품에 스토리텔링을 가미했기 때문이라는 것이다.

지역특산물의 명품화나 브랜드화는 이 강연에서 많이 차용한 것들이다. 브랜드에 관한 차별화 전략을 서산의 농산수특산물 마케팅에 나는 톡톡히 활용했다. 그리고 소위 말하는 대박이 났다.

나는 '가장 서산적인 것이 가장 한국적이고 가장 세계적인 것'이라는 말에 전적으로 동의한다.

서산의 땅에서 자라고, 서산인의 손으로 키우는 농특수산물들의 특징과 장점을 적극적으로 부각시는 것이 차별화의 포인트라 생각했다. 생텍쥐페리 소설 『어린왕자』에 나오는 들판에 있는 무수히 많은 꽃들과 여러 여우들 중에서 내가 키운 꽃과 내가 길들인 여우이기에 소중한 것처럼 말이다.

예전에는 '쌀' 하면 이천의 쌀을 떠올렸다. 그만큼 홍보 마케팅이 되어 있다는 뜻이다. 하지만 이제는 서산하면 떠오르는 대표 브랜드 '쌀'이 있다. 바로 '뜸부기와 함께 자란 쌀(뜸부기쌀)'이다.

뜸부기는 동요 '오빠 생각'에 나오는 천연기념물 제446호로 지정된 철새다. 뜸부기는 흔히 보는 여름새였으나 산업화에 따른 서식지 감소 등으로 멸종위기 야생동물 2급으로 지정됐다. 뜸부기는 아침과 저녁에는 논과 논둑을 오가며 낮에는 초습지, 물가 덤불에서 생활하고 곤충이나 달팽이를 잡아먹는다. 즉 오염된 논에서는 살 수 없는 여름 철새라는 소리다.

이 뜸부기가 서산에는 있다. 그만큼 서산이 청정지역이라는 것을 잘 알려줄 아이콘으로서 가치가 있었다. 출시된 브랜드 쌀의 특성을 가장 잘 나타내고 아울러 쌀의 우수성을 나타낼 수 있어서 차용한 탁월한 네이밍이라고 생각한다.

뜸부기 쌀의 인기는 국내뿐만 아니라 해외에서도 급상승 중이다. 2007년부터 미국, 리투아니아, 과테말라, 가나, 두바이 등에 수출했다. 수출 100만 불을 달성의 대업을 돌파한 지 오래다. 농산물 수출로는 전국 지자체 최대 규모다. 국내 시장 판로의 한계를 깨닫고 해외 수출을 추진한지 얼마 되지도 않았는데 결과는 예상을 훨씬 뛰어넘었다.

고품질 서산 제품의 브랜드 가치는 어리굴젓, 한우, 생강한과, 6쪽마늘, 감자 등의 농특수산물의 명품화 사업으로 더 커지고 있다. 어리굴젓과 생강한과는 높은 인지도를 바탕으로 미국과 캐나다 등으로 매년 수출이 지속적으로 늘어나고 있다.

농특산물 명품화는 저가의 외국산 농수축산물 수입에 대응하여 농업경쟁력을 강화하고, 지역관광 산업까지 육성시키는 매우 효과적인 전략이다. 안전하고 믿을 수 있는 고급 농수산물을 먹고 싶어 하는 고객의 입장에서도 참 좋다.

2013년부터는 본격적으로 미국 시장 공략에 나섰다. 추석 명절을 기회로 어리굴젓과 생강한과, 편강, 조청, 흑마늘 등 9,300만 원 상당의 특산품을 미국 서부 로스앤젤레스와 샌프란시스코를 비롯해 동부지역 뉴욕, 뉴저지 등 교포 밀집지역으로 수출한 것이다. 한인마트를 중심으로 멀리 타향에서 모국에 대한 향수를 안고 추석을 맞이하는 교포들에게 선물용으로 본격 판매되었다.

시는 생산자가 최고의 상품을 만들겠다는 의지를 붙돋워주기 위해 명인명장 인증제도도 실시했다. 명품은 생산자의 혼과 장인

정신이 담겨있고, 오랜 시간 남모르는 고통과 땀, 실패의 경험이 녹아있는 것이다.

명품에는 고객을 유혹하고, 그 욕망을 부추길 수 있는 브랜드 스토리가 필수다. 우리도 이런 스토리를 입히기 위해 노력했다.

서산어리굴젓은 임금님 진상품으로 널리 알려져 있다. 이런 역사적 스토리텔링을 적극 홍보하는 것과 동시에 대형호텔과 연계한 시식 홍보 행사를 추진했다. 소비자를 기다리는 전통적 마케팅 방식에서 과감히 탈피해 능동적으로 소비자를 찾아가는 판로 개척에도 앞장섰다.

농특산물 판매 촉진팀을 구성해 삼성토탈, 현대오일뱅크 등 직원 200명 이상 주요 기업체 10개소를 방문해 농특산물을 홍보하고 구매를 요청했다. 지역 330여 기업체와 기관에도 지역 농특산물을 애용해 달라는 협조 공문과 함께 우수 농특산물 정보를 담은 안내 책자를 발송했다.

상상나라연합국 소속의 10개 지자체장에게 소속 직원과 주민들을 대상으로 서산시 농특산물을 추석 선물로 적극 추천해 달라고 내가 직접 손 편지를 써서 보내기도 했다.

특산물의 명품화를 위해 산·학·연·관이 다 모이기도 했다. 어리굴젓을 홍보하기 위해 '서산 어리굴젓 사업단'을 발족시켰고, 어리굴젓유통센터도 설치했다. 또한 본격적인 스토리텔링 마케팅에 나서고 있다.

가로림만을 친환경수산물 인증 시범사업 대상지로 선정하기도 했다. 친환경 굴을 생산해서 명품화하면 어업인 소득도 크게 증대시킬 수 있다.

서산과 태안 지역의 대표 농특산물인 6쪽마늘 브랜드는 '산수향蒜秀香'이다. 서산의 6쪽 마늘은 '조선왕조실록'에도 역사적 자취가 남아있는 유명한 특산물이다. 쪽수가 6~8쪽으로 고르며 타 지역마늘보다 우수한 품질을 자랑하여 농림축산식품부가 주최한 2013년 농식품 파워브랜드에 선정되기도 했다.

6쪽마늘은 온난한 해양성 기후에 유기물이 풍부한 점질의 비옥한 황토에서 재배돼 맛과 향이 우수하고 조직이 단단해 장기간 저장할 수 있다. 또 항암효과가 뛰어나고 식중독이나 수막염을 일으키는 유해세균의 항균작용이 탁월한 알리신 함량이 풍부한 것으로 알려졌다.

우리 시는 종구갱신사업으로 이 6쪽마늘의 순도를 간직하기 위해 노력하고 있다. 서산, 태안 '6쪽마늘조합공동사업법인(서산6쪽마늘종합처리장)'을 중심으로 조직화된 마케팅을 하고 있다.

그런 노력 때문일까? 2013년 8~9월에 일산 킨텍스 국제종합전시장에서 개최된 '2013년 농업, 농촌 6차 산업 박람회'에서도 큰 호응을 얻을 수 있었다. 현장에서 국내 최대의 온라인 쇼핑몰 G-마켓과 입점 계약을 마쳐 본격적인 판매도 진행할 예정이다.

서산인삼의 우수성도 널리 알리고 있다. 생산과 유통시설의 현대화를 꾀하면서 서산을 서산6년근 인삼의 메카로 키우고 있다. 예로부터 한반도 '인삼'의 명성은 중국과 일본에 자자했다.

외국인을 타깃으로 한 수출 및 마케팅전략 수립, 홍보컨설팅 등에도 적극적으로 나서고 있다. 친환경 GAP(우수농산물품질관리제도)

인증 생산단지를 확대하고 자체브랜드 개발 및 가격 다변화, 가공제품 개발로 승부를 걸고 있다. 이미 매년 '6년근 인삼축제'와 '6년근 인삼 직거래장터'를 열어 적극적으로 우수성과 효능을 알리고 있다.

생강한과는 제조장인 양성 및 체험장 조성, 가격 차별화, 제품 표준화 등으로 전통성과 지역성의 깃든 브랜드로 집중 육성하고 있다.

밭작물 브랜드도 육성하고 있다. 우수 경영체의 조직화, 규모화를 통한 산업 활성화 목적으로 사업비를 지원했다.

브랜드 경영체로 선정된 서산팔봉영농조합법인(대표 최현엽)은 세척·박피·포장·생산 라인을 갖춘 감자종합처리장을 신축, 규격화, 연중 소포장 판매를 통해 경쟁력을 높이고 있다.

팔봉산 지역에서 생산되는 감자는 서늘한 해양성기후와 생육에 가장 적합한 토양인 사질토에서 자라나 저장양분이 풍부하며 육질이 단단하고 맛이 좋은 것으로 손꼽힌다.

이런 명품화 사업과 병행하여 이런 우수 농·특산물에 대한 품질인증제를 실시했다. 공신력과 신뢰성을 더해 소비자에 어필하기 위해서였다. 우리 시의 우수 농·특산물 품질인증 마크는 '서산뜨레'다. 이 마크는 내가 부시장 때 직접 손질하여 만들었다.

서산뜨레를 사용하는 농·특산물은 서산시장이 품질을 보증하는 만큼 안심하고 구매해도 된다는 것을 적극 알렸다. '서산뜨레'를 사용하면 브랜드 가치가 높아진다. 높아진 가치

는 농가 소득으로 연결되었다. 앞으로도 더욱 많은 우수 농·특산물을 발굴해 품질인증마크를 부착할 것이다.

생산품을 명품화, 고급화하는 것 못지않게 그 농특산물을 생산하는 이들의 역량을 제고하는 것도 중요하다. 농특산물 '명인名人'을 육성한 이유다.

이 세상에 달인은 많다. 하물며 오랜 경험과 독자적 기술 등 특별한 노하우를 보유한 농특산물 분야의 달인들은 얼마나 많을 것인가? 시가 그런 달인들을 농특산물 분야 전국최초로 명인으로 명명하고 적극 발굴하여 육성하기로 한 것이다.

최초로 명인 인증서와 인증패를 받은 서산명인은 4명. 서산시 명인심사위원회의 심도있는 심의를 통해 선정했다. 어리굴젓 가공 부문 유명근 명인, 고구마&호박죽 가공 부문 최근명 명인, 생강한과 가공 부문 이정로 명인, 냉동다진생강 가공 부문 유흥근 명인이 그 주인공들이다.

2013년도에도 4명의 명인을 선발했다. 단호박 생산 부문 최근학 명인, 홍화씨환 제조 이윤기 명인, 조청류 제조 최영자 명인, 생강 편강 제조 노수영 명인 등 4명이다.

이들 명인들은 지역농업 발전을 선도할 핵심리더이자 차세대들에게 노하우를 전수할 소중한 전승자들이었다. 엄격한 심사로 선발된 명인에게는 다양한 인센티브를 주어 자긍심을 높여주었다.

명인 인증서를 줄 뿐만 아니라 포장 디자인과 홈페이지를 구축해주고, 각종 행사시 홍보부스 개설, 시설 개보수 및 기자재 구입

2012년도 명인
(좌) 유명근, 이정로, 필자,
유흥근, 최근명 (우)

2013년도 명인
(좌) 최근학, 이윤기, 필자,
최영자, 노수영 (우)

비를 지원했다. 서산명인 육성사업으로 농특산물 명품화사업이 한층 탄력 받도록 한 것이다.

  이 같은 노력은 바로 가시적 성과로 나타났다. 농특산물 분야 '서산명인'으로 선정된 참샘골식품 최근명 대표가 일산 킨텍스 국제종합전시장에서 개최된 '2013년 농업, 농촌 6차 산업 박람회'에서 '6차 산업을 먹고 뻗어가는 호박 넝쿨'이라는 사례를 발표해 전국 최우수 '대상'을 거머쥐며 상금 5백만 원을 받은 것이다. 이는 서산시와 서산명인이 함께 이루어낸 소중한 결실이었다.

시의 이러한 여러 브랜드, 명품화 사업으로 농수산물의 수출도 박차를 가하고 있다. 해마다 수출량은 꾸준히 늘었다. 수출품목이 화훼, 버섯, 젓갈 등 일부품목에 편중된 것도 서서히 개선되고 있다. 심비디움, 덴파레, 썬더스트 등 서산에서 나는 양란은 미국으로 수출되고 있다.

뜸부기쌀을 비롯해 김치, 서산6쪽마늘, 한과, 마늘농축액 등을 미국과 중국, 일본 등은 물론 가나와 아랍에미리트, 호주, 동남아 등으로 확대한 수출 다변화 전략이 주효하고 있다.

시는 수출 목표 달성을 위해 경쟁력 있는 수출 인프라 구축에 주력할 계획이다. 상품 이미지와 해외인지도를 높이기 위해 수출 농가와 작목반, 영농조합법인 등 생산자단체를 대상으로 농산물 포장재와 수출 카탈로그 제작비를 지원한다.

특히 국제유가와 원자재 상승 등 수출 채산성 악화로 어려움을 겪고 있는 수출 농가와 대행업체의 경쟁력 제고를 위해 수출 물류비도 지원했다.

한류 열풍은 농수산물의 수출 환경 개선에도 큰 영향을 줄 것이다. 중국과 동남아로의 지속적인 수출 확대가 기대되는 이유다. 글로벌 수준을 갖추기 위해서는 품질만이 최선이다. 생산물의 질이 담보가 되어야 소비자가 외면하지 않는다. 신속한 리콜과 유사사고 재발방지를 위해 농산물 이력 추적제를 시행한 것도 소비자의 신뢰를 받는 데 일조할 것이다.

이런 전략적인 특성화, 차별화, 고급화가 서산을 누구나 탐내는 명품 브랜드로 만들고 있다.

# 웃음 가락과
# 희망 월령가로 덩실!

요즘같이 불황기에 모두 어렵지만 특히 어려운 곳이 바로 농촌이다. 서산은 농업인구가 전체인구의 20.6%를 차지하는 전형적인 도농복합도시이다.

한미 FTA 체결과 농·축산물 가격 불안정 등 농업 부분에 직면한 문제와 도시와 농촌 간의 소득격차 심화로 더욱 어려움을 겪고 있다. 위화감도 크다. 게다가 농촌인구의 고령화 및 부녀화 등도 어려움을 가중시키는 요소다.

어떻게 하면 농축수산 종사들에게 희망을 불어넣을 수 있을까?

농민의 아들인지라 나 역시 농가의 어려움이 다른 이와 다르게 가슴 저리게 닿았다. 늘 농촌을 향해 애잔한 마음이 절로 갔다. 내 고민은 깊어졌다. 하지만 마음만 있다고 다 되지 않았다. 실질적으로 농촌의 쇠락을 막아주는 것, 그것이 시장인 내가 해야 하는 일이었다.

부석면 송시리 들판에서 벼를 베는 필자

2010년 10월 시장 취임 후 제1시정 방침을 '고품격 농축수산도시 건설'로 정한 이유도 여기에 있다. 농촌을 살리는 건 나를 비롯한 서산시민의 숙명이자 오랜 기간 고민해온 지역 현안 문제다. 고품격 농축수산도시로 거듭나기 위해 서산시가 팔 걷어 붙이고 나서기 시작했다.

고품격 농축수산도시를 만들기 위해 서산시는 생활환경을 개선하고, 소득기반을 공고히 하고, 시민교육 등 생활문화 인프라를 구축하여 농어업을 부흥시키기에 다각적으로 노력하고 있다.

### 농업

농업시장 개방 확대에 따라 농업인들에게 실질적으로 도움을 줄 수 있는 대책 마련이 시급했다. 이미 서산시는 전국 최초로 농산물 최저생산비 지원제를 도입할 만큼 농가 어려움을 타개하기

격려 차 찾은 추곡수매 현장

위한 돋보이는 농정시책을 펼쳤던 지자체다.

　가격 변동 폭이 큰 농산물을 재배하는 농가의 영농의욕을 불어넣어준 농산물 최저생산비 지원제뿐만 아니라 농업발전기금을 저리로 농가에 지원하여 농가의 시름을 덜어주었다.

　농촌에서 가장 필수적인 환경보전형 저농도 비료도 지원하고, 농기계도 지원했다. 농기계의 값은 무지 비싸다. 비싼 농기계를 농민들이 각각 구입한다면 한국의 농업은 경쟁력을 갖출 수 없다. 농기계만큼은 행정이 지원해야 농촌을 살릴 수 있다.

　고령화 때문에 농기계를 작동하는 젊은이가 없다면 지자체는 신규 사업으로 농기계를 조작하는 서비스까지 도입하여 농업인의 경제적 부담을 덜어줘야 한다고 생각한다.

　서산시는 '농업기계 임대사업'을 운영하고 있다. 이용자수가 꾸준히 증가했다. 퇴비살포기, 감자·마늘수확기 등 고가의 농기계를 농민들이 직접 구매하는 것은 정말 쉽지 않다. 그것들을 저렴하게 임대해준다는 것은 그들에게 정말 실제적이고 요긴한 지원이 될 수 있다.

그래서 선거공약으로 권역별 농기계임대사업소 분소 설치를 내걸었다. 물론 그 공약은 지금 성실히 추진 중이다. 대산면, 운산면에 각각 1개소를 완공하게 되면 많은 농가에서 큰 도움을 받게 될 것이다.

농업인들의 편의를 위해 운영 중인 '찾아가는 농업기계 현장서비스'도 실시한다. 마을회관, 영농현장을 직접 찾아가 농기계를 현장에서 수리하고 교육하는 농업기계 순회수리교육을 실시하는 것이다. 농민들의 호응은 말할 것도 없이 높다. 농업기계 안전사고 예방을 위한 교육에도 힘써 농업인의 귀중한 생명과 재산을 지키고 있다.

농업기술센터와 종합농업타운도 만들었다. 농업 전문기술 배양에 노력하고 농기계 임대사업소 권역별 분소를 설치해 농업인 편의와 만족도를 높이는 종합농업타운의 완공으로 연구, 생산, 가공, 유통 기능을 종합적으로 수행해 농업인과 농촌, 농업 발전을 견인하는 서산농업의 메카가 될 것이다.

지역 내 부족한 농산물유통시설 확충과 농산물 경쟁력 제고를 위해 농산물 집하, 선별, 포장장 및 저장시설을 갖춘 농산물 산지유통센터APC도 건립하고 있다.

밭작물 재배농가 소득안정과 자급률 제고를 위해 관내거주 재배농가를 대상으로 밭농업 직불금을 지원하고, 고품질 밭작물 브랜드 사업으로 경쟁력을 높이고 있다.

고품질 쌀 생산기반 구축을 위해서 벼 재배 전 농가에 대해 도복경감제를 지원하고 벼 공동육묘장, 못자리상토, 육묘상자처리제, 맞춤형 비료 지원을 강화한다.

또한 안전, 안심 먹거리에 대한 국민적 요구에 부응하고 농업의 새로운 부가가치 창출을 위해 친환경농자재, 유통 장비, 벼 재배단지 조성, 체험행사 추진 등 친환경농업 인프라 확충을 지원하고 있다.

원예, 화훼산업 경쟁력 향상을 위해 시설원예농가 에너지절감 시설과 달래 비가림하우스 설치를 지원하고, 서산6쪽마늘 종구갱신, 유기질비료 및 병해충약제 지원을 통해 서산6쪽마늘을 전국 최고 명품 농산물로 육성하고 있다.

지역특색을 활용한 맞춤형 체험마을을 지속 개발하고 친환경 쌀과 기능성 잡곡 등 고객중심 명품 농특산물 생산 지원과 지역농업 발전을 견인할 농특산물 명인을 발굴 육성했다.

고품질 쌀 생산유통기반 구축을 위해 벼 도복 경감제인 규산질을 지원하고 벼 공동육묘장 설치와 못자리 제조상토 지원 등에 나서며 동부농협미곡종합처리장을 고품질 쌀 생산유통거점으로 집중 육성했다.

인삼 생산유통단지를 조성해 6년근 인삼의 메카로 육성하고 농산물 저온저장고와 보관창고 등을 신축 지원해 홍수출하를 막고 수급조절에 나섰다.

13개 지역 농특산물에 대한 명품화 사업을 지속 추진하면서 향토자원육성사업에 선정된 어리굴젓과 생강한과를 활용한 융·복합 산업으로 고부가가치 창출에 나섰다.

농민들이 땀 흘려 생산한 농산물을 제값 받고 파는 것이 중요하다. 정성껏 자식처럼 키운 산물들을 제값을 못 받으면 마음속에 응어리가 진다. 잘 팔기 위해서는 좋은 판로 확보가 필수적이다.

농협과 공조하여 가락공판장 양재유통센터와 지역 조합 간 자매결연을 추진하고, 분기별 담당자를 초청하거나 방문을 통해 출하설명회를 개최하는 등 농산물 판매물량을 확대하려고 노력하고 있다.

서산달래와 서산생강 명품화도 추진하고, 그동안 지속해온 서산6쪽마늘, 팔봉산 감자, 서산6년근 인삼 등 지역 대표 농특산물의 직거래장터 운영으로 농산물 판매 확대를 추진하고 있다.

**수산업**

바다를 끼고 있는 서산시는 현장중심의 어업, 어촌, 어민 발전에도 행정력을 집중하고 있다. 친환경 양식장 조성 및 지속이용 가능한 수산자원 육성, 양식어업 경쟁력 강화 등 3개 분야의 '3어漁 혁신'을 추진하고 있다.

지속이용 가능한 수산자원 조성과 양식어업 경쟁력 강화를 위해 양식시설 현대화사업과 어장 환경개선, 양식장 소독제 공급, 새우 종묘배양장 및 중간육성장 지원, 어업에너지 이용 효율화 등 9개 사업을 지원하고 있다.

연안바다목장에 설치된 해상펜션(2013.11. 창리 해역)

　이러한 혁신을 통해 돈 버는 어업, 잘사는 어촌, 살맛나는 어민 만들기에 적극 앞장서고 있다.
　천수만 해상일원 210ha에는 2014년 준공예정으로 '바다목장'을 조성하게 된다. 2013년 7월 이곳에 3각 인공어초 220기를, 10월에는 4각 인공어초 22기를 투하하여 바다목장 조성의 본격화에 들어갔다. 인공어초뿐만 아니라 이 일대에는 해상 펜션과 낚시터를 만들고, 천수만 갯벌에는 체험장을 꾸미는 등 체험관광형 바다목장을 조성해나갈 계획이다. 이 사업에는 2014년까지 국비포함 50억 원의 예산이 투입된다. 인공어초를 설치하면 어획량이 3~4배 정도 증가하는 것으로 알려져 어민들의 소득증대에 크게 기여할 것으로 기대된다.
　가로림만 100ha에는 2015년 준공예정으로 '바다숲'이 조성된다. 해조류 인공어초, 조식생물구제, 해조류(잘피) 이식 등을 통해서다.

아울러 간월도 해역 10㏊에는 천혜의 갯벌어장을 활용한 친환경 생태체험장도 조성된다. 이들 사업이 완료되면 수산업과 어촌관광이 겸비된 미래 융복합 산업기반 구축을 통해 살맛나는 어촌, 잘사는 어촌이 될 것이다.

어업인 자립기반 확충을 위한 갖가지 지원도 실시된다. 가두리 양식장 장비 지원, 굴 양식시설 현대화, 새우 종묘배양장 및 중간육성장 지원, 패류종패 구입 지원 등이 그 예이다.

**축산업**

소 값 하락과 사료 가격 상승으로 축산농가들이 이중고를 겪고 있다. 그 어려움을 우리 시는 명품화와 브랜드화, 현대화로 돌파하고 있다.

2010년부터 서산우리한우 명품화 사업을 추진하고 있다. 저렴한 가격에 한우를 공급하는 서산우리 한우프라자도 개점했다. 2010년 석남동에 한우프라자 1호점을 개점한 이래 서산축협의 2호점, 2013년 수원 3호점, 그리고 최근 일산에 4호점까지 잇달아 열었다. 앞으로 5호점, 6호점 개점 등 계속 그 외연을 넓혀나갈 예정이다.

브랜드육 직거래로 100억 가까운 매출을 올렸다. 직거래 납품을 통해 운송비도 절감하는 등 축산농가에 추가이익도 발생시키고 있다. 게다가 시가 정기적인 지도감독을 함으로써 유통마진을 없애버린 직거래 공급이 가능해 고품질의 서산 쇠고기를 도시민들에게 값싸게 제공하는 이점도 있어 인기가 많다.

축산업 경쟁력 제고를 위해 '축산종합센터'를 조성하고 있다. 가축의 사육부터 유통, 판매까지 원스톱 처리되는 축산종합센터에는 가축경매장과 축산백화점이 들어설 계획이다. 시는 지역 축산업의 중심축이 될 축산종합센터 사업대상 부지 3만 5,074㎡ 매입을 완료하고 사업예산 8억 1,600만 원도 모두 확보했다.

축산농가의 경영안정을 도모하기 위한 사업도 다양하게 펼치고 있다.

축산업 등록농가 중 소 50두, 돼지 2,000두, 가금류 5만 수 이하 등 소규모 축산농가를 대상으로 가축재해보험 가입비를 지원했다. 국비 50%, 지방비 20%, 자부담 30%로 1년간 지속되는 보험으로 예기치 못한 각종 재해나 사고로부터 보호받을 수 있는 최소한의 안전장치가 생긴 것이다.

힘든 축산농가의 시름을 덜어주기 위해 사료공급 사업도 추진했다. 생 볏짚을 이용한 사료는 저렴하고 수입산 건초의 대체효과도 높아 축산 농가로부터 큰 호응을 받았다.

'육성-도약-정착'의 3단계 전략으로 사육규모 3만 두 이상, 연간 7,000두 출하, 1등급 85% 이상 출현, 전문판매점 20개소 이상 설치 등을 위해서도 적극적으로 뛰고 있다.

2011년 전국을 강타했던 구제역도 우리 시는 민·관·군이 혼연일체로 이겨내며 구제역 청정지역을 지켜냈다. 서산 우리한우 브랜드육의 안정적인 소비처 확보, 유통구조 개선, 선제적인 홍보 마케팅을 통해 농가소득을 더욱 향상시킬 계획이다.

**특색산업**

농촌만이 행할 수 있는 여러 특색사업도 추진하고 있다. 6쪽마늘이나 꽃게, 낙지, 감자 등 지역에서 쉽게 구할 수 있는 식재료를 사용해 향토음식을 개발하고 그 과정에 농촌체험이나 우리맛체험 등 체험프로그램을 접목 운영하는 1·2·3차 산업이 복합된 프로그램을 준비하는 등 다양한 것을 모색하고 있다.

'농촌휴식체험마을' 육성은 도시민들이 농촌에서 휴식하면서 머무를 수 있는 공간을 만드는 것이다. 농촌체험마을 거버넌스형 법인 설립을 위해 시청과 협력하여 마을, 지자체, 농협, 농업관련 단체가 참여하도록 하고 있다.

지역관광 네트워크 기본 계획을 수립하고 도농교류 지원사업과 체험전문가 양성, 농촌체험 프로그램개발, 서산시 농촌관광 홍보, 홈페이지 개발, 스마트폰 어플 개발, 향토음식 먹거리 개발, 마을별 특화사업 추진 등을 통해 우리지역 농촌에 많은 관광객을 유치하고 있다.

2011년에 서산 팔봉산권역마을이 농어촌 우수마을로 선정되기도 했다. 1·2단계 핵심사업인 저온저장고 운영으로 2억여 원의 소득을 올리고 마을까지 작업으로 고용을 창출했으며 도농교류센터 준공으로 도농교류 활성화에 기여한 점이 높이 평가돼 선정된 것이다. 2,000만 원 상당의 시상금과 함께 권역대표와 담당공무원에게 농림수산식품부 장관상이 수여됐다.

음암면 부산리와 율목리 일원 '부흥권역'에 대한 농촌마을 종합개발사업도 착착 추진 중에 있다. 2015년까지 이곳 부흥권역에

부흥권역 도농교류센터

국비 41억 원 포함 모두 61억 원의 사업비를 투입, 정주환경 개건과 도농복합교류센터 건설을 비롯해 농산물 저온저장고 설치, 수변상태탐방로 조성 등의 사업을 연차적으로 시행 '잘사는 농촌 만들기'에 주력할 방침이다.

1단계 사업으로 추진한 도농교류센터는 2013년 8월 이미 준공됐다. 총 19억 원의 사업비를 투입하여 센터는 연면적 583㎡에 지상 3층 규모로 다목적회의실과 숙박시설, 야외 체육시설을 갖추고 있다. 대산읍에 대한 '읍면소재지종합정비사업'도 추진하고 있다. 여기에는 2014년까지 국비 70억 원을 포함 총사업비 100억 원이 투입된다. 이 사업에는 대산읍 소재지를 중심으로 구진천 도시계획도로 개설과 공영주차장 조성, 생태하천 정비, 경관사업 등 시민생활편의를 위한 기초시설을 대폭 확충하게 된다.

운산면 여미리 일대에 향토자원을 리모델링해 문화시설로 활용하는 '여미리 신문화공간'은 2012년 11월 조성 완료됐다. 2009년부터 정부와 충남도 예산 18억 원 등 모두 28억 원이 투입된 신문화공간은 생활문화센터, 디미방, 갤러리 등 3개동 545㎡ 규모로 지어졌다. 또 옛 장터가 재현되고 향토음식 개발을 위한 현장실습과 컨설팅이 이뤄지며 각종 문화프로그램도 운영하고 있다. 농림축산식품부가 주관하는 이 사업은 전국 6개 시·군이 사업을 추진 중인 것으로 충남도에서는 서산시가 유일하게 사업을 유치했다. 부시장으로 근무하면서 유치했고, 시장이 되어 완료시켰기에 더 애착이 가는 사업이었다.

지역의 맛을 계승 발전시키는 '농가맛집'을 집중 육성해 향토음식 보급 및 농가소득 증대에도 적극 나서고 있다.

녹색체험마을 및 정보화마을 등을 활성화하고 지역농특산물에 대한 온라인직거래와 체험프로그램을 통해 도시민을 적극 유치할 계획이다.

부석면 마룡리 주민들과 함께 농가소득증대를 위한 해수절임 시래기사업을 추진했다. 부석지역은 감자 등의 후기작으로 많은 면적에서 무를 재배하고 있다. 여기서 착안한 것이 해수절임 시래기사업이다.

바닷물을 활용한 시래기 건조로 제품의 차별화와 고품질화가 가능하기 때문에 추가 시설투자 없이 고구마말랭이, 호박말랭이 등 각종 건조농산물 생산도 가능해져 농가 소득증대에 크게 기여할 것으로 보고 있다.

지곡면 장현리 주민들과 함께 고구마 무말랭이 소득사업을 진행하려 한다. 고구마 재배농가에서 생산한 규격품은 유통망을 통해 높은 가격에 판매하고 상품성이 떨어지는 고구마는 말랭이로 제품화, 어린이 간식용 등으로 인터넷에 올려 판매할 계획이다.

### 기타 지원사업

농어촌도 사람이 살아가는 곳이다. 사람이 모인 만큼 복지에 신경을 쓰는 것은 필수적인 일이다. 농어촌에 사는 것이 힘든 이유 중 하나가 문화, 의료, 교육 서비스에서 대도시에 비해 낙후되었기 때문이다.

낙후된 생활환경을 정비하고 개선하고 있다. 농로를 포장하고, 노후화되어 위험한 다리들을 정비했다. 하천 경관을 개선하기 위해 공사를 하고 배수로를 정비했다.

웅도 주민들의 오랜 숙원이었던 웅도교 완공을 앞두고 2013년 8월 주민들을 만난 적이 있었다. 추석 전인 데도 마을은 명절 분위기처럼 들썩거리고 있었다. 웅도교의 임시개통을 앞두고 즐거워하는 주민들의 기쁨에 찬 목소리 때문이었다. 안전행정부 특별교부세 10억 원에 시비를 보태 먼저 제1웅도교를 개통하게 된 것이다. 남녀노소 좋아하는 주민들의 모습은 숙원을 풀어준 나의 기쁨과는 비교가 안 될 듯 싶었다. 제2웅도교 조성도 최대한 앞당겨 2014년 봄까지는 완공할 계획이다.

'찾아가는 문화순회 지원사업'도 중요한 과제 중의 하나이다.

주민들의 문화갈증 해소를 위해 노력한다는 것은 삶의 질을 높이는 키포인트였기 때문이다.

대산읍과 삼길포항에서 펼쳐진 뜬쇠예술단의 사물놀이 공연과 부석면 간월도리에서 실시된 퓨전타악 그룹의 연주는 주민뿐만 아니라 관광객들한테도 큰 반향을 일으켰다. 지역민의 문화예술 함양을 위한 푸른 음악회를 개최하고, 농촌마을 벽화그리기, 무료영화상영도 실시하고 있다.

상대적으로 의료시설 이용기회가 부족한 읍·면지역 농업인의 삶의 질 향상을 위해 매년 무료건강검진도 실시하고 있다. 2013년에도 서산, 부석, 고북 등 3,000여 명을 대상으로 한방진료와 건강검진을 실시했다.

농업경영 안정화를 위해 농업인자녀 학자금과 농어촌보육교사 특별근무수당을 지원했다. 농민들의 교육 부담을 줄여주기 위해 농민자녀 368명에게 2억 4,600만 원의 장학사업을 실시했다.

고령화가 진행되는 농어촌 지역에서는 장례 치르는 것도 큰 일이 된 지 오래다. 농업인의 장례비용 절감을 위해 서산의료원 장례식장과 협약 체결로 사용료 30% 할인받을 수 있도록 시스템을 구축했다.

특산품 지식재산권 보호에도 적극적으로 나섰다.

지식재산권은 농촌 경제에 새로운 활력을 불어넣는 '동인'이 될 수 있다. 과거의 농업에서 토지와 노동이 중요한 생산요소였다면, 미래의 농업에선 신품종 특허와 지리적 표시 같은 지식재산이 새로운 부가가치를 창출할 수 있다.

특허·상표 등 지식재산을 접목해서 농산물을 고급화·브랜드화하면 자연스레 경쟁력이 높아지고, 결국 우리 농업의 활로도 찾을 수 있다.

파워 브랜드를 육성하려면 지식재산권화도 집중적으로 지원해야 한다. 이런 차원에서 농식품 제조업체의 차별화된 생산 및 가공 기법을 적극 발굴해 특허청에 등록하고 최근 분쟁 빈도가 높아지는 영세 제조업체의 제품 포장 디자인 관련 권리보호에도 힘을 쏟기로 했다. 기업이미지 통합CI과 브랜드이미지 통일화BI 작업도 적극 지원했다.

'뜸부기와 함께 자란 쌀'은 호주 상표등록을 마쳤다. 서산어리굴젓은 미국, 캐나다, 독일에 상표등록출원을 추진하고 있다.

이렇게 지역 특산품 상표의 해외 등록을 추진하는 것은 일본에서의 막걸리, 미국에서의 한국 쌀 상표 분쟁을 고려해 수출 증가세가 이어지는 미국과 캐나다 등지에서 상표 사용에 따른 분쟁요소를 사전에 차단하기 위해서다.

서산시는 1997년부터 특허청 지원으로 서산마늘을 지리적 표시 단체표장으로 등록했고, 2013년 9월 팔봉산 감자도 등록 완료했다. 서산6쪽마늘 축제와 서산6년근 인삼 축제, 팔봉산 감자 축제 등도 업무표장으로 등록했다.

예전 6, 70년대 농촌을 부흥시키기 위한 새마을 운동이 있었다면 지금은 경쟁력 강화운동이 긴요하게 요구된다.

즉 지역특성에 맞도록 소프트웨어부문과 하드웨어부문, 그리고 휴먼웨어부문을 발전시켜 나가야 한다. 다양한 맞춤형 프로그램 발굴도 빼놓을 수 없다. 그렇지 않으면 '잘사는 농어촌 만들기'는 요원할 수밖에 없다.

농수산물 개방에 대응하고 생존력을 갖추기 위해서는 종사자들의 뼈를 깎는 고통과 인내가 필요하다. 물론 시도 지역 농어업인들이 긍지와 자긍심을 가지고 살아가도록 최대한 지원할 것이다.

농어촌은 우리의 뿌리고 생명이다. 뿌리가 튼튼해야 바람에 흔들리지도 않는다.

농어촌의 들녘과 바다에서 희망 월령가와 만선가가 넘실대고, 덩실덩실 흥겹게 춤을 추는 부모와 형제를 바라보는 미래는 오늘을 얼마나 바지런히 경작했느냐에 달려있다.

# 서산, 콘텐츠를 담다

콘텐츠 하나로 브랜드를 선점하는 시대다.

잘 키운 콘텐츠 하나만 있어도 대대손손 잘 먹고살 수 있다. 콘텐츠는 무궁무진하고 그 가치 역시 시공간을 초월한다. 앞으로 전개될 미래는 콘텐츠와 디자인 경쟁의 시대라고 미래학자들은 이구동성으로 말한다. 콘텐츠에는 다양한 것이 있을 수 있다. 축제와 이벤트, 스토리텔링과 디자인 등도 콘텐츠의 일종이다.

우리 지역에 있는 문화유산과 관광지를 스토리텔링으로 홍보하는 문화관광해설사를 배치해서 호응을 얻기도 했다. 해미읍성과 안견기념관, 마애삼존불과 팔봉산 등지에서 관광객들에게 역사·문화·자연에 대한 전문적인 내용을 관광객의 눈높이에서 제공하니까 우리 서산시의 역사와 문화에 대한 공감폭이 깊어졌다. 그 어떤 팸플릿이나 설명보다도 인간의 감성과 기억에 더 친숙하게 호소할 수 있는 것이 바로 이 스토리텔링이고, 여기에 친절과 미소를 가미한다면 관광객들에게 잊지 못할 서산을 선사하는 것과 진배없다.

행정도 마찬가지다. 서산시가 추진하는 휴대전화 통화 연결음인 '비즈링'을 활용한 시정 홍보도 이런 스토리텔링의 일환이다. 비즈링을 활용해 지역 특색과 축제 등을 적극적으로 홍보함으로써 시정 이미지를 높이고, 다양한 시정 정보를 제공하고 있다.

이런 스토리텔링만큼 요즘 각 지자체가 사활을 걸고 있는 것이 바로 축제다. 이름도 찾기 힘들었던 지역이 축제 하나로 전국적인 명성을 얻고 많은 외국인들을 불러들여 국제화의 발판으로 삼는 곳도 생겨나고 있다. 중앙의 그늘에 가려져 있던 지역이라는 존재를 서서히 드러내는 역할을 축제가 하고 있다. 지역민들의 단합을 이끌어 내는 구심적 역할도 한다.

서산의 고유한 색깔과 다양하고 풍부한 콘텐츠를 갖춘 차별화된 축제로 과연 어떤 것이 좋을까? 서산시민이든 아니든 많은 사람들이 참여할 수 있는 축제를 찾기 위해 고심했다. 지겹고 변별력 없는 축제는 장기적으로 봐서 서산에 하등의 도움이 안 된다고 판단했다.

결론은 '서산 해미읍성 역사체험축제'를 더욱 내실 있게 만드는 것이었다.

체험학습과 가족여행을 즐기려는 사람들이 몰려드는 서산의 대표적인 지역축제로 자리잡은 '해미읍성 역사체험축제'는 스토리도, 즐길 거리도 풍성했다. 천주교 박해성지로도 유명한 해미읍성은 마을관아, 초가집, 성벽 등 조선시대 읍성의 원래 모습을 잘 간직하고 있다. 매 주말엔 줄타기, 풍물, 북춤, 땅재주 등 옛 정취가 물씬 나는 전통공연, 타악공연, 마상무예, 무예도보통지 시연도 특색 있는 볼거리다.

다른 축제와 차별되는 것은 공급자인 관이나 행사 주체들만의 행사가 아닌 참여 프로그램이 많다는 점이다. 옥사(獄司)체험, 의복체험, 국궁체험 등 갖가지 행사들로 풍성한 축제를 보기 위해 부산, 진주, 강원 등 전국 각지에서 많은 인파들이 몰려들고 있다.

그동안 역사를 테마로 한 지역축제는 별로 없었다. 수준 높은 내용과 다양한 볼거리와 먹을거리, 관광객들에게 즐거움을 주는 프로그램들로 구성되어 해미읍성 축제는 실속 있는 축제 진행과 인기도에 힘입어 국가유망축제로 지정되었다. 또한 전통문화공연은 문화체육부 상설문화관광프로그램으로 선정되었다.

해미읍성 역사체험축제의 성공을 위해 전국 164개 성곽도시모임 발족을 위해 주창하여 (사)세계걷기본부(이사장 이만의 前 환경부장관)와 (사)국가지역경쟁력연구원이 공동주관한 '해미읍성 문화창조 관광포럼'을 서산시가 주최하기도 했다. 서산시는 전국의 성곽도시 발전 방안을 모색하고 상호교류 활성화를 위해 열린 이 포럼 행사를 주도하였다. 그도 그럴 것이 '천주교 박해'라는 콘텐츠를 바탕으로 바티칸 성당과의 교류, 가톨릭 성지와의 연계코스 발굴 등 다양한 문화적 가치를 창출하는 '해미읍성'을 능가할 만한 다른 지자체의 성곽은 아직 별로 없었기 때문이었다.

이 자리에서 나는 국내 성곽도시와의 연대를 통해 지역 순회

프로그램을 개발하고 걷기대회, 공연 등을 개최해 성곽문화를 활성화하는 등 성곽도시 문화 창조 프로젝트를 추진하자는 '서산 선언문'을 낭독했다. 이 포럼을 시작으로 성곽을 보유한 전국 160여개 지자체와 함께 성곽도시의 창조적 발전 방안을 모색해 나갈 것이다. 대한민국 정부수립 70주년이 되는 2018년에 '대한민국 성곽도시 방문의 해' 행사를 개최하는 방안도 중앙정부에 적극 건의할 예정이다.

서산이 끼고 있는 바다라는 자원을 활용한 지역축제가 '삼길포항 축제'다. 친환경 바다 체험을 주제로 다양한 볼거리와 즐길 거리가 떠 있다. 특히 독살어업 체험행사는 인기가 많다. 독살어업

제12회 해미읍성 역사체험축제장 모습

포럼을 마치고 주제발표 인사들과 기념사진

은 수심이 얕은 바다에 돌로 담을 쌓아 고기를 잡는 전통 고기잡이 방식으로 밀물 때 들어온 고기가 돌담에 갇혀 썰물에 빠져나가지 못하면 뜰망으로 떠서 잡는다.

독살에서 잡은 고기를 행사장에 준비된 구이 체험장에서 구워 먹거나 주변에 있는 요리사들의 도움을 받아 회로 시식할 수 있어 가족단위의 방문객이 많다.

팔봉산 자락에서는 해마다 6월에 열리는 팔봉산 감자축제와 6쪽마늘을 시중가보다 저렴하게 구매할 수 있는 '산수향 6쪽마늘 축제'도 인기가 높다.

공공에 디자인이 접목되는 것도 각 나라 도시발전의 기본 프레임이다. 새로운 형태의 건물을 보면 무한한 상상력이 나올 법하다. 예술작품을 보노라면 정서가 순화되고 상상력이 키워진다. 도시를 좋은 콘셉트의 디자인으로 건설되는 것은 그 도시를 살고 있는 사람들을 위해서도 좋은 일이다.

2010년부터 서산시는 '디자인 명품도시'를 표방하면서 시 전역에 걸쳐 문화예술도시화 사업을 추진했다. 서산 시청 앞 광장-동문동 한림병원, 동부시장-읍내동 양유정 공원, 동부시장-서부파출소에 이르는 거리를 각각 '빛'과 '젊음' '자유'를 테마로 한 문화거리로 조성했다.

시가 갖고 있는 자연도 디자인화하여 시민 휴식공간으로 적극 활용했다. 청지천에 비파공원과 호산공원 등 수변공원을 조성(추진)하는 등 도시 곳곳에 시민공원과 생활체육공원, 쌈지공원 등을 마련했다.

가로등 하나하나 세세하게 서산시를 대표하는 농산물을 형상화한 가로등으로 디자인해 설치했다. 고북면 고북중학교에서 고북우체국에 이르는 830m 구간에 고북 알타리무를 형상화한 가로등 20개를 설치한 것이다. 또한 운산면 용현리 마애여래삼존상 진입로 일원의 노후된 가로등을 주변 경관과 어울리는 청사초롱형 가로등으로 교체했다.

밋밋한 가로등에 농산물이나 지역 특색을 잘 살리는 이미지를 접목함으로써 관광객들에 이색적인 볼거리를 제공할 수 있었다.

도시의 미려한 경관과 환경을 위한 여러 개선사업도 실시했다. 도시와 더불어 농촌의 생활환경 역시 디자인 가이드라인과 주민의 편의성을 고려하여 개선시켰다.

관광지 등 보이는 곳뿐만 아니라 도로변이나 나들목과 같은 보이지 않는 곳의 미관과 이미지도 아름답게 가꾸고자 했다. 회색 이미지가 가득한 도시의 삭막한 공간에 벽화를 그리는 등 감성적

경기가 살아나서 파안대소하는 모습을 매일 보면 좋겠다

이고 쾌적한 도시 만들기에 적극 나섰다.

　어떤 도시에 갔을 때 그 도시를 가장 잘 이해하기 위해 가보라고 하는 곳이 있다. 바로 시장이다. 시장은 지역의 문화와 풍속이 가장 집약된 곳이다. 그곳에는 특산물도 있고, 사람이 있고, 색다른 언어와 풍습이 있다.
　나도 전통시장 거리를 걷는 것을 매우 좋아한다. 정감 있는 풍경도 좋지만 어려움 속에서도 미소를 잃지 않는 우리네 부모님의 이야기를 들어볼 수 있기 때문이다. 하지만 무엇보다 시장은 지역경제의 든든한 버팀목 역할을 한다. 시장이 되살아나지 않고서는 침체된 지역경제 활성화도 먼 일이다.

특히 서산 동부전통시장은 대형주차장이 없어 단체 고객들을 많이 놓치고 있다. 이런 문제점을 익히 잘 알고 있던 나는 첫 시장 선거에 공약사항으로 내걸어 대형버스 주차장을 조성키로 하고 그 공약을 충실히 지켜나가고 있다. 5품 운동을 열심히 벌여 중소기업청으로부터 국비 46억 원을 확보하여 모두의 숙원이던 주차장을 조성해나가고 있으니 말이다.

그리고 동부전통시장을 문화관광형 전통시장으로 육성하는 목표도 차질 없이 추진하고 있다. 나를 포함하여 부시장과 관련부서 직원들의 쉼 없는 노력 덕분이다. 지역의 고유한 문화와 특성을 발굴해 관광객들이 사계절 쇼핑과 관광을 즐길 수 있는 특성화 시장으로 만들 것이다.

시설공사 위주의 하드웨어적인 사업을 탈피해 소프트웨어와 휴먼웨어 사업을 중점적으로 추진한다. 동부전통시장 역시 스토리와 소프트웨어를 갖고 있어야 한다.

방문객 쉼터와 홍보관을 설치하고 온라인 쇼핑몰, 시장 상품 통합 패키지, 중국인 특화 음식 개발 등의 마케팅을 추진한다. 상인 문화동아리 운영과 외국어 교육, 시장 문화해설사 양성 등으로 상인들의 경쟁력을 강화하고 시민참여 경매 이벤트, 주말 상설공연, 문화제 등도 정기적으로 개최한다.

동부전통시장 상인대학이 있다. 점포를 닫은 후 저녁에 모인 상인들을 대상으로 국비를 지원하여 시장경영을 가르치는 것이다. 배워야 살아남는다. 나는 그들이 동부전통시장의 변화를 이끌어갈 핵심주축이 될 것이라 확신한다.

명예학장으로서 나는 늘 입학생들에게 '상품을 팔기보다 웃음과 친절을 팔고, 자기 자신을 판다고 생각하면 불경기는 저 멀리 줄행랑칠 겁니다'라는 말을 하곤 한다.

다양한 노력의 결과 서산 동부전통시장은 2012년에 이어 2013년에도 전국 최우수시장으로 선정되어 중소기업청장상을 받는 영예를 얻었다. 이는 중소기업청 산하 시장경영진흥원이 전국 1,500개 전통시장과 상점가를 대상으로 실시한 '고객사랑 시장 만들기 캠페인'에서 최우수를 차지한 것이다.

시장경영진흥원은 전통시장의 환경 개선과 고객 만족도를 높이기 위해 깨끗한 시장 만들기, 원산지 및 가격 표시, 온누리상품권 사용, 친절한 시장, 고객선 지키기 등 5개 실천과제를 평가했다.

동부시장은 상인대학을 통해 친절교육과 외국어 교육을 실시하고, 모든 점포가 온누리상품권 가맹점으로 100% 등록한 점을 높이 평가받았다. 서산시가 LED조명, 음향, 방수시설, 벽화 그림 등 고객 편의를 위한 시설 개선을 지속적으로 추진하고 2014년도까지 76억 원을 들여 주차장을 새로 조성키로 한 점도 최우수 시장 선정에 한몫했다.

원래 서산은 백제가 융성했던 시기 내포문화의 중심이었다. 삼국 중 온후하고 뛰어난 예술적 감각을 가진 나라가 백제였다.

건축물과 도로, 공원 등 도시경관 전 분야에 걸쳐 창의적이고 실용성 있는 디자인을 도입하는 것을 처음에는 의아하게 생각하던 사람들도 이제는 그것이 서산의 강점 브랜드이자 특화된 콘텐츠라는 것을 이해하기 시작했다.

나는 퇴근한 후 종종 서산 중앙호수공원으로 향하곤 한다. 가서 이런저런 시설들을 둘러보기도 하고, 앉아 계시는 시민들한테 의견을 물어보고 듣기도 한다.

시장이 된 후, 나는 중앙호수공원이 우리 서산시민들이 자랑스러워하는 랜드마크 '명품공원'이 되기를 희망했다. 하지만 명품으로 불리기에는 중앙호수공원이 뭔가 2% 부족하다는 느낌을 버릴 수가 없었다. 특히 턱없이 부족한 어린이들과 청소년들에 대한 인프라.

"뭐가 없을까?"

그때 행정자치부 근무시절 G4C(현재 정부민원포탈 "민원24시"의 최초 이름) 홍보를 위해 뽀로로를 홍보대사로 활용했던 일이 생각났다. 당시 큰 반향을 일으켰고 결과는 대성공이었다. 소위 어린이 관

호수공원 원형광장에 설치한 바닥분수, 여름 내내 아이들의 천국이 되었다

심을 통해 성인들까지 사로잡는 마케팅 전법을 다시 한 번 구사해볼까? 바닥에서 솟아오르는 분수에서 더위를 식히며 뛰노는 아이들과 그 모습을 행복하게 바라보는 아이 부모들의 이미지가 차르르 머리속을 스쳐지나갔다.

'바닥분수로 설치한다면?'

2013년 봄에 여름을 생각하며 떠올린 단상이었다. 그야말로 분수 기능은 확실히 살리는 동시에 공간활용까지 100% 가능하리라는 생각에 신속하게 추진했다.

안개, 하트, 원형, 고사, 곡사 분수 등 다양한 방식으로 연출할 수 있는 분수대는 LED 내장형이었다. 야간에 조명연출이 가능해 심야에도 시민들의 발길을 사로잡았다. 아이들이 정말 기뻐하는 모습을 보면서 '시장이어서 행복하다!'라는 것을 정말 진하게 느끼기도 했다.

호수공원 원형광장에 앉아 아이들이 웃고 떠들며 노는 모습을 보면 하루 집무로 피곤했을지라도 금세 피로감이 싹 풀리는 것을 느낀다. 미래 우리 서산의 동량지재들이 그토록 행복해한다는 것은 시장으로서 기분 좋은 일이다. 그래도 부족한 것이 많다고 생각되어 추석 명절 연휴가 끝난 직후 중앙호수공원 바닥분수 광장에서 현장토론회를 개최하였다. 호수공원 수질개선 및 운영방안 등에 대해 시민들의 생생한 목소리를 듣기 위해서였다. 다양한 의견들이 많이 나왔다.

경청은 좋은 아이디어를 낳는다. 여름철 시원하게 변모한 중앙호수공원에 대한 여러 이야기를 나누다가 누군가가 '서산은 겨울스포츠 불모지'라고 하는 말을 들었다. 겨울에는 정작 시민들이 즐길 만한 문화체육시설이 없다는 것이 안타까웠다. 그래서 선거공약으로 스케이트장 설치를 약속했고 그 약속을 지켰다. 그런데 야외스케이트장이 조성되기까지 많은 어려움을 겪어야 했다. 두 번씩이나 의회심의과정에서 부결되었기 때문이다. 두 달 남짓한 운영을 위해 3억이나 되는 예산을 투자하는 것은 낭비라는 것이었다. 일부 의원의 반대에 의장도 동조하며 거들고 나섰다. 결국 체육인들의 항의 방문과 젊은 엄마들의 여론, 집행부의 강력한 추진의지에 세 번째 의회심의에서 통과될 수 있었다.

시민들과 전문가들의 다양한 의견을 들어 중앙호수공원 옆 부지에 2억 4,800만 원을 들여 1,800㎡ 규모의 야외 스케이트장을 설치(2013. 12. 20)한 것이다. 겨울철 마땅한 체육시설이 없어서 그간 서산 시민들이 고액의 이용료와 교통비를 내고 다른 지역의

야외스케이트장에서 스케이트를 즐기는 아이들

시설을 이용하는 불편을 이제 해소할 수 있게 되어서 시장으로서도 흐뭇하다. 게다가 동계 스포츠 저변 확대와 새로운 여가 공간 창출로 새로운 소득을 창출할 수 있다면 시정에도 많은 도움이 될 것이 자명하다.

부시장 때 중앙호수공원에 야외 조각 작품을 설치했던 사업은 시장이 되어서도 이어나갔다. 우럭축제로 외부 관광객도 많이 찾아오는 대산읍 삼길포항에 야외조각 공원을 조성한 것이다. 시와 협약이 되어 있는 홍익대와 손잡고 학생들의 우수한 작품을 선정하여 설치했다.

관광객과 시민들이 삼길포항에서 오감이 행복한 체험을 하고 돌아갈 수 있기를 바란다. 아름다운 항구의 모습은 오랜 시간이 지나도 낭만으로 기억되는 법이다.

아울러 서산 부장리 고분군에서 발견된 백제의 숨결들을 오롯이 담은 전시관과 사적공원을 만들어 살아있는 역사의 숨결을 시민들과 함께 나누고자 한다.

　자연과 인문 환경의 이용, 이벤트 등을 묶은 패키지를 활용한 마케팅 기법을 적용시켜 보았다. 디자인도 디자인으로만 끝나면 안 된다. 디자인과 레저, 디자인과 역사, 디자인과 쇼핑, 엔터테인먼트과 융합되어야 한다.

　지자체 문화 융성은 단순히 과시나 감성 해소에만 활용되어서는 안 된다. 창조경제의 해법이 바로 그 속에 있을 수 있다. 미래는 문화콘텐츠의 시대다. 뽀로로처럼 잘 만든 애니메이션 캐릭터 하나로 수백 억에 달하는 경제효과를 일으키는 시대를 우리는 살고 있다.

　서산시가 활발하게 자체 브랜드를 개발하고 문화 자생력을 기르고 있는 시정을 그저 낭비성이나 일회성으로만 보면 안 된다. 무조건 비판부터 하는 시각도 교정할 필요가 있다. 글로벌 창조경제의 핵심은 바로 콘텐츠에 달려있다.

　앞으로도 '한류韓流'를 전파하는 창조지자체를 만들기 위해 나는 늘 꿈꾸고 기획하고 실천할 것이다.

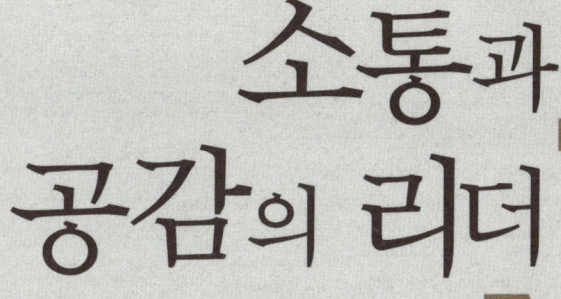

# 소통과 공감의 리더

함께 꿈꾸다

디오니소스의 스승 셀레노스를
지극정성으로 대접한 미다스 왕은 칭찬을 받고자
마차에 선물까지 가득 싣고 디오니소스를 찾아갔다.
디오니소스는 감사의 표시로 소원을 하나 들어주겠다고 말했다.
미다스는 생각할 것도 없이 돈에 대한 욕심이 앞서
자신의 손에 닿는 것은 모두 금으로 변하는 능력을 달라고 한다.
처음에는 행복해했던 미다스는 자신의 손이 닿는 모든 것들이
황금으로 변하자 나중에 제대로 먹을 수조차 없었다.
심지어 자신이 사랑하는 딸마저 황금으로 변하자
미다스에게는 아무도 남아있지를 않게 된다.
고독감과 불행에 빠진 미다스는 디오니소스에게
제발 이 저주를 풀어달라고 애원하게 된다.
바로 그리스신화에 나오는 미다스의 손 Midas touch 이야기다.

아무리 번성하고 성공을 해도 이것들을 함께 누릴 사람들이 없다면 아무 소용이 없다. 그냥 꾸는 꿈보다 함께 꾸는 꿈의 실현이 더 빠르고 확실한 법이다. 왜냐하면 모두가 다같이 꾸는 꿈은 운명이 되고, 현실이 되기 때문이다.

복된 내일을 더불어 누리면 즐거움은 두 배가 된다.

만약 오늘 꿈을 당장 이룰 수 없다 해도 그것은 그 꿈의 실패가 아니라 잠시 동안의 유예일 뿐이다. 내가 포기해도 그 꿈을 잊지 않고 다시 시도할 '우리들'이 있기 때문이다.

멀리 가려면 함께 가라! 함께 간다면 천 리라도 웃으며 갈 수 있다.

그게 가족이고, 민족이고, 도시이고, 국가다.

# 불통의 굳은살을
## 제거하라

시민들의 알 권리를 무시하고 행정이 사업을 시작하기 전에 시민에게 알려야 할 의미를 제대로 하지 않으면 '불통행정' '밀실행정'이라는 질타를 듣기 쉽다.

시민의 의견을 경청하지 않고 밀어붙이기 행정을 하면 영원한 평행선을 달릴 수밖에 없다. 행정이 시민과 치킨게임 chicken game[1]을 해서 도대체 얻을 수 있는 것은 무엇일까?

불통 때문에 행정의 불신만 더 쌓일 뿐이다. 행정이 불신 받는 상황에서는 사업이 지연되거나 의도치 않게 예산을 낭비하기 십상이다.

---

1. 두 대의 차가 마주 보고 돌진하다가 먼저 피하는 쪽이 패배하는 게임. 치킨은 속어(俗語)로 '겁쟁이'라는 뜻. 70년대 미국의 갱들이 주도권 쟁탈을 위해 벌이곤 했던 일종의 '사망유희'로 충돌 직전 핸들을 꺾으면 살 수 있지만 먼저 피한 쪽은 목숨을 건지는 대신 치킨(겁쟁이)으로 낙인찍히고 조직의 문패를 내려야 하는 상황이 된다.

공감과 소통의 시대에 경직된 사고와 권위적인 태도로는 살아남을 수 없다. 시민중심의 성과창출 실천운동인 5S와 5품 행정을 한 이유는 시민의 만족도와 행정에 대한 신뢰도를 높이기 위해서였다.

나는 인복이 많은 편이다. 그리고 내가 받은 인복들을 다시 사람들에게 돌려주는 것이 올바른 삶의 선순환이 된다고 믿는 사람이다. 시장이 되어서도 늘 사람들과 많이 만나려고 노력했다. 15개 읍·면·동의 경조사와 행사를 다 꿰고 챙기려는 편이다. 하루 저녁에 조문을 8군데 간 적도 여러 번이다.

시장이 사람을 가려서 만나면 안 된다고 생각했다. 내가 이 자리에 있는 이유가 바로 우리 서산시민들의 뜻이었다. 내가 사람들에게 거리를 두고 벽을 만든다면 그 뜻을 저버리는 것이다.

늘 시민들의 작은 목소리에 귀를 기울이려고 노력한다. 시장이 되자마자 내 휴대폰 번호를 누구에게나 공개했던 이유다. 시민들과 즉각적인 소통을 하려고 노력하는 편이다. 하루가 정신없이 바쁘게 흘러간 날이면 보람찬 충족감을 느낀다. 반면, 그런 날이 꼽을 정도지만 좀 한산했다 싶으면 왠지 뭔가 잘못된 것 같은 느낌이 든다.

난 직원들과의 소통을 매우 중시한다. 직원과도 소통이 안 되는 시장이 시민과 소통이 잘될 리 만무하다. 직원들과 소통하기 위해서 나는 늘 세 가지 벽을 뛰어넘으려고 노력한다. 그 세 가지는 바로 불안과 불신과 불통의 벽이다.

불안의 벽은 소통을 위해 내가 직원들에게 권한을 어느 정도 위임하면 나에 대한 영향력이나 조직에 대한 지배력이 줄지 않을까 조바심 내는 것이다. 하지만 나는 그렇게 생각하지 않는다. 내가 권한을 그들에게 줄수록 내 권한은 줄어드는 것이 아니라 점점 더 늘고, 확장된다는 것을 알기 때문이다.

불신의 벽은 시장이 직원들의 재능과 역량을 못 믿는 것이다. 하지만 나는 부시장 재직시절부터 우리 시 공무원들의 높은 역량을 목도했다. 다만 그들은 그것을 펼칠 기회가 없었고, 그것을 체계적이고 전략적으로 믿어주는 리더가 없었을 뿐이었다.

시장으로 부임하자마자 그들에게 주문한 것은 외부로 시야를 넓히라는 것이었다. 직접 그들을 데리고 중앙부처에 순례하듯이 데리고 다녔던 이유가 있다. 그런 식으로라도 중앙을 접촉케 한 이유는 우물 안 개구리의 시야를 넓혀주기 위해서였다.

불통의 벽은 불안과 불신의 벽보다 더 높다.

조직원들의 말에 귀를 기울이지 않는 리더는 최악의 리더다. 자신만의 전략만 고집하는 불통의 리더는 권한도 위임하지 않고 조직원들도 믿지 못한다. 모든 것을 자기 뜻대로 하려다 보면 전횡을 일삼을 수밖에 없다. 이런 조직은 발전을 기대할 수 없다.

나는 우리 서산의 모든 공무원들의 말을 경청하고자 늘 노력했다. 아마 나처럼 실시간으로, 공적으로든 사적으로든 내부 통신망에 글을 띄우고 메일을 자주 쓰는 시장은 많지 않을 것이다.

좀 더 낮은 자세와 좀 더 열린 마음으로 시민의 눈높이에 맞는 현장중심 소통행정·공감행정도 펼쳐나갔다. 페이스북이나 트위터 등 SNS를 통해 실시간으로 시민의 목소리를 들어보면 아무리 시정을 잘해 나간다고 생각하고 있어도 여전히 다양한 요구나 불만사항들이 현장에서는 토로되고 있는 경우가 많았다.

시민들의 창의적인 의견을 행정에 반영하기 위해 '365국민제안'을 공모했다. 1년 365일 늘 국민의 말을 듣기 위해서였다. 늘 현장에서 듣는 시민들의 목소리도 중요하지만 접하기 힘든 숨어 있는 시민들의 목소리까지 하나하나 발굴하기 위해 만든 공모였다. 이 공모전을 통해 나나 우리시 공무원들이 미처 생각지 못했던 참신하고 획기적인 아이디어들이 많이 쏟아지고 있다.

모두가 소통을 말한다. 분명히 소통을 소리 높여 외치는 시대이지만 그만큼 역설적이게도 불통의 시대에 산다는 것을 반증하고 있다는 의미가 아닐까?

소통과 불통이냐를 놓고 사회 곳곳에서 충돌한다. 소통의 의미는 막힘없이 통한다는 뜻이다. 불통은 어딘가 막혀 있다는 것이다. 막힌 곳은 뚫어야 한다. 나를 버려야 비로소 뚫린다.

그런데 서로 입만 열고 귀는 닫는다. 소통은 차이점을 먼저 인정하는 것이 바탕이 되어야 한다. 다를 뿐인데도 틀렸다고 말하면 안 되는 것이다. 그것은 자기 입장만 존재하고 공존을 위한 상식을 무시하는 것이다. 상호 접점을 찾아야 한다.

불통이 이어지면 상대방에 대한 진정성을 의심하게 된다. 갈등과 대립이 해소되기는커녕 더 격화된다.

소통은 쌍방향의 커뮤니케이션이다. 다원화된 민주사회에서 갈등과 대립은 피할 수가 없다. 중요한 것은 그것을 해소해 가는 공감과 설득의 과정이다.

'통즉불통通卽不痛'

사람의 혈관도 잘 통하지 못하면 어떤 한 곳에 울혈 증세가 생기고 급기야는 한 곳의 혈관이 팍- 터져서 반신불구가 되는 위급한 상황을 맞는다. 사람과 사람 사이의 소통도 그렇다.

모두가 잘 소통하면 모든 일이 불편과 고통 없이 잘 이뤄진다. 시민과의 접점에서 문제를 파악하고 해결하려는 노력을 하지 않는다면 서산시의 미래가 잘 흘러갈 수 없다.

소통이 모든 시정의 가장 기본적인 원칙이자 이념이 되어야 하는 이유다.

# 똑똑(talk talk) 시장실

우리 시는 2013년부터 '똑똑talk talk 시장실'을 운영하고 있다. 미래의 소중한 인재가 될 초등학생들을 초청하여 시장실을 개방하여 체험하게 하는 행사. '열린 시정' '소통 시정'을 표방하면서 늘 누구라도 노크하면 시장실을 개방하겠다는 의지를 갖고 일했다. '똑똑' 두드리며 다가오는 사람들과 허심탄회한 이야기talk를 하겠다는 마음으로 이름도 지었다.

이 꿈나무들을 대할 때 나는 장난기 어린 심상한 마음이 아니라 자못 경건한 마음으로 만나려고 노력한다. 이 작은 아이들에게 '행정의 본모습'을 맨 처음 각인시켜 주는 사람이 바로 나라는 생각은 무한한 책임감을 느끼게 만든다.

작고 어린 학생들 앞에서라도 반듯한 몸가짐을 하게 만들고 좋은 것을 보여주고 싶다는 열의에 가득 차게 만든다. 나는 그 학생들에게 늘 자랑스러운 서산의 모습을 보여주고 싶다. 그들과 함께 모의 시정회의를 열고 대화하고 기업체 탐방 체험을 함께 함으로써 의무를 다하고 싶다.

아이들을 만날 때면 나는 늘 아이들에게 꿈이 뭐냐는 질문부터 한다. 다소 난해하고 철학적일 수 있을지라도 '내 꿈에 대한 인지'를 부모나 선생님이 아닌 자기가 살고 있는 곳의 시장이라는 공적인 인물이 자극해 준다는 것은 뭔가 강렬하고 색다른 경험일 것이다. 간혹 쭈뼛거리며 말하는 친구도 있고, '의사' '엔지니어' '가수' 같은 꿈을 크게 입 밖으로 내어 말하는 아이도 있다.

아이들에게 좋은 책을 많이 읽고, 혼자만 살아갈 수 없는 세상이니까 친구나 주위에 있는 사람들과 좋은 관계를 이어나가고, 그들의 말을 잘 경청하라고 당부하는 말도 많이 한다.

'똑똑 시장실'을 다녀간 학생들이 또박또박 쓴 손 편지를 보내오면 나는 비서를 통하지 않고 일일이 모두 답장한다.

'찾아가는 배움 교실'을 통해 한글을 깨우친 할머니들의 편지와는 또 다른 느낌이다. 아이들한테 편지를 쓸 때는 내 마음은 동심으로 돌아가 개구쟁이처럼 즐거워진다.

여러 통의 편지 중에서도 서동초등학교에 다니는 여학생이 보내온 손 편지를 보고 특히 뿌듯했던 것이 기억난다.

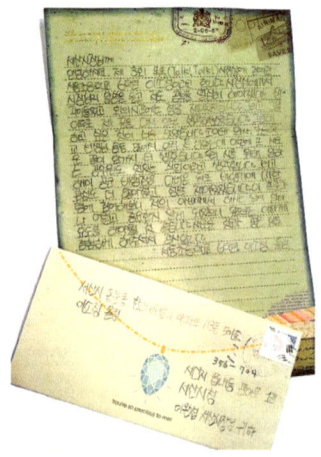

똑똑 시장실 참여 후 보내온 편지

'소아과 의사, 초등학교 선생님 등 하고 싶은 일이 많아 꿈을 정하지 못했는데 이번에 또 새로운 꿈이 생겼어요. 우리 시를 위해 일하는 공무원도 멋있는 직업이라 생각을 했고, 새로운 것과 좋은 것을 경험하게 해주셔서 감사합니다.'

그 아이에게 방만하고 무능하고 쓸데없는 공무원의 이미지를 주지 않았다는 것이 얼마나 기분 좋은 일인지는 나 역시 새삼 알게 된 사실이었다. 나는 그 여학생에게 이렇게 깊이 생각하고, 열심히 꿈꾸는 학생인 걸 보니 꼭 좋은 공무원이 될 수 있을 것 같다고 답장했다.

배경이 없고 학벌이 없고 내세울 게 없으면 갈수록 적응하기 힘든 세상이다. 그러니 개천에서는 더 이상 용이 나기 어려운 사회라고 한다. 하지만 그렇게 되어서는 안 된다.

청소년들에게 나는 꿈을 갖고 시도하라고 말한다. 비록 정규대학을 다니지 않았지만 시장이 된 나 같은 사람도 있다. 어려운 환경도 그럭저럭 잘 극복한 나의 살아가는 모습은 비슷한 처지에 있는 사람들에게 분명 작은 용기는 줄 수 있을 거라 기대한다.

뭐든 다 해도 절대로 포기만은 하지 말라고 늘 강조한다. 쉽게 주저앉고 자신을 하찮게 여기면서 함부로 살면 그렇게 산 인생이 자기에서 끝나는 게 아니라 2세에게까지 물려지는 악순환이 반복되기 때문이다.

단체장은 지역발전을 도모하는 것으로 임무가 모두 끝나는 것은 아니다. 때로는 단체장의 삶을 통해 지역민들에게 꿈과 희망과 용기를 심어주는 것도 중요하다. 나는 시장을 맡는 동안 시민들에게 용기를 주고 싶었다.

  큰 꿈과 비전을 가지고 시정을 펼친다면 시민들에게도 기대감과 설렘을 줄 수 있다. 그러자면 그 꿈에 대해서 구체적으로 이야기해야 한다. 시장과 시市가 그리는 비전이 시민들의 비전이 되자면 그것을 잘 이해시켜야 한다. 그러자면 소통해야 한다.

  꿈과 비전에 대한 시민들의 목소리를 많이 듣고자 노력한다. 만약 시민들의 말이 더 옳다면 과감히 수정하고 바로바로 개선한다. 절대 귀찮지 않다.

  인향만리 人香萬里, '사람의 향기는 만 리를 간다!'

  아무리 제도가 좋고 환경이 좋다 해도 모든 것은 사람이 움직이는 것이다.

  중국의 맹자도 왕도론에서 '天時不如地利 地利不如人和(천시불여지리, 지리불여인화)'라 말했다. 결국 사람의 힘이 가장 중요하다는 역설이었다. 시민들의 단합된 힘으로 이겨내지 못할 일은 아무것도 없다.

  10년 만에 개최(2012. 6)한 제64회 충남도민체전을 성공적으로 이끌어 사상 첫 종합우승이라는 금자탑을 쌓을 수 있었던 원동력도 이 화합 덕분이다.

  특히 제64회 충남도민체육대회는 역대 최대 규모 선수단 참여와 사고 없는 안전한 대회라는 기록도 함께 세웠다. 게다가 역대 최고 성적인 종합우승을 함으로써 17만 시민을 하나로 결속시키고 시의 저력을 유감없이 발휘하면서 시 위상을 한껏 드높인 것은 큰 기쁨이요, 보람이었다. 제19회 충남도장애인체전(2013. 5)에

제64회 충남도민체전에서 환영사하는 필자

서의 종합우승도 마찬가지다.

2년 만에 치룬 제10회 서산시민체육대회(2013. 9)도 시민화합을 이루는 최고의 결실이 되었다. 종전의 우승에 목표를 두던 방식에서 탈피해 모두가 승자가 되는 화합잔치로 열었기 때문이다. 15개 읍면동은 각각 참여상, 응원상, 화합상, 행복상, 솔선상, 근면상, 진취상, 질서상, 환경상, 혁신상, 수범상, 봉사상, 성실상, 성숙상, 모범상 등의 이름으로 예외없이 상을 받았다. 이런 화합과 결집력이 서산을 환황해권 중심도시로 힘차게 성장시키는 원동력이 될 것이다.

서산시가 전국 어느 시군에서 벤치마킹을 해도 좋을 만큼 매우 효율적인 도시로 진화하고 있는 것도 우리 서산시의 시민들과 공무원들의 힘 덕분이다.

아무리 단체장이 명민明敏하고 부지런해도 혼자서는 십 리도 못 간다. 하지만 지역민이 합심하여 노력하면 천리길도 갈 수 있다. 지역민들의 힘을 모으고 아이디어를 개발하여 정책화하는 역할은 지역의 인재가 해야 한다. 이왕이면 그 인재가 소통이 잘되는 따뜻하고 아름다운 사람이면 좋겠다.

2006년부터 우리 시 공무원들로 결성된 '우리두리 봉사단'이라는 봉사단체가 있다. 90명이 채 못 되지만 늘 봉사를 다녀서 그런지 회원들 모두 일당백의 정예 봉사대원들이다.

회원들이 매월 회비를 모아 봉사활동에 필요한 물품을 구입해 다양한 봉사활동에 참여하고 있다. 나도 몇 번 참여해서 그들과 호흡을 맞춰봤다.

폭염특보가 내려진 여름철에도, 추운 겨울에도 봉사활동을 함께 한 적이 있다. 농촌은 독거노인 가정이 많다. 봉사단원들은 그 가정들을 방문해서 집안도 청소해주고 허물어져가는 집을 수리했다. 회원들은 무더위에도 아랑곳하지 않고 지붕 교체작업, 페인트 칠, 집 주변 정비를 하느라 저마다 분주했다. 시린 볼에도 아랑곳하지 않고 연탄배달도 했다. 그 모습을 보며 고마워하는 노인을 보니 함께하는 사람의 따뜻한 존재가치가 얼마나 소중한지 알 것 같았다.

우리 주변에는 아직까지도 자신의 지위와 권한, 연령과 회사의 밥그릇 숫자 등을 앞세우면서 자기 뜻대로 조직 구성원을 다스리려는 구태의연한 리더들이 많다. 참으로 안타까운 일이 아닌가?

무한경쟁 시대를 이겨나가는 리더는 책임을 솔선해서 떠맡는 것은 물론, 일이 성사되도록 노력하고, 꿈을 꾸며, 그 꿈을 현실로 나타나게 만든다.

'할 수 있다'를 먼저 말하는 사람과 '못할 수도 있다'라고 말하는 사람의 차이는 극명하다. 사람들은 꿈을 꾸고 희망을 이야기하는 사람들에게 기울어지기 마련이다. 한 사람이 꾸는 꿈은 꿈일 뿐이

대산의 한 농가에
연탄을 배달하는
시청 봉사단원들과 필자

지만 모두가 꾸는 꿈은 현실이 되고 운명이 된다고 한다. 인간이 꿈꾼 바를 위해 노력할 때 절로 신명을 내며 열심히 하는 법이다.

나는 '얼마나 추진했는가?' 또는 '무언가를 이루고 있는가?'라는 체크도 중요하다. 하지만 그에 앞서 '내가 지금 무엇을 꿈꾸고 있는가?' '사람들이 꿈꾸도록 내가 무엇을 했는가?'라는 반성부터 가장 먼저 해야 한다.

"그대, 아직도 꿈꾸고 있는가?"

"그렇다!"라고 자신감 있게 말할 수 있다면 언젠가는 진짜로 그 꿈을 이룰 수 있는 사람인 것이다. 꿈을 이루기 위한 가장 기본 전제조건은 무엇일까?

그것은 바로 그 꿈을 '계속 꾸는 것'이리라.

# '대인배'에 대한 *단상*

부시장으로 있을 때 생애 처음으로 주례를 맡게 되었다. 모 과장의 딸 결혼식에서다. 며칠을 고심하다가 내가 잡은 주례사의 콘셉트가 '대·인·배'였다.

'부부싸움의 원인은 주로 어디에서 왔던가?'

'그렇다면 부부싸움을 줄이려면 어떻게 해야 할까?'

'행복한 결혼생활을 위해 가장 필요한 덕목은 무엇일까?'

이런저런 생각을 하다가 떠올린 세 개의 키워드가 바로 '대화' '인내' '배려'였다. 보통 부부 싸움의 원인은 항상 별것 아닌 것에서 시작된다는 데에서 착안했다. 서로 무심코 던진 말 한마디가 꼬투리가 되어 다투게 된 경우가 참 많다.

돌이켜보면 아무것도 아닌 일로 마음 상해 하고 어린아이처럼 티격태격했던 것이다. 상대방에 대한 불만이 마음속에 똬리를 틀고 있다면 좋은 반응이 나올 리 만무. 출발점을 찾고 나니 의외로 쉽게 답을 찾아갈 수 있었다.

말(대화)이 도화선이 되기 쉽다. 확산일로의 다툼을 멈추는 방법은 서로가 참는 것(인내)이다. 한 걸음 더 나아가 상대방 입장에서 생각(배려)하다 보면 서로를 이해하게 되어 문제해결이 가능하다는 결론. 이렇게 만들어진 주례사는 부시장으로서 서산시에 근무하는 동안 여섯 번이나 반복되었다.

나는 주례사에서 썼던 '대화, 인내, 배려'가 비단 부부생활에서뿐만 아니라 사람이 살아가는 곳이라면 어느 곳에서도 통할 수 있는 열쇠와도 같은 덕목이라 생각한다.

'대화'로 소통하는 것이 중요하다. 모든 문제해결의 출발점이자 해답의 열쇠는 대화와 소통에 있다고 본다. 인간은 독심술사 또는 독순술사가 아니다. 말하지 않으면 모르는 법이다.

'인내'는 감정절제와 함께 살아가면서 겪게 될지도 모르는 온갖 어려운 일들을 동반자들과 함께 잘 극복해나가야 한다는 덕목이다.

'배려'야말로 사람과 사람 사이에서 꼭 주고받아야 할 역지사지의 마음가짐. 인간이기 때문에 가능한 것이고, 그 어떤 덕목 중에서도 으뜸이라고 생각한다.

우리 서산시는 시정에 이런 배려를 담기 위해 노력했다. 그중 하나가 '가정친화적인 문화'를 만드는 것이었다.

'가화만사성' 가정이 편안해야 직장에 나가서도 편안한 법이다. 또한 사회가 공정하고 행복해지는 길이다. 가정과 직장이 양립할 수 있는 지점을 만들어주는 것에 시가 먼저 솔선수범하기로 했다.

출산과 육아는 물론 학업, 건강, 자기계발 등에 유연근무제를 적극 활용할 수 있도록 했다. 시간제근무 및 오전 7시~10시 출근시간을 자유롭게 선택할 수 있는 시차출퇴근제를 실시했다. 혹여 하고 싶은데도 관행적으로 못하는 직원들이 있을까봐 부서평가와 연계해 실질적인 참여율을 높였다.

매주 수요일을 '가족 사랑의 날'로 지정했다. 가족과 함께 더 많은 시간을 함께 할 수 있는 여건을 조성해나갔다. 퇴근시간이 되면 무조건 '가족송'을 틀어 퇴근을 유도했다.

셋째 자녀가 미취학 아동이거나 둘째 자녀가 3세 미만인 여성공무원의 육아부담을 덜어주고자 '당직유예제'를 운영했다. 아울러 '여성공무원과 대화의 날'을 운영하면서 그녀들의 목소리를 한껏 듣기도 했다.

나이 어린 자녀들이 있으면 수시로 아프거나 보육시설에 방문해야 하는 등 휴가를 쓸 기회가 많다. 이렇게 부모의 돌봄이 더 필요한 경우 눈치 보지 않고 단기유연근무제나 휴가를 적극 활용하도록 장려했다.

직원들의 사기가 올라갔다. 그렇다고 성과달성에 영향을 주었을까? 아니었다. 오히려 줄어든 만큼 성과 중심으로 업무를 개편하여 오히려 더 효율적으로 일할 수 있는 문화 토대 역시 마련할 수 있었다.

마음 놓고 아이를 낳아 기를 수 있는 출산·양육환경 조성을 위해서도 적극 팔을 걷고 나섰다. 탄생 축하카드 및 축하메시지 보내기, 1만 원이 든 아기통장 만들어주기, 아기 도장 및 손·발 탁

본액자 만들어 주기 등의 행사를 읍·면·동별로 특색 있게 실시했다.

지금은 '인구가 경쟁력'이 되는 시대다. 나는 획기적인 조치를 지시하고 이를 조례에 반영토록 했다. 기존에 첫째·둘째아이를 낳으면 각각 30만 원, 셋째아이부터는 100만 원의 출산장려금을 지급하던 것을 대폭 확대한 것이 대표적인 사례다.

첫째·둘째의 지원금은 그대로 두되 셋째아는 200만 원, 넷째아는 500만 원, 다섯째아 이상은 1,000만 원의 출산지원금을 지급하기로 한 것이다. 또한 셋째아 이후 '영유아 양육비 지원 조례'도 함께 개정해 매월 8만 원의 양육비를 만 3세까지 지원토록 하였다. 이 같은 출산장려시책은 모두 4개 분야 31개 과제를 선정하여 '저출산종합대책'을 수립하고 저출산 문제해결에 행정 역량을 집중했다.

일과 가정의 균형을 위한 범시민 공감 서명운동을 온·오프라인으로 전개했고, 출산과 양육이 기쁨이 되는 사회문화 조성을 위해 27개 기관·단체와 협약을 체결했다. 또 시민 참여형 저출산 정책을 위해 육아용품나눔센터, 출산장려 홍보관, 임산부 전용 주차장, 임신부 택시 콜요금 면제 등 11개 프로그램도 운영했다.

특히 남성의 육아 참여 활성화를 위해 '꿈꾸는 프랜디(친구 같은 아빠)' 발대식을 갖고 일과 가정의 균형을 실천하기 위한 시책을 추진하였다.

총무처 인사과에서 근무할 때 나는 세 아이를 모두 낳았는데 항상 공무로 바쁜 나를 대신해 세 아이의 육아를 도맡아야 했던 아내는 무척 고생을 많이 했다. 여성을 위한 육아정책도 중요하지만 그 육아에 능동적이고 적극적으로 아빠들이 동참할 수 있는 문화 환경도 만들어야 한다고 아내는 생각한다. 이 같은 맥락에서 아빠와 함께하는 모유수유교실과 임신육아교실도 열게 되었다.

이러한 노력 덕분이었을까? 서산시는 최근 2년간 합계출산율이 1.59명에서 1.67명으로 증가했으며, 2013년도 6월 말 인구는 지난해 같은 기간에 비해 2,700여 명이 늘었다. 정부는 서산시의 이 같은 결과를 예사로 보지 않았다. 2013년 7월 11일 일산 킨텍스에서 열린 '제2회 인구의 날 기념식'에서 서산시는 저출산 대책 전국 최우수 기관으로 선정돼 개청 이래 최초로 대통령 기관표창을 수상하는 영예를 얻었다.

불임부부를 위한 체외수정 시술비를 지원했다. 영·유아를 대상으로 월 6만 2,000원 상당의 우유, 멸치, 계란 등 영양보충식을 제공해 영·유아의 건강한 성장을 돕고, 일반 병·의원에서는 유료인 선천성 대사이상 검사 및 태아 기형아 검사를 무료로 실시하고 미숙아와 소아암 영·유아를 대상으로 예산의 범위 내에서 최대 2,000만 원까지 의료비를 지원했다.

아이돌보미 전문 인력을 40명으로 확대해 맞벌이부부의 육아 어려움을 해소하고 부모와 함께하는 체험문화활동인 가족놀이학습 운영을 통해 건전한 가족문화 조성에 앞장섰다.

취약계층 임산부 및 12세 미만 아동을 대상으로 하는 맞춤형 통합보건복지서비스인 '드림스타트' 사업을 확대해 건강하고 바람직한 사회구성원으로의 정착을 돕고 '어린이 튼튼 운동교실'을 운영해 자신감과 창의력 발달을 발달시켰다.

원어민 영어·중국어 교사 확대로 사교육비도 획기적으로 절감했다. 실용영어 중심의 영어교육 강화와 글로벌인재 육성을 목표로 실시하고 있는 영어 원어민교사 지원 사업은 학생과 학부모들로부터 큰 호응을 얻었다. 다자녀가구의 중·고교생 교복비를 1인당 20만 원까지 지원하는 사업도 추진했다.

충남·북에서 처음으로 학교급식비 지원조례를 함께 제정해 지역에서 생산되는 친환경 쌀과 1등급 농축산물만을 아이들의 식단에 올려 학생들에게는 건강한 먹거리를 제공하고 지역농민에게는 판로확보와 가격 안정, 소비촉진에 기여하는 등 건강한 급식문화를 주도하고 있다.

2006년 '평생학습도시' 지정으로 시민 모두가 평생교육의 필요성을 인식하고 급변하는 환경에 능동적으로 대처함은 물론 자아실현의 꿈을 이룰 수 있는 인프라를 조성하는 등 일찍부터 지역 교육기반을 견고히 다져왔다.

2008년에는 지역 인재육성 방향설정을 위한 '인재육성기본계획'을 수립해 지역 교육정책의 미래비전을 제시하고 21C 인간중심적·창의적 교육에로의 발 빠른 전환방안을 마련했다. 특히, 원어민 보조교사를 충남도에서는 처음으로 29개 전 초등학교와 13개 중학교에 배치해 영어에 대한 거부감을 떨쳐내고 사교육비 경감에 크게 기여하고 있다. 일선 지자체로는 드물게 차별화된 교육환경 조성과 내실 있는 평생학습 프로그램 운영 등 교육인프라 확충에 주력하면서 시민들로부터 큰 호응을 얻고 있다.

세계화는 개인은 물론 도시의 중요한 화두가 되고 있다.
서산도 다문화 사회로 변했다. 외국인이 살기 좋은 도시, 말이 통하고 문화를 인정하고 더불어 사는 도시를 만들어야 한다.
다문화가족 어린이들의 건강한 성장과 바른 발달을 위해 '다문화가족 행복 가꾸기 사업'을 추진했다. 서산 농촌 지역에 다문화가정이 점점 늘고 있다. 2013년 12월 기준으로 서산시의 다문화가족은 864세대로 2,530명에 이른다. 하지만 증가세에 비해 그들을 감싸 안는 노력과 지원범위가 협소할 수밖에 없다. 지역의 '완득이'의 꿈과 웃음을 되돌려주기 위한 것이다.
서산시는 다문화 공감학교를 운영하여 다문화 가정에 대한 편견을 불식시키고, 그들에게 한국의 따뜻한 정을 심어주고 있다.
결혼이주민들이 빠르게 적응할 수 있도록 다문화지원센터를 통해 한국어교육은 물론 농민관련 단체와 자매결연을 추진하는 등 한국 농촌 정착에 힘쓰고 있다. 지난해 다문화가정 4명의 친정 나들이를 위해 왕복항공권과 체류비를 지원했다. 다문화가족 출산교실 등을 주기적으로 개설·운영하고 있고, 경제사정을 돕기 위해 유축기 무료대여 서비스도 실시했다.
다문화가정 송아지 지원사업도 벌였다. 경제적 안정을 도와 한국 농촌 정착에 도움을 주기 위해서다. 다문화여성대학을 운영해 20여 명의 졸업생을 배출하고 우수졸업자는 취업알선도 했다.
다문화가정 학생들의 학습도 적극 지원했다. 농업에 종사하는

다문화가족과 함께

다문화가정 자녀들은 다양한 학업 서비스를 제공받지 못하는 부분이 많아 부진할 수밖에 없는 여건을 갖고 있었다.

농협중앙회에서 3,000만 원의 예산을 지원받아 면지역을 시범으로 선정한 뒤 자원봉사를 원하는 퇴직교사를 활용해 1년 방과 후 학습으로 다문화 어린이들의 학습신장을 키우는 일 등을 도와주었다.

어려운 처지에 놓인 어린이와 청소년을 대상으로 잠재능력을 개발하고 올바른 사회구성원으로의 성장을 돕기 위한 멘토링제를 운영하기도 했다. 국민기초 및 가정위탁, 한부모가정, 다문화가정 등 어려운 상황에 놓인 20명의 아이들과 이들의 고민을 함께하고자 하는 20명의 공무원이 1:1 멘토링 결연을 맺은 것이다.

자칫 사회적 일탈의 길로 빠지기 쉬운 아이들에게 멘토인 공무원이 친구이자 부모, 선생님으로서 정서적 안정을 이끌고 꿈과 희망, 용기를 주어 바르게 자라날 수 있도록 조언해주기 위해 마련한 것이다.

말초에까지 온기를 전달하기 위해서는 대인배처럼 주변을 이해하고, 배려하고, 들여다보려고 노력해야 한다. 사람도, 시정도 대인배의 마인드 속에서 더 잘 성장하는 법이다.

# 실패라도 하는 공무원이 낫다

'코이'라는 관상용 잉어는 어항에서는 5cm 자라지만 연못에서는 25cm, 개천이나 강물에서는 1m까지 자란다. 고기가 활동하는 환경의 크기에 따라 작은 물고기가 되기도 하고 대형 물고기가 되기도 한다.

물고기가 노는 물에 따라 크기가 달라지듯이 사람 또한 생각과 날마다 만나는 사람들과 주변환경 등에 따라 그 역량이 달라진다. 단체장의 역할과 자세에 따라 공무원들의 혁신 양상은 매우 달라진다. 실패가 두려워 혁신의 노력을 하지 않는 직원이 있는가 하면 다소 실패하더라도 그 자양분으로 혁신을 이루는 직원이 있다.

나는 '위기는 기회' '전화위복'이라는 말을 좋아한다. 힘든 일이라고 생각될 때 이 말들을 생각하면 편안해짐을 느낀다. '이것 또한 지나가리라'라는 말도 사랑한다.

옛날 페르시아의 어떤 왕이 신하들에게 '슬플 때는 기쁘게, 기쁠 때는 슬프게' 하는 글을 반지에 새겨오라고 명령했는데 신하들이 이 글귀를 새겨 바쳤다고 한다. 슬플 때에는 이 슬픔이 곧 지나가리라는 희망을 갖게 하고, 기쁠 때에는 한때의 기쁨에 자만하지 않도록 경계하라는 말이다.

지금까지 살아오는 동안 사람마다 크고 작은 어려움을 다 겪었을 것이다. 어려운 일이 생길 때마다 그 상황을 극복하느라 얼마나 힘들었을 것인가? 하지만 지금 와서 돌이켜보면 그 역경도 언젠가는 다 지나가버릴 일이었다. 지금 곤경에 처해 힘들어도 편히 생각하자!

'지금의 곤경이 후일 빛나는 추억이 되리라!'

나는 실패를 사랑해야 한다고 생각한다. 하지만 그렇게 하기가 얼마나 어려운 일인지 잘 안다. 성장일변도의 문화 속에서 달려왔던 우리나라 사람들에게 '실패'란 '끝'과 동의어인 경우가 많았기 때문이다.

우리나라는 실패에 대해 관대하지 못한 편이다. 그래서 '모난 돌이 정 맞는다' '중간만 가라!'는 말로 애써 앞서 시도하는 것 자체를 억제시키기도 했다. 한번 실패하면 그 길로 엔딩이 되는 문화 속에서 실패가 다른 창조의 또 다른 기회가 될 여지는 전혀 없었다.

실패에 대해 좀 더 긍정적이고 너그러운 시야를 가지면 놀라운 세계가 펼쳐지는 것을 목도하게 된다.

나는 매사를 긍정적으로 보려고 노력하는 편이다. 부정적인 사고를 가진 공무원들에게 항상 이건 기회라고 설파하여 긍정적으로 바꾼다. 긍정적인 기운이 실린 말을 하면 그 기를 받고 열심히 일하게 된다. 설령 지금 실패했더라도 다음에 또 시도해볼 용기를 낼 수 있다. 기회의 문은 두드리고 또 두드리면 열리게 되어 있다.

부지런히 도전하고 준비한 자에게는 반드시 기회가 찾아오는 법이다. 소신껏 창의적인 마인드로 묵묵히 자기 일을 추진하는 공무원들은 내 눈에 띈다. 공무원들은 무궁무진한 잠재 능력을 가진 사람들이다. 이들의 숨겨진 능력이 충분히 발휘되도록 하는 것은 단체장이 할 일이다. 긍정적이고 적극적으로 노력하는 사람들한테 기회는 빨리 다가온다.

실패는 즐겨야 한다. 하지만 이 말에 어폐가 있음을 주의해야 한다. 엄밀히 말해서 실패를 즐기는 것이 아니라 '시도를 즐겨라!'라는 것이다. '시도'를 하면 실패도 하지만 성공도 하는 법이다. 시도를 즐긴 대표적인 사람은 발명왕 에디슨이다. 백열전구를 발명한 에디슨은 4,000번의 시도 끝에 성공했다고 한다. 사람들은 그가 4,000번의 실패를 한 것으로 생각했지만 그는 4,000번의 안 되는 방법을 발견했다고 말했다고 한다.

시도를 즐기다 보면 그만큼 비례해서 실패라는 모습의 복병을 만날 수 있다. 그러나 그것은 실패의 가면을 쓴 성공의 이면의 모습이다. 실패란 시도조차 하지 않은 것을 일컬을 때 쓰는 정의다.

어쨌든 실패가 남기는 혹독한 결과물 즉 대가를 두려워하면 안 된다. 기꺼이 그 대가를 정당하게 치르려고 하는 용기에서부터 누구나 당당하게 도전할 수 있는 사람이 될 것이다. 자신의 실패에 실망하고 반성해 본 사람일수록 실패의 고마움과 효용성을 더 잘 알게 된다. 실패 경험이 많으면 많을수록 성공에 대한 수용성도 커진다.

물론 해도 되는 실패와 해서는 안 되는 실패를 잘 가릴 필요는 있다. 개인적인 치적을 쌓다가 하는 실패, 책임의 소재가 명확하지 못한 실패, 실패에서 아무것도 얻을 게 없는 실패는 안 하느니만 못하다.

실패에 대한 생각도 바꾸어야 한다. '나는 오늘 실패했다'보다는 '나는 오늘 덜 성공했다'라는 마음가짐이 필요하다. 시도라도 해야 뭔가 결실을 얻지 않겠는가? 달콤한 열매를 맺기 위해서는 모진 비바람과 돌풍, 뜨거운 뙤약볕과 같은 실패의 시련들과 싸워 내적으로 오래 영글어야 맛난 열매가 되는 법이다.

실패가 두려워 시도조차 못하는 사람, 실패를 딛고 일어나지 못하는 사람은 평생 패배자의 세계에서 살다 간다. 실패로 인해 결국 성공을 맛본 사람들은 '꿈이 이루어질 때까지 실패는 몇 번 더 있을 것이다'라고 덤덤히 실패를 받아들인다.

인류의 진보와 변혁은 실패 때문에 이뤄진 것이다. 실패가 있었기에 지금 이 사회가 존재한다는 사실을 깨달아야 한다. 공직사회에서도 '시도'와 시도에 수반되는 '실패'가 장려되는 문화가 자리 잡아야 한다.

나쁜 실패와 좋은 실패를 구분해야 한다. 기업에서도 좋은 실패는 적극 권장하고 있다.

'실패를 아쉬워할 시간에 실패를 해결할 방법을 찾는 것이 낫다'고 생각한다. 원하는 것을 하다 실패하는 것이 원하지 않는 것을 성공하는 것보다 낫다. 왜냐하면 원하는 것을 해서 실패하는 것은 도전해 본 경험 때문에 후회가 남지 않는다.

다만 실패에서 얻은 교훈을 다음 시도에 또다시 적용시키지 않아 계속 실패를 반복하는 것은 매우 어리석은 일이다. 실패는 '성공'으로 가는 궤도의 오차를 점점 줄이는 작업이 되어야 한다.

완전 다른 궤도를 가면서도 계속 이 길이 '성공'으로 가는 지름길이라 우기는 것은 아집이다. 실패를 인정하는 것은 두려운 일이다. 인지상정이다. 하지만 실패를 은폐하면 똑같은 실패를 되풀이하거나 더 큰 실패에 직면하게 된다. 단체장이라면 더 중요하게 생각해야 되는 부분이다. 실수나 실패를 재빨리 인정하는 것도 리더의 아주 중요한 덕목이다.

# 갑질하는
## 행정은 가라

나라를 경영하는 데 가장 중요한 것은?

공자는 자공의 질문에 첫 번째가 족식足食 두 번째가 족병足兵, 마지막으로 민신지의民信之義라고 말했다. 식량을 비축하고 병사를 기르고 백성들의 신뢰를 얻어야 한다는 말이다.

자공이 만약 이중에 버려야 한다면 어느 것을 먼저 포기하겠냐고 말하자 공자는 족병을 포기하라고 했다. 부득이하게 또 하나를 버려야 한다면 뭘 선택하겠냐고 묻자 공자는 족식을 포기하라고 했다.

아무리 상황이 어려워도 지도자는 백성들의 신뢰만큼은 잃어서는 안 된다는 교훈을 던져주고 있다. "국민은 호랑이와 같고 나라를 다스리는 사람은 사육사와 같다."고 말한 미국 트루먼 대통령의 말도 일맥상통하는 교훈이다. 시장과 시민의 관계도 신뢰가 중요하다. 거짓말해서도 안 된다. 어려울수록 정도正道를 가야 한다. 상대방을 설득하고 이해시켜야 한다.

시민들은 대부분 공권력이나 공적 기관에 비해 자신을 을로 규정하는 경우가 많다. 솔직히 예전에는 확실히 행정기관들이 갑의 지위에 머무른 적도 많았다. 각종 인허가를 빨리 받기 위해서는 다른 루트를 찾게 되었고, 공직자들 역시 쉽게 부패하거나 공정하지 못한 관행을 버리지 못하는 경우가 종종 발생했다.

하지만 요즘은 그렇게 했다가는 난리가 나는 시대가 되었다. 한 명 한 명은 무력한 개미일 수 있으나 다수의 개미들이 합심하여 그런 '갑질의 횡포'에 당당히 맞서기 시작한 것이다. 아마도 SNS가 발달하고 민주주의가 보편화되면서 부당한 갑에 대한 을의 반란은 끊이지 않고 일어날 것이다.

잘못된 행정 공무원의 행태에 대해 성토하는 민원인들의 목소리에 더 귀 기울여야 한다.

중앙에서 제도혁신팀장이었던 나로서는 행정 역시 서비스의 일종이라면 반드시 제공자와 수급자가 등가의 만족이 생기지 않는다는 것을 잘 안다.

하지만 이들 시민들의 민원은 행정을 지속시키고 변화시키기 위해서는 반드시 필요한 것들이다. 그냥 자연발생적으로 생기는 민원은 없다. 오랜 시간 내가 터득한 진리다. 뭔가 분명히 원인이 있다. 그리고 민원의 대부분은 '작은 것' 그리고 '불통'에서 비롯된다.

행정이 국민들에게 다가가기 위해서 갖춰야 할 첫 번째 덕목은 경청이다.

자신의 민원사항이 해결되지 않아도 끝까지 진지하게 들어주는 공무원들한테 민원인들이 제일 잘하는 말이다. 그들은 그들의 괴로운 상황을 속 시원하게 털어놓을 수 있는 부분에서 벌써 절반 가량의 불만이 사라진다.

이미 자신의 문제로 많은 좌절과 고통을 겪고 있는 그들은 어떤 합리적인 설명이나 사후 대책 따위를 들을 여유가 없다. 우선 공감하며 그들의 말에 경청하는 것이 가장 중요하다. 사안이 경미하든 중하든 자신의 고뿔이 남의 중병보다 더 아픈 것이 인지상정이다. 민원인의 말을 잘 들어주면 이미 공무원은 문제의 반을 해결한 셈이다. 진정성 어린 칭찬이나 친절함에 넘어가지 않을 사람은 없다.

정확한 규정과 지식을 숙지할 필요가 있다. 업무에 대한 적확한 논리를 감정적인 불평불만이 이길 수는 없다. 하지만 따박따박 규정만 들이대는 우를 범해서는 안 된다. 가장 중요한 것은 진정성과 유연성으로 민원인을 대하는 것이다.

우리 시가 추진한 '5S 운동'이 서산시를 대표하는 행정브랜드가 된 것도 자랑스럽다. 행정안전부가 전국 228개 시·군·구를 대상으로 실시한 민원행정서비스 우수기관 인증제 심사결과 충남에서 유일하게 우수기관으로 선정될 수 있었던 요체에는 바로 이 5S운동이 있었다. '5S운동'의 기저에는 '소통'이 숨 쉬고 있다. 이런 5S를 기반으로 한 다양한 시민 맞춤형 민원시책을 펼치고 있다.

민원마일리지 운영을 통한 성과관리와 보상으로 유기한민원 처리기한을 60% 이상 단축했다. 민원안내전담제·거동불편무료

배달제·여권계약등기제 등을 실시했다. SNS와 스마트폰을 활용해 민원인의 요구를 신속히 수렴하고 '민원24' 등 온라인서비스 활성화로 민원서비스 품질향상을 위해 노력한 점도 높게 평가받았다.

우수기관 인증은 시민의 입장에서 행정서비스 제공을 위해 노력한 당연한 결과다. 그동안 우리시 공무원들은 체질을 변화시키기 위해 부단히 노력했다. 행정서비스 체질 개선을 위한 내부 공직혁신 운동 '5S·5품 행정'을 강도 높게 추진하면서 많이 힘들었던 것도 사실이다. 2013년 9월부터는 전화 원콜ONE-CALL제도를 적극 추진중이다. 민원인의 전화를 처음 받은 공무원이 책임지고 직접 답변을 해주거나 해당부서를 연결해서 한 번의 전화로 민원을 해결해주는 시책이다.

이러한 일련의 노력으로 힘들지만 그만큼 서산시 공무원의 역량은 배가되었다. 특히 공부하고 연구하는 직장 분위기가 형성된 것은 부가적으로 얻은 최대 수확이었다. '창의지식 정보방'과 '통합성과관리시스템'은 직원들이 자유롭게 지식을 창출·공유할 수 있는 요람이 되었다. '시정 연구 동아리'의 운영을 통해 시민을 위한 지식활동은 한층 더 활발해졌다.

모든 노력은 보답 받는 법이다.

서산시가 충남지역에서 유일하게 지식기반의 행정·경영문화 확산을 위해 안전행정부와 매일경제신문이 공동 주관한 '2회 대한민국 지식대상'에서 최우수상을 수상(2013년 10월)한 것은 결코 우연이나 행운이 아니다.

소통과 공감의 리더

게다가 더 흐뭇한 일도 있었다. 관에서 주도했던 5S 행정실천운동이 민간으로까지 자연스럽게 확산된 것이다. 고객의 건강과 행복을 위한 업소가 되도록 노력하자는 영업주와 종사자 5S운동 실천사항을 자발적으로 표방한 것이다.

'위생적 식사분위기 조성' '음식 제로Zero화' '복합용기 및 소형 찬기 사용' '음식 재사용 안하기' 등 영업주의 실천사항과 '친절한 자세와 단정한 복장으로 손님의 의사를 존중하고 감사하는 마음'을 갖겠다는 종사자들의 실천사항을 담았다. 전국에서 가장 친절한 서산시를 만들고 '관광도시 서산'의 이미지를 높이자는 데 민·관이 뜻을 함께한 것이다.

공무원은 진취적이고 혁신적인 인재가 되기 전에 먼저 사회적 책임을 수행하는 데 있어 헌신하는 인재가 되어야 한다. '역지사지' '측은지심' '타산지석'의 동양적인 자기희생과 반성이 공무원에게는 항상 있어야 한다.

요즘처럼 개인주의가 만연한 사회 속에서도 사회와 연대감을 가진 공무원이 여전히 존재하고 있다는 사실이 참 다행스럽다. 그들이 서산시 공무원이라는 사실이 자랑스럽다.

'갑질'하는 행정은 설 자리가 없다. 시정과 공무원의 최대 갑은 바로 시민이라는 것을 나는 이 순간도 가슴에 새긴다.

# 시민의 니즈가
# 좋은 시정을 만든다

    행정이 하는 모든 것들이 모든 시민들의 호응을 받는 것은 아니다. 양가적인 특징을 가진 것이 행정이다. 누구는 시혜의 대상이지만 또 다른 누구는 제외될 수도 있기 때문이다. 이럴 때 발생하는 갈등과 이전투구를 지자체장은 현명하게 처리할 필요가 있다.
    제일 중요한 것은 확고한 원칙과 흔들리지 않는 소신을 가지는 것이다. 누가 뭐라고 반박할 수 없는 명분을 가지는 것도 중요하다.
    일하는 과정에서 원칙과 소신은 지키되 치열하게 고민해서 창의적인 대안을 마련해야 한다. 냉철한 이성과 따뜻한 감성을 바탕으로 시민의 입장에서 고민하고 또 고민하면 그동안 보이지 않았던 또 다른 해법이 나오기도 한다.
    '시민의 니즈Needs'
    필요성이 있는 곳에 '변화'가 생기는 법이다. 시민의 니즈를 살펴보면서 변화를 예측할 필요가 있다. 행정의 최고 가치는 시민의 만족이다. 행정의 목적은 시민들의 삶의 질을 향상시키는 데 있고, 시민의 가려운 곳을 긁어주는 데 있다.

현장을 다니면서 시민들과 이야기를 나누면서 내가 미처 느끼지 못했던 아픔과 애환을 많이 접한다. 때로는 자세히 들어줄 수 없는, 누구에게 호소할 길 없는 개인적인 일들도 그들에게는 하나하나가 아픔이고 중요한 삶의 일부이다. 나는 끝까지 들어주고, 매듭을 풀어주고, 고통을 해소해 주려고 노력하는 편이다.

시민의 니즈가 있으면, 시정발전에 도움이 되고 시민에게 필요한 일이라면 공익성을 우선적으로 검토하되 법률과 제도를 개선해서라도 사업을 추진해야 한다. 이런 적극적인 업무처리 자세와 열정이 행정을 발전시키는 동력이다.

우리 서산시의 시민들이 서산시의 시정을 어떻게 바라보고 있는지를 깨닫는 것도 그런 의미에서 매우 중요한 일이었다. 그래서 개최(2013. 10. 2)한 것이 1일 명예 읍면동장 체험 사례발표 및 간담회였다. 1일 명예 읍면동장 체험을 한 시민 70명의 의견을 서산시정에 적극적으로 반영하기 위해 마련한 자리였다.

"명예 면장 체험을 통해 이제는 당당한 서산시민이 된 것 같아요."

한국으로 시집온 지 7년 만에 면사무소에 처음 가봤다는 베트남 출신 호띠라이 씨의 벅찬 목소리였다.

"열여덟 살에 고향인 운산면 용장리를 떠나서 서울에 정착해 50년을 넘게 살았습니다. 1일 면장이 되어 지역 구석구석을 둘러보며 새롭게 발전해가는 고향의 모습을 보니 뿌듯했습니다."

출향인사 윤병천 씨의 진솔한 목소리였다.

농업인, 출향인사, 주부, 다문화가족 등 다양한 면면을 가진 1일 명예 읍면동장이 체험한 시정에 대해 건네는 애정 어린 칭찬과 조언들은 우리 서산시의 참여행정을 살찌게 하는 자양분이 되기에 충분했다.

행정과 시민의 수요를 일치시키는 것이 쉬운 일만은 아니다. 하지만 그 지난한 과정을 거치면 시민들에게 감동의 서비스를 펼칠 수 있다.

서산시가 운영한 가로 순찰대는 시민 불편을 해소시키는 서산시의 발품행정의 하나다.

해당 부서뿐만 아니라 전 부서 직원으로 구성된 가로 순찰대는 매월 주요 도로변 8개를 중심으로 가로·보안등 설치와 수리, 교통안전시설물 점검, 불법광고물 제거, 쓰레기 수거 등 각종 생활 불편사항을 시민의 입장에서 신속히 처리했다. 현장조치 가능한 사항은 즉시 현장처리하고 계속 반복되는 사항은 제도개선을 통한 근본적인 해결책을 마련하기에 시민들의 호응이 매우 컸다.

서산시가 구축한 u-헬스케어 원격진료 시스템 역시 일반시민을 대상으로 체육시설과 주민자치센터, 건강증진센터 등을 활용 연간 3만 5천여 명의 체력증진과 건강측정을 실시하는 '건강증진 서비스'가 핵심이다.

우리 시는 이미 고령사회로 접어들었다. 고령화와 핵가족화로 인해 급증하고 있는 독거노인의 문제는 자못 심각하다. 일반시민, 만성질환자, 독거노인, 거동불편자, 특수질환자나 시설수용자 등 개인이 처한 위치와 상황에 맞는 시공초월 맞춤형 의료서비스를 위해 마련한 것이다.

홀로 사는 노인에 대한 전반적인 관리와 지원을 잘해 독거노인 관리 최우수기관 시로 선정되기도 했다. '독거노인 응급안전돌보미'와 노인들로 구성된 순찰대가 독거노인들을 정기적으로 찾아보는 '두레형 노-노 안전확인순찰대' 등은 어디에 내놓아도 손색이 없는 제도이다. 어르신들의 편안하고 행복한 노후를 위해 다양한 맞춤형 시책을 펼치고 있다.

시민의 안전과 건강 챙기기는 여기서 끝나지 않았다.

의료사각지대를 해소하고 시민의 건강을 지키기 위해 성연 보건지소와 원평·봉생·오지 보건진료소를 신축했다. '인간중심' '교통약자 배려' 교통인프라를 만들기 위해 노력했다.

장애인콜택시와 저상버스 등 특별교통수단 운영을 늘렸다. 버스 손잡이를 수직손잡이로 하고 버스 바닥은 미끄럽지 않은 재질로 교체했다.

공용터미널의 장애인화장실을 포함하여 화장실과 편의시설을 전면 개선했다. 장애인 이용객을 위해 수화시스템과 교통정보 제공시스템을 구축하여 운영했다. 미끄럼방지시설과 점자표시, 안전손잡이 등을 설치하여 교통약자의 안전사고를 철저히 예방했다. 고질적인 교통체증 유발요인을 해소하고 택시 이용자 편의를 위하여 공용터미널 택시 승강장을 2차선으로 확대하고 진입방향을 전환하는 등 획기적으로 개선했다.

일부 육교와 차량통제 기둥 같은 불합리한 교통시설물도 없앴다. 시각장애인용 음향신호기와 보행자용 잔여시간표시기, 설치 및 보행우선구역을 지정하여 보행환경을 개선했다. 인도용 방호 울타리를 설치하여 보행자의 안전을 최우선으로 지켰다. 인지면 차리 주민들의 오랜 숙원이었던 버스정류장 전환 설치도 현장 답사 후 희망대로 신속하게 조치했다.

시민들이 일상생활에서 느끼는 불편사항을 빠르게 해소하는 것은 무엇보다 중요하다.

도로의 아스팔트 파손지역, 골목길 또는 이면도로 불량지역 보수, 보안등 설치와 보수, 배수로 정비, 하수관 시설이나 마을안길 보수, 각종 공공시설물의 정비, 동부시장 바닥 보수와 환경개선, 경로당 개보수 등 신속한 해결을 필요로 하는 것들을 우선적으로 처리했다. 노후 상수관 교체를 통해 맑은 물을 공급하여 시민의 건강을 지켜나갔다.

의외로 사람들은 큰 병보다는 작은 상처에 더 민감할 때가 많다. 큰 병은 눈에도 잘 보이지 않을뿐더러 이런저런 사정 때문에 도외시하는데 작은 상처는 지금 당장에 싸매지 않으면 큰일 날 것처럼 생각되기 때문이다.

행정도 비슷하다. 시민들은 당장 내 생활 속에서 직면한 불편, 불만 사항을 더 크게 느끼는 법이다.

'학철지부涸轍之鮒'라는 고사성어가 있다.

옛날 장자莊子가 길을 가다 보니 수레바퀴가 지나간 자국에 물이 고여 있고, 그 작은 물 웅덩이 속에서 붕어 한 마리가 가쁜 숨을 몰아쉬고 있었다. 장자가 '강물을 끌어다 주겠다'고 하자, 붕어는 '지금 내게 필요한 것은 물 한 바가지'라며 화를 냈다.

원래 수레바퀴 자국에 고인 물에 있는 물고기는 강물을 필요로 하는 것이 아니라 한 모금의 바가지물이 필요한 법이다.

시민의 니즈란 당장 내 주변에 있는 전봇대를 뽑고 손톱 밑의 가시를 뽑는 것이 더 급한 것일 때가 많다. 실질적이고 요긴한 것을 챙겨주는 것을 미시적이라고 도외시하면 안 된다.

천리길도 한 걸음부터다.

작은 것도 못 챙기는 시정이라면 거대한 비전과 웅장한 청사진을 내밀어봤자 아무 소용없다. 달고 시원한 한 바가지 물의 요긴함을 늘 마음에 새길 것이다.

# 빛나라, 대한민국! 4

대산항 석유화학단지

### 쨍~하고 해 뜰 날

　나무들은 앙상한 뼈와 가죽만으로 언 땅에서 혹독한 시련을 견디며 다음에 다시 태어날 생을 준비한다. 그 놀라운 생명력의 증거가 바로 '겨울눈'이다. 겨울눈의 진정한 의도는 '희망의 봄'을 준비하는 데 있다. 만약 나무에게 이 겨울눈이 없다면 그 나무는 봄에 꽃이 피거나 잎을 돋아나지 않을 것이다.

　시련은 어쩌면 자신의 잠재력과 강인함을 입증하는 기회일 수 있다. 시련에서도 살아남는 것이 인간이 인간임을 입증하는 최선의 방법인지도…. 인생에서 맞닥뜨리는 시련이 우리의 잠재성을 밖으로 이끌어내 주는 최고의 은혜로운 시간인지도 모른다.

　지금 어둡고, 축축하고, 음습한 삶을 사는 이들이여! 절망하지 말자!

　쨍하고 해 뜰 날은 반드시 온다. 그 증거가 가까이 있잖은가?

# 시장, 공무원, 시민의 3박자

땅과 햇빛 아래 거름을 주고 가꾸는 정성이 있어야 기대하는 풍년을 맞이할 수 있다.

시정도 마찬가지다. '시장' '공무원' '시민'의 3박자가 잘 갖춰져야 튼실하고 윤기 나는 시정 성과를 거둘 수 있다.

아무리 시장이 큰 뜻을 품고 있다고 해도, 행정을 수행하는 공무원의 열정이 부족하거나 시민들이 시장과 공무원에 대하여 신뢰와 지지를 보내주지 않는다면 행정은 잘 이뤄질 수 없다. 또한 큰 성과를 거두기 어렵다.

내가 생각하는 단체장은 자기 철학이 있어야 하는 사람이다.

단체장은 비전을 구체적이고도 실제적으로 제시할 줄 알아야 한다. '비전 제시'는 지역의 발전에도 큰 영향을 미친다.

지역발전이란 지역의 경제·사회적 발전을 의미하며 지역경제의 발전은 지방자치단체의 산업경제 정책 추진을 통해 이루어진다. 지방자치시대에 이러한 정책추진은 자치단체장의 경영능력과 마인드 그리고 '비전'이 있어야만 성공적으로 추진할 수 있다.

서산시장이 되면서 지역발전을 위해 항상 장·단기 '비전'을 제시하고 그것을 이루기 위해 노력해 왔다. 비록 짧은 기간이었지만, 그 결과 많은 것을 이루었고 지역경제 활성화의 계기도 마련했다고 자부한다.

공무원들은 단체장과 비전을 공유하는 사람들이다.

공무원들이 단체장과 비전을 공유하기 위해서는 먼저 부지런히 직무를 연마하여 그 분야의 전문가가 되는 것이 중요하다. 요즘 같은 전문화 시대에 예전에는 제너럴리스트로도 만족했던 공무원들 역시 전문성을 지닌 스페셜리스트가 되어야 한다.

전문성이 없으면 책임감이 없다. 창의성도 없다. 공무원들이 전문성을 갖춰야 일 처리가 쉬워지고 효율성도 극대화된다. 철밥통, 복지부동의 표상으로 여겨졌던 공무원들이 어쩌면 요즘 시대 오히려 변화의 선도자가 될 수 있어야 한다. 공무원들은 아직까지는 민간 기업에 비해 다소 느리고 경직되었다고 하지만 원칙과 기본을 지키는 집단이라는 신뢰만은 아직 지키고 있는 듯하다. 이런 신뢰성 있는 집단이 유연하고 스마트하게 변신한다면 그 저력은 가늠할 수 없을 정도로 커질 것이다.

나는 공무원 교육을 많이 시킨다. 내가 먼저 학습을 하는 모습을 보여주면서도 그들에게 공부할 것을 주문한다. 지도자의 개성과 노력에 의해 공무원들의 친절과 열의에 찬 헌신이 얼마나 체계화, 제도화될 수 있는지에 대해서도 나는 잘 안다.

부시장 재임 시 서산시의 성과관리시스템을 갖고 박사학위를 따는 모습을 솔선해서 보여주고, 시장 재임 후 시청 학습 동아리를 활성화시킨 것은 다 그런 이유에서다. 때때로 향응이나 받고, 외유나 다니면서 아래 사람한테 일이나 책임을 미루는 단체장을 공무원들과 시민들은 아무도 존경하지 않을 것이다.

구성원들이 일할 수 있는 분위기를 만들어 주는 것도 중요하다. 나는 내가 먼저 어려운 점을 해결해주고 격려해주며 창의력을 갖고 일할 수 있는 분위기를 만들어주고자 노력한다. 농담도 내가 먼저 걸고, 상대방의 말에도 내가 먼저 큰 제스처로 호응을 해 준다. 시장인 내가 먼저 보여줘야 공무원과 시민들이 속엣것을 꺼내들 수 있다.

공무원들은 시민들을 위해서 일하기 때문에 항상 모범적이고 청렴하고, 윤리적이어야 한다. 무엇보다 '청렴'을 가장 큰 덕목으로 둬야한다고 생각한다. 청렴하지 못하다면 신뢰받기 어렵다. 행정의 신뢰를 떨어뜨린다. 자기 주변을 깨끗이 해야 한다. 공무원의 가족 역시 공무원이라는 생각으로 행동을 조심히 해야 한다.

공무원들은 사실상 팔로워 역할이 더 중요하다. 하지만 그것이 무조건 리더의 말을 수명해야 하는 팔로워십을 말하는 것이 아니다. 방향과 맥락을 알고 뒤따르는, 하지만 잘못된 궤도를 과감히 수정할 줄 아는 용기와 과감성도 지녀야 한다.

리더인 단체장이 비전을 잘 제시하고 합리적으로 추진해 나갈 때는 열심히 응원하고 도와줘야겠지만 잘못된 길로 갈 때에는 '아니오!'라고 분명한 목소리를 낼 수 있어야 한다.

하지만 시장 혼자 아무리 능력이 있고 공무원들이 열정적으로 노력한다 해도 따르고 지지하는 시민이 없다면 공허한 일일 수밖에 없다. 공무원의 존재 이유는 그 지역민을 위해 존재하는 것이기 때문이다. 주인이 되는 시민이 시장과 공무원이 하는 일에 아무런 관심도, 호응도, 비판도 보이지 않는다면 일할 맛이 나지 않을 것이다.

시민들한테 당부하고 싶은 말이 있다. 시장으로 뽑아줬다면 어쨌든 믿어줬으면 좋겠다는 것! 신바람 나게 일할 수 있게 믿고, 칭찬할 일이 있으면 칭찬해 달라는 것! 흠을 찾기보다 잘하는 일을 찾아 격려해주는 것이 머슴을 더 일 잘하게 하는 주인의 현명함이라는 것.

행정에는 항상 반대사항이 있다. 흠집을 내려는 반대파가 있기 마련이다. 그런 사람들의 목소리는 유독 크다. 반면 묵묵히 일하는 사람들의 목소리는 미약하기 그지없다.

환경단체들은 개발 이야기만 나오면 일단 반대를 하는 경향이 있다. 그 때문에 무조건 반대 논리를 전개한다. 자기들도 왜 반대하는지 이유를 잘 몰라 혼란스러워하다가 자가당착에 빠지는 경우도 있다.

'반대를 위한 반대'를 해서 행정의 발목을 잡아서는 안 된다.

시가 하는 일이 올바른 방향을 갖고 있다면 힘을 실어주고 적극적으로 밀어주면 좋겠다. 시민들이 자발적으로 나서서 지지해 줘야 한다. 민주화가 되었다고는 하지만 각종 개발에 앞서 부딪히는 여러 반대단체나 반대파들을 보면 꼭 한두 사람에 의해 좌

지우지 되는 경향이 많다.

순수한 목적이 아니라 물밑으로 거래하여 뭔가를 얻어내려는 불순한 목적에 의한 책동이 많다. 이건 올바른 민주화가 아니다. 지역 발전을 위해 유리하게 판단된다면 정파나 입장을 초월해서 일해야 한다. 개인적·지역적인 자기 입장만 내세워서는 안 된다.

시민들은 근거 없고, 감정적인 님비현상에 휩쓸리지 않도록 주의해야 한다. 지자체마다 님비현상으로 속을 많이 썩고 있다. 쓰레기 처리장 매립장, 소각장, 화장장, 납골당 등 혐오시설은 지가 하락과 환경오염에 대한 우려 때문에 반발이 많은 이슈다.

하지만 먼 미래를 보는 안목을 가지고, 행정의 발목을 사사건건 잡아채는 일은 없어야겠다. 항상 그래서 일을 못한다. 낭비하고 발전을 저해한다. 의회의 경우도 마찬가지다. 의회와 집행부는 수레의 양바퀴와 다름 아니다. 견제와 균형도 중요하지만 협의와 조정도 중요하다. 의회가 예산이라는 수단으로 집행부의 발목을 잡아서는 안 되고 집행부도 협의와 조정을 통해 간격을 좁히는 노력이 필요하다.

세상의 흐름을 시민들도 함께 느낄 필요가 있다. 옛날에는 혐오시설로 여겨졌던 소각장, 화장장, 요양원, 납골당 같은 것에 대한 생각 자체도 변화시켜야 한다.

다른 지자체가 꺼려하는 시설들도 유치해서 필요한 것들을 더 얻어내고 전략적으로 활용할 수 있는 방향을 모색하는 것이 중요하다. 한두 사람의 편향된 주체들의 잘못된 판단 때문에 변화를 못 쫓아가는 것은 대단히 안타까운 일이다.

시정은 공무원뿐만 아니라 시민들과 함께할 때 진정한 성과를 거둘 수 있다.

그러려면 시민들도 마음을 끄집어내어 한데 모으는 것이 중요하다. 아무리 멋진 서산을 건설하려고 해도 시민들의 참여와 지지가 없으면 힘들 수밖에 없다.

이렇게 주저하는 시민들의 참여를 이끌어내기 위해 나는 오늘도, 내일도 부지런히 돌아다니며 대화하고 설득할 것이다. 아름다운 서산은 시장 이완섭이, 공무원들이 만드는 것이 아니다. 우리 시민들의 엄청난 지지 아래 함께 만들어가는 것이다.

나와 공무원들에게 서산시 시민들이 보내주는 응원은 목마른 자에게 주는 감로수와 같다. 국민의 칭찬이 높은 보수나 승진보다 우리를 더 춤추게 만든다. 시민들의 관심과 사랑에 따라 안정적인 왈츠일지, 정열적인 탱고일지, 흥겨운 살사일지가 판가름 날 것이다.

# 서산이 서야
# 대한민국이 선다

지자체도 다양한 교류를 맺어야만 살아남을 수 있는 시대다. 공조와 연대가 중요한 현대에 독불장군에 우물 안 개구리 같은 시야와 마인드로는 발전할 수 없기 때문이다.

지자체가 성공하려면 지자체장 역시 평소 많은 인맥을 구축해야 한다.

종합행정을 다루는 단체장들은 분초를 다투는 화급한 일들도 많다. 민선 단체장들이 표나 의식하고 자기 면이나 세우는 일에나 혈안이 된다면 진정한 지방자치는 이룰 수 없다. 지역 주민에 의해 당선되었기 때문에 주민들의 욕구를 실현해야 할 책임과 의무가 있다. 그러므로 단체장들은 지역 주민들의 요구사항을 들어주기 위해 상급기관인 도道나 중앙정부에 재정적 지원을 요청하거나 지역 현안을 해결할 수 있도록 시책을 추진해 달라고 어필해야 한다. 물론 실력을 갖추는 것이 제일 기본이지만 중앙정부의 인맥을 동원하고, 읍소하는 일도 마다해서는 안 된다.

중앙부처에 있을 때 다양한 직렬, 부처의 사람들을 끊임없이 상대했던 나는 '사람'이라는 자원을 남다르게 가졌다고 자부한다. 중앙정부와의 소통이 원활한 것도 그 덕분이다.

지자체와 중앙정부와의 협력은 매우 중요하다.

나는 지방자치가 제대로 작동되면 될수록 중앙정부와의 협력은 더욱 필요하리라 본다. 국가의 균형적인 발전 측면에서도 중요하다. 너무 혼자만 독보적이고 독점적으로 앞서 나가는 지자체는 국가 통합 발전에 오히려 저해가 될 수 있다.

물론 더 현실적인 이유도 있다.

지방자치단체의 재정자립도는 어찌됐든 중앙에 비해 열악할 수밖에 없다. 중앙정부의 도움 없이 지방자치단체가 스스로의 힘만으로 발전을 이뤄가는 데는 한계가 있다. 얼마나 중앙정부의 도움을 받느냐가 발전의 척도가 된다는 것은 그리 바람직한 일은 아니지만 아직은 무시할 수 없는 요소다.

나는 1년 반 동안 서산시 부시장으로 근무하면서 중앙정부의 도움이 얼마나 절실한가를 직접 경험했다. 시장이 되어서도 마찬가지로 절실하게 느끼고 있다. 그래서 가능하면 중앙정부의 도움을 이끌어내기 위해 소통에 힘쓰고 있다.

내가 다른 지자체 장들보다 정부의 협력을 이끌어 내는 데 있어 특별히 잘하고 있다고는 생각하지 않는다. 다만 많은 인맥들과 불편 없이 소통하면서 나름 최선의 노력을 다하고 있다는 점만은 자신 있게 말할 수 있다.

30년 가까이 중앙부처에 근무하면서 쌓아온 각 부처 인맥을 고향을 위해 쓸 수 있다는 것은 더 없이 행복한 일이다. 인맥이라는 것이 누구나 갖고 있는 자산은 아니다. 한 사람 한 사람과의 인연을 소중하게 생각하며 끊임없이 관리해온 인맥이야말로 금맥과 다를 바 없다.

시장 취임 후 행정부에서 빠진 대산항 건설관련 실시설계비 예산(13억 원)을 국회에서 살려낸 일도 그렇게 맺어진 인맥들의 협력 덕분이었다.

서산시로서는 죽은 자식 살려낸 것과 같이 환호할 일이 아닐 수 없었다. 여기에는 많은 사람들의 도움이 있었다. 기획재정부를 비롯한 각 부처 및 국회 내 인맥, 지역출신 국회의원, 출향인사 등등. 이분들의 전폭적인 협조와 관심으로 우리는 500여억 원이 소요되는 대산항 건설 관련 예산을 확보하는 첫 단추를 꿸 수 있었다.

이런 중앙 인맥과의 스킨십을 강화하는 것은 여러모로 필요한 일이다. 그러므로 나는 서산 출신의 중앙공무원들이 우리 서산을 챙기기 이전에 먼저 서산 출신 중앙부처 근무 공무원들을 챙겨나갔다.

서울 용산 육군회관과 세종시 등에서 서산 출신 공무원들과 간담회도 가졌다.

'얼마 안 모이면 어떡하지?' 하는 우려를 불식시키고 서울 간담회에는 안전행정부, 보건복지부, 고용노동부 등 서울과 과천소재 중앙부처에서, 세종시 간담회에는 기획재정부, 국토교통부, 해양수산부 등 경제부처에서 근무하는 향우공무원들이 다수 참석했다.

　간만에 만난 고향 까마귀들은 자리의 목적을 따질 새도 없이 금세 고향이야기로 꽃을 피우며 어색함을 없앨 수 있었다. 우리가 서산시의 현안을 설명하면 바로 바로 이해하는 중앙부처 공무원들을 보면서 비록 몸은 떠났지만 여전히 고향에 머리를 두고 그리워하고 있는 마음을 생생히 엿볼 수 있었다.

　간담회에서 '해 뜨는 서산' 건설을 위해 우리 서산시와 시민들이 뛰고 있는 여러 노력들에 대한 설명을 들은 향우공무원들은 다들 감동하는 표정을 지었다. 자랑스러운 고향을 가졌다는 자부심은 객지 생활을 하는 사람들에게 타지를 견디게 하는 든든한 원동력이 된다. 그들에게 난 고향을 위해 물심양면으로 도움을 줄 것을 진심으로 부탁했다.

　세종시에서 열린 간담회에서는 정부예산 확보 대상사업에 대한 필요성과 추진계획을 설명했다. 아무래도 세종시에는 기획재정부 소속 직원들이 있어 그 공감대폭이 클 것이라 판단했기 때문이다.

　이 자리에서 나는 대산-당진 간 고속도로 건설의 당위성과 대산항 활성화 필요성에 대해 역설했다. 오래도록 지역민 모두가 열망하는 사업임을 밝히며 조속히 추진되도록 힘을 보태달라며 강조했다.

　대전-당진 간 고속도로의 대산까지의 연장은 서해안 고속도로 남당진JCT에서 대산 화곡리까지 24㎞를 왕복 4차선으로 연결하는 사업이다. 약 6,500억 원의 재원이 필요한 국책사업이다. 물론

강창희 국회의장께 대산-당진 간 고속도로 연장 필요성을 설명하는 필자

시간이 지나면 지날수록 그 필요재원의 규모는 더 커질 것이다.

대산항 주변 인프라를 제대로 구축하지 않으면 물류사업, 관광사업, 마이스 산업[1] 등 연관산업을 키울 수 없다. 물류이동이 원활하게 될 수 있는 환경이 완비되어야 서산의 산업을 촉진시킬 수 있는 것이다.

지난 2010년 3월 이명박 전 대통령이 대전·충남 업무보고를 받는 자리에서 충남도 건의사항 1순위인 이 사업에 대해 긍정적인 입장을 밝힌 바도 있다. 하지만 그동안 두 차례의 예비타당성 조사에서 경제성이 낮다는 이유로 발목이 잡혔다. 나는 2013년 5월, 강창희 국회의장을 방문하여 설명과 함께 협조를 요청했고 현오

---

1. 마이스산업(Meeting, Incentive, Convention, Exhibition ; MICE)이란 기업회의(Meeting), 포상관광(Incentives), 컨벤션(Convention), 이벤트와 박람전시회(Events & Exhibition)를 융합한 새로운 산업을 말함

석 기획재정부 장관에게는 직접 손 편지까지 썼다.

그런데도 결과는 마찬가지. 이것은 정부가 판단의 오류를 범하고 있는 문제다. 정부가 기계적인 예측 평가로 서산의 미래를 발목 잡아서는 안 된다. 정부 측에서는 이미 국도 38호선, 국지도 70호선이 공사 중에 있는 상황에서 교통량을 충분히 소화할 수 있는데 무엇이 급하기에 이렇게 서두르냐고 말한다. 그러나 그렇게 단순하게 판단할 일인가?

오솔길은 오솔길의 역할이 있고, 신작로는 신작로의 역할이 있다. 오솔길로는 성장의 골격을 키울 수 없다. 대산항은 비단 서산의 문제만이 아니라 서해안 인근 모든 도시와 관련이 된다는 것을 깨달아야 한다.

정부는 SOC 사업으로만 대산-당진 간 도로 건설을 파악한다. 우리 시가 국가에 납부하는 국세만 3조 8천억, 관세가 4조 원이다. 8조에 가까운 돈을 국가에 납부하는데 24km에 불과한 도로 건설에 그토록 인색해야 하는 것일까?

국가에 납부하는 돈의 환원 차원에서라도 꼭 건설을 해줘야 하는 부분이다.

없는 고속도로 새로이 만들어 달라는 억지도 아니다. 이미 당진까지 와 있는 도로를 항구가 있는 곳까지 연장해달라는 것뿐이다. 연장되면 80%의 역할밖에 하지 못하는 도로 효용가치를 100% 이상으로 끌어올릴 수 있다.

기업들 역시 절실하게 필요성을 느끼고 있지만 그들이 목소리를 키워 주장할 수 없는 한계를 나는 잘 안다. 그래서 시장인 내가 소위 총대를 멜 수밖에 없다. 우리 시가 자체 사전 타당성 검토 용역을 시행했다. 목마른 자가 우물을 파는 심정으로 예비타당성조사 대상사업 신청을 했다.

그러나 사실 이 사업은 예비타당성 대상 사업으로 판단할 것이 아니라 정부의 정책적 배려 차원에서도 추진되어야 한다고 나는 강력히 주장한다. 그 이유는 앞서 언급한 내용으로도 충분히 이해하고도 남음이 있을 것이다.

국가 31개 항만 중에서 물동량 6위인 충청권 국제관문인 대산항에 고속도로를 연결하는 것은 너무나 당연한 일이 아닐까? 지척에 있는 중국 산동 반도와 국제항로가 개설되어 2014년에 국제쾌속선 취항을 앞두고 있는 상황만 하더라도 정답은 나왔다고 생각한다. 앞으로도 이의 관철을 위해 중앙정부와 끊임없이 소통할 것이다.

지방의 발전이 곧 국가의 발전이다.

미국의 기상학자 에드워드 로렌츠의 주장처럼 북경에서 나비 한 마리가 일으킨 날갯짓이 지구 반대편에 태풍을 일으키는 결과를 가져오기도 한다. 아주 작은 지자체의 변화 하나가 국가의 엄청난 결과의 차이를 빚어낼 수 있다는 사실을 직시해야 한다.

단언컨대 서산 대산항의 부흥이 대한민국의 르네상스를 이끌 날갯짓이 될 것이다.

# 그린 프리미엄을 얹어라!

명품도시는 자연 특히 녹지공간과 인간이 공존하는 도시다. 자연과 만날 수 있도록 비오톱Biotop[1]과 사람이 공존할 수 있어야 진정한 에코시티라 할 수 있다.

21세기는 환경이 화두가 되는 시대다. 미래는 환경이 도시의 경쟁력을 좌우한다. 환경이 좋으면 부도 따라온다. 환경이 나쁘고 열악하면 사람이 떠나고 도시가 황폐해진다.

자연과 생태, 환경보전이 중요한 시대가 되었다는 것은 그만큼 성장위주의 개발정책이 불러온 여러 부작용들이 많다는 것을 반증하는 말일 것이다. 지자체가 예전과 달리 개발에만 눈멀어 건설을 하면 비난을 받는다. 환경이 중요한 지자체 경쟁력의 평가

---

1. 비오톱은 그리스어로 생명을 의미하는 '비오스(bios)'와 '땅 또는 공간'을 의미하는 '토포스(topos)'가 합쳐진 말로 인간과 동식물 등 다양한 생물종의 공동 서식장소를 가르킨다.

척도가 되고 있다. '그린' '생태'를 자신의 지역 경쟁력으로 내세우는 곳도 점점 많아지고 있다.

해안도시 서산은 보유하고 있는 자연의 그린 프리미엄을 듬뿍 누릴 수 있는 천혜의 입지들로 풍성하다. 상서로운 땅, 서산의 가치를 무시할 수 없는 이유가 바로 여기에 있다.

어메니티Amenity는 '인간이 살아가는 데 필요한 종합적인 쾌적함'을, 영어로는 '살기에 즐겁고 안락하거나 또는 편한 장소를 만드는 요소'를 뜻하는 말이다. 우리 서산시야말로 단연 최고의 '어메니티'를 보유한 지자체다.

농촌자연환경은 단순히 어메니티로만 끝나지 않는다. 엄청난 수익모델이 될 수 있는 하나의 관광자원이고, 경쟁력이기도 하다.

서산이 가진 생태자원은 무궁무진하다. 정말 복된 땅이라 불릴 만큼 천혜의 비경과 환경을 가진 곳이 많다는 것은 축복 중의 축복이다. 서산 지도를 펼쳐 살펴보면 곳곳에 산, 바다, 유적지가 펼쳐져 있다.

2012년 제5회 그린시티로 선정되어 환경부장관상까지 받은 세계최고 철새 도래지 '천수만'이 그중 으뜸일 것이다. 전 세계적으로 철새 도래지들이 줄어들고 있을 만큼 난개발이 지구에 준 부작용은 엄청나다. 이런 도래지를 갖고 있다는 자체가 청정 도시로서의 경쟁력을 높여주고 있다.

아름다운 철새들의 모습을 관찰할 수 있는 세계적인 철새도래지 천수만을 본 사람들은 하나같이 입을 다물지 못한다. 서산시

윤종수 환경부차관으로부터 그린시티상을 수상하는 장면

는 새와 사람이 함께 어우러지는 친환경공간인 서산 버드랜드를 조성했다.

버드랜드에는 철새박물관, 4D입체영상관, 야외공연장, 생태체험 놀이교실이 마련돼 관광객들의 호응이 매우 좋다. 천수만에서 자연사했거나 치료과정에서 사망한 조류 사체까지도 생생히 자연을 느끼게 만드는 빼어난 전시물이 되고 있다.

이 일대에는 야생동물치료센터, 철새전망대, 산책로와 생태탐방로 등이 조성되어 있다. 이러한 자원들은 체험중심으로 활용되어질 것이다. 천수만 간척지 내 농경지는 철새 휴식공간으로 조성할 계획이다. 이를 위해 '생물다양성 관리계약사업'을 추진한다. 또한 생태복원을 통해 철새 집단거주지를 육성하는 '철새서식지 조성사업' 등도 추진해 버드랜드를 세계적인 철새탐조 관광의 메카로 육성할 예정이다. 서산버드랜드는 2013년 11월 1일 철새기행 행사와 함께 그동안 부분개관으로 운영해오던 것을 이날 전면 개관하였다.

서산에는 물이 들어오면 섬이 되고 물이 빠지면 뭍이 되는 바위섬 간월도看月島도 있다. 간월도와 그 안에 있는 작은 절 간월암은 밀물과 썰물 때 섬과 육지로 변화되는 보기 드문 광경을 연출해 많은 사랑을 받고 있다.

간월도는 주변의 섬들과 어우러져 바다 위로 달이 떠올랐을 때 경관이 빼어나다. 천수만으로 떨어지는 낙조 풍경 또한 아름다운 곳이라 많은 사진작가들이 찾는 명소이기도 하다.

또한 간월도 하면 떠오르는 것이 있다. 조선 태종 때부터 임금님 수라상에 올랐다는 어리굴젓이다. 김이 모락모락 나는 막 지은 하얀 쌀밥에 얹어서 먹으면 밥도둑이 따로 없다. 간월도의 정경을 보고 어리굴젓을 맛보기 위해 오는 관광객은 점점 늘고 있다. 생태환경 자체가 관광사업과 만나는 지점이다.

지역 명산 가야산을 중심으로 한 내포문화 숲길 조성에도 심혈을 기울이고 있다. 내포문화 숲길은 내포문화권의 주축인 가야산을 중심으로 서산시, 당진시, 예산군, 홍성군 등 4개 시군이 공동으로 조성하는 총연장 224Km의 체험문화 숲길이다.

이 중 서산구간은 당진시계와 예산군계를 잇는 42Km 구간으로 지난해까지 4개 구간 조성과 간선 노선 연결을 완료했다. 숲길 안내를 위한 안내소 및 종합안내판 설치, 저수지 주변 탐방로 조성, 홈페이지 구축, QR코드 부착 등 내포숲길의 활성화를 위해 노력하고 있다. '서산아라메길'과 운산 용현계곡, 개심사 등의 관광지와 연계해 내포문화 숲길은 더 뻗어나갈 것이다.

　제주의 올레길이 있다면 서산에는 아라메길이 있다.

　서산 아라메길은 2010년부터 2012년까지 서산시가 총사업비 35억 원을 들여 5개 구간, 2개 지선으로 조성한 총연장 88Km의 친환경 트레킹코스다. '아라'는 '바다'를 뜻하는 순 우리말이고, '메'는 '산'의 옛말이다. 사람과 자연, 사람과 사람, 자신을 돌아볼 수 있는 대화와 소통, 사색의 길이다. 바다와 산이 어우러져 있는 서산에서 즐기며 걸을 수 있는 아라메길을 찾는 사람들이 점점 늘고 있다.

　바다를 바라보며 산행을 즐길 수 있는 팔봉산도 인기다. '서산9경' 중 제5경인 팔봉산은 해발 362m로 그리 높지는 않으나 울창한 소나무 숲과 아기자기한 암릉 코스, 서해바다의 아름다운 절경이 한눈에 내려다보여 사시사철 관광객의 발길이 끊이지 않는 곳이다.

　'해미-서산바이오웰빙연구특구-태안관광레저 기업도시'로 연결하는 간월호 관광도로는 간월도와 해미읍성 등 주변 관광지의 접근성 향상을 향상시켜서 태안관광레저 기업도시, 서산 바이오웰빙연구특구 개발의 활성화에도 큰 영향을 줄 것이다.

　환경은 한 도시를 살아가는 사람들의 생활방식과 소통문화까지 바꾸기도 한다. '해미천' '청지천' 등을 생태하천으로 복원시켜 우리 서산의 '소통공간'으로 만들어 가고 있는 것이 그 일례다. 사

한국환경정보연구센터 이재성 회장으로부터 에코시티상을 수상하는 필자

람과 자연이 공존하는 모습은 가장 자연스럽고 심리적 안정감을 주는 효과가 있다. 시민들의 높은 호응을 받은 것은 당연한 결과였다.

미나리와 부들 같은 수질정화식물이 자라나고, 물방개와 소금쟁이가 노니는 정화습지가 보는 이들의 마음을 평온하게 만들어 준다. 주변에 생태체험학습 공간과 시민을 위한 친수공간, 생활체육문화공간 등이 자리하여 더 인기를 끌고 있다.

생태도시를 조성하기 위한 서산시의 노력은 대외적으로도 인정받았다. 2013년에 '제2회 대한민국 친환경 도시대상, 사단법인 한국환경정보연구센터 주관의 에코시티 시상식'에서 생태도시대상과 단체장상, 친환경브랜드상 등 3개 부문에서 수상(2013년 5월)하는 영광을 얻었다.

기후변화 대응을 위한 높은 탄소 포인트 가입률, 1차 산업의 친환경 에너지 도입, 자원 재활용, 간월호 수질개선을 위한 통합집중형 오염지류 개선사업 유치, 주민주도형 녹색생활 실천마을 활성화 및 그린투어관광 등 그린환경을 위한 노력이 빛을 발한 것이다.

　스티로폼 재활용 전국평가에서는 우수 지자체로 선정되기도 했다.
　스티로폼은 재활용해 높은 부가가치를 창출하는 소중한 자원이지만 방치하면 시민 생활의 불편을 초래하는 오염물질일 뿐이다. 재활용품 분리 배출을 위한 시민 홍보, 집중 수거기간 운영, 민·관 협조체계 구축 등 시민의 참여를 유도하여 무단투기를 방지하고 환경오염을 예방하는 효과를 거둘 수 있었다.
　생태는 서산의 농업발전에도 프리미엄을 더해준다.
　전국 생산량의 70%를 차지하며 웰빙식품으로 인기 있는 '서산 달래'도 친환경 프리미엄 브랜드대상을 받기도 했다. 서산의 수산물도 청정 바다의 프리미엄을 누리고 있다.
　사람과 자연, 환경과 문화가 어우러진 참다운 '그린 프리미엄'을 오래 누리기 위해서 서산시가 지닌 역사적 문화적 생태적 자원과 복지, 교육, 경제, 관광 등 모든 분야를 잘 직조할 필요가 있다.
　그것은 인위적이고 난개발적인 형태보다는 자연 그대로의 원형을 지키며 자연스럽게 어울리도록 하는 형태가 되어야 할 것이다. 원래부터 개발과 환경은 배치되는 속성을 갖고 있다. 하지만 '그린 프리미엄'으로 행복해질 서산시의 모든 사람들을 생각한다면 그 부조화는 지혜롭게 극복할 수 있을 것이다.

# 눈물 지고 미소 돋는
## 서해

　자연은 공기, 물, 흙, 태양이 어울려서 균형을 이루며, 조정하고, 서로를 정화시켜 인간에게 가장 아낌없이 주는 모습을 보여준다. 그렇게 자연과 더불어 사는 인간은 행복했고 건강했다. 하지만 인간들은 아낌없이 주는 자연을 '개발'이라는 미명하게 괴롭히고 착취하고 굶주리게 하여 피폐하게 만들었다. 환경오염은 인류 문명이 낳은 가장 불행한 자식이다.

　고향 마을인 서산은 자연환경이 눈부신 아름다운 바닷가 마을이다. 넓은 강물이 바다에까지 이어져 있고 갯벌은 어린 나의 놀이터였다. 산과 들을 쏘다니며 자연의 향취를 마음껏 누리며 정서면에서 풍요로운 어린 시절을 보낸 요람이었다. 그 곳에서 나는 자연을 사랑하고 사람을 사랑하는 법을 배웠다.

　하지만 이 아름다운 곳에 엄청난 검은 재앙이 갑자기 드리울 줄은 아무도 예상하지 못했다. 2007년 태안군 만리포해수욕장 북

서방 5마일 해상에서는 경악할 일이 발생했다. 삼성중공업 소속 크레인 예인 선단과 대산항 입항 대기 중이던 대형 유조선(홍콩 선적 허베이스피리트호)이 충돌하여 원유 12,547㎘가 해상에 그대로 유출되는 사고가 일어난 것이다.

태안군을 중심으로 바다는 금세 검은 기름띠로 뒤덮였고 그 오염의 폐해는 걷잡을 수 없이 확산일로로 치달았다. 그 결과 어선, 양식업, 맨손어업 등 수산분야 5만 7,000건과 음식, 숙박업 등 관광분야 1만 5,000건 등 모두 7만 2,000여 건의 피해를 가져왔다.

태안과 서산을 비롯한 6개 지역은 특별재난지역으로 선포되었다. 국민들은 너 나 할 것 없이 바다를 살려야 한다는 일념으로 서해로 발길을 모으기 시작했다. 서산이 고향인 나도 무심할 수가 없었다.

다급한 심정으로 행정자치부 내부망에 자원봉사자 모집 광고를 띄웠고, 그것을 보고 마음을 함께한 이들과 함께 재앙의 현장으로 달려갔다. 가서 만나본 현장은 참담했다.

방재복과 장화를 지급받아 착용하고 달려간 해변가. 거기에서 본 바다는 예상 밖으로 아무런 일도 없었다는 듯 파도소리를 크게 내며 출렁이고 있었다. 그런데 뭔가가 이상했다. 먹칠한 듯, 불에 타버린 듯 멀리서 보이는 의문의 까만색 부유물들. 가까이 다가갈수록 그것들이 모두 뒤덮인 기름이라는 것을 알고 말문이 꽉 막혀 버렸다. 온통 검은 기름 군단이 거세게 한판 붙자며 우리들에게 달려오는 것 같았다. 저절로 몸이 움직여졌다. 해변에 쌓여져 있는 마대 더미들을 날라서 옮겼다. 흡착포 등으로 제거된 기

기름방제작업 도중 잠시 휴식

름이 담겨있는 마대들은 무게도 만만찮았다.

"이렇게 많은 마대자루가 다 기름덩어리라니……."

"도대체 얼마나 많이 쏟아 부어졌길래……."

추운 날씨에 결코 쉬운 작업은 아니었지만, 그렇다고 누구 한 사람 힘들어하는 기색은 찾아볼 수 없었다. 하지만 점점 시간이 지날수록 봉사자들 모두 힘겨워했는데 그것은 바로 일의 고단함 때문이 아니라 다른 데에 있었다.

온통 머리까지 덮은 하얀 방재복에 마스크까지 한 상태였지만 평소와 달리 침을 자꾸 뱉고 싶은 충동이 들었다. 코 근처도 자꾸만 가려웠지만 기름 묻은 손으로 긁을 수도 없었다. 이 검은 덩어리들이 인간과 생태계에 얼마나 유해한지를 먼저 반응한 몸이 정직하게 알아챌 수밖에 없었다.

얼굴에 주름의 골이 깊은 할아버지 몇 분이 말없이 우리 일행들과 같이 마대를 날랐다. 한 순간에 희망을 잃어버리고 아연했을 그분들! 그나마 희망의 불씨를 잡고 안간힘을 쓰고 있는 것 같아 안타깝기만 했다.

눈앞에 펼쳐진 기가 차는 현실이 가슴팍을 마구 짓눌러 댔다. 출렁이는 파도 속에 속살을 묻고 해변을 따라 누워있는 모래사장도 제 몰골이 아니었다. 한때는 금빛으로 넘실거렸던 곳일 텐데……. 검은 기름의 융단폭격에 금빛 얼굴은 온통 멍이 든 것만 같았다.

이제는 시간이 흘러 예전의 모습을 되찾았다. 하지만 오랜 시간 받았던 자연과 주민들의 고통은 그 무엇으로도 상쇄할 수 없는 성질의 것들이다.

국회에 '허베이스피리트 유류피해대책 특별위원회(태안유류 피해대책특별위원회)'가 생겨나고 삼성중공업에 5천억 원의 지역발전출연금 조성을 촉구하여 오랜 진통 끝에 3천 6백억 원 규모로 합의(2013. 11. 22)했다는 소식은 만시지탄이지만 그나마 다행스러운 일이다. 그렇다고 모든 것이 해결된 것은 아니다. 삼성중공업이 합의에 따라 출연금 지급을 위한 절차를 성실하고 신속하게 밟아 나가야 할 것이다.

이 아름다운 서해의 눈물을 닦고 빛나는 미소가 돋을 수 있도록 우리는 관심의 끈을 놓아서는 안 된다. 서해안의 눈물을 씻어드리고, 바다의 치유를 위한 진정성 있는 행동을 해당 기업과 정부, 그리고 민간이 다 함께 노력해나가야 할 것이다

서해안의 눈물을 닦아줄 손수건이 필요 없을 때까지…….

# 뉴새마을 운동으로 부르는 희농가

2013년 8월 충남 서산시 음암면 부산1리에 부흥권역 도농교류센터가 준공됐다.

총 19억 원의 사업비가 투입돼 준공된 도농교류센터는 연면적 583㎡에 지상 3층 규모로 다목적회의실과 숙박시설, 야외 체육시설을 갖추고 있다. 주민편의공간은 물론 주변의 자연자원과 체험 프로그램을 활용해 단체수련회, 세미나, 농촌마을 관광 등 부흥권역 활성화를 위한 중심적 역할을 수행할 것이다.

2015년까지 2단계 사업을 통해 마을회관 리모델링, 저온저장고 설치, 생태습지 탐방로 조성, 등산로 정비 등 마을환경 개선과 농촌관광 활성화를 위한 사업을 단계적으로 추진할 계획이다.

'농촌마을 종합개발사업'은 주민 삶의 질 향상과 마을공동체 활성화를 목표로 생활권이 같은 여러 개의 마을을 하나의 권역으로 묶어 기초생활 환경정비, 소득기반 확충, 지역 역량 강화 등을 종합적으로 추진하는 사업이다. 음암면 부흥권역은 주민들이 자발적으로 마을 개발운동을 추진하던 중 2009년 농림부 공모사업에 선정되면서 본격적으로 사업을 추진하게 됐다.

나는 준공된 도농교류센터를 중심으로 주민화합과 새로운 소득창출을 통해 '잘 사는 농촌'을 만들어 가기를 간절히 바라고 있다.

'하면 된다!'

국민의식개혁 운동, 새마을 운동이 토대가 되어 세계에서 제일 못사는 나라에 속했던 우리 한국은 지금 G20 의장국이 될 정도로 세계 경제 대국의 반열에 들어섰다. 모두들 다 어렵다고 하지만 요즘 제일 어려운 곳이 아마도 농촌일 것이다.

하지만 위기는 기회라는 말이 있고, 역사는 순환된다는 말이 있다. 지금의 현실이 오히려 제2의 새마을 운동이 필요한 때임을 반증한다고 생각한다.

요즘 많이 인용되는 창조경제는 새마을 운동의 신 버전이라는 말이 있다. 70년대 새마을 운동의 정신은 근면, 자조, 협동이었으나 요즘 뉴 새마을 운동의 정신은 '변화Change' '도전Challenge' '창조Create'로 얘기하고 있다.

70년대 경제발전의 원동력이 되었던 새마을 운동처럼 미래 서산의 발전을 위한 신 동력으로 뉴new 새마을 운동의 제창이 필요할 때라고 인식했다.

70년대 새마을 운동이 농가의 소득을 키우는 운동이었다는 단순한 시초에서 착안해 나는 시장이 된 후 가뜩이나 어려운 농촌을 위해 할 수 있는 여러 정책들을 찾아보았다. 우리 서산의 농촌이 산다면 도심 지역으로도 그 발전의 여운이 미칠 수 있고 시민들의 의식 개혁에도 큰 도움이 될 수 있다는 것을 고려했다.

70년대 새마을 운동이 발전한 이유 중 하나가 우수하고 열정적인 새마을 지도자들의 노고 때문이었다. 나 역시 우리 서산시 농촌을 이끌 농촌지도자들을 적극 육성하기 위해 노력하고 있다.

농업인 대학을 열어 품목별 농업인 상설교육을 통해 전문 인력을 양성하고 있다. 과학적인 영농을 이루고 농업인들의 역량을 강화하기 위해 농촌지도자회·생활개선회·품목별연구회·4-H회 등 학습단체들을 활성화시키는 데 노력하고 있다.

현장의 말초까지 이런 시정을 반영시키기 위해 9개 지역에 농업인상담소를 운영하고 있다. 현장 중심의 맞춤형 서비스를 제공하기 위해서다. 작물의 병해충의 피해를 막기 위해 예비적으로 관찰하는 것을 강화했고, 즉시즉시 농가에 필요한 정보를 제공하고자 노력했다. 또한 최첨단 연구시설을 갖춘 농업기술센터를 열었고, 종합농업타운을 조성했다.

가장 인기가 있는 것은 농업기계 임대사업과 수리정비교육을 현장에서 바로 바로 해 준 것이다. 비싼 농기계를 사지 않고 빌려도 된다는 사실에 많은 농민들이 안도의 한숨을 내쉬는 것을 보면서 깨달은 것이 있다. 올바른 시정이란 이런 작은 부분의 고민과 불편을 파악하여 덜어주는 것이라는 걸…….

우리 서산의 농촌이 보유하고 있는 향토 생활자원들을 적극 개발하고, 지적 재산권을 확보하는 것도 농가 소득에는 많은 도움을 줬다. 서산의 생강한과나 달래 등을 명품화시키는 전략으로 소득증대를 지속 추진했다. 첨단 원예생산기반 확충을 위해 시설 원예농가에 에너지절감시설을 지원했고, 안전한 먹거리에 대한 소비자 요구 부응을 위해 친환경농산물 생산과 유기농업 확산에 주력했다.

이런 우리 시의 노력으로 충남도 도내 15개 시·군 농업기술센터를 대상으로 한 농촌지도자사업 종합평가에서 영예의 대상(2012. 12)을 차지할 수 있었다. 도지사 표창과 사업비 1억 원도 받았다. 지역농업 발전을 위해 끊임없이 노력해온 농업인들의 노고 없이는 이루지 못할 성과였다.

나 역시 지역농업 발전에 기여한 공로로 농협중앙회장으로부터 2012년 지역농업발전 선도인상을 수상하였다. 다른 상들도 기쁘지만 농민의 아들로 태어나 우리 농촌을 위해 기여를 한 공로로 받은 이 상은 내게 특히나 의미가 남달랐다.

2012년 10월 '충청남도농업인대전'에서는 서산시 농업인단체가 5개 부문에서 수상을 휩쓸면서 서산농업의 역량을 과시했던 것도 가슴 뿌듯하다. 이는 농업인단체가 관이 하자는 대로 이끌려가는 것이 아니라 능동적이고 자생적으로 농업 발전을 위해 힘을 내고 발 벗고 나섰다는 것을 뜻해서 더 의미가 깊다 할 것이다.

농촌마을종합개발사업의 성공모델로 손꼽히는 서산 팔봉산권역의 성공도 농업인들의 의지가 없었다면 절대 이룰 수 없었던 것이다.

농업환경도 조변석개처럼 변화되고 있는 시대다. 지역특성에 맞는 새 소득 작목 육성, 지속가능한 친환경농업 실현, 농산물 유통구조 개선 등으로 서산의 농촌이 더 윤택해질 수 있도록 계속 노력하고 있다. 그 결과 '도시는 선진, 농촌은 후진'이란 공식도 깨지고 있다.

하지만 농촌이 지속적으로 발전하기 위해서는 하드웨어 못지 않게 소프트웨어의 완비도 필요하다. '두레'처럼 우리 선조들이 지향했던 공동체적 협동의식과 같은 소중한 정신적 가치도 다시 정립해야 한다.

서산지역 농촌지도자들이 어려운 이웃을 위한 농촌일손 돕기와 건강한 농촌 만들기를 위한 유실수 재배 등 '푸른 농촌 희망 찾기 운동'을 한 것도 이런 공조·공유 문화의 발로다.

부녀자와 고령자들 위주로 남아있는 농촌은 판로개척이나 다양한 작물 재배 등에 대한 정보와 기술의 사각지대에 놓인 경우가 많다. 취약 농가를 대상으로 벼 공동육묘사업을 통해 육묘를 지원하고, 도시 소비자 초청 농촌 알리기 행사와 자매결연기관을 통한 농산물 직거래장터를 열어가는 것은 두레에서 파생된 나눔과 협동의 문화가 발현된 것이다.

산수향 육쪽 마늘 마을의 성공 비결 역시 '갈등'이 아니라 '협동'이었다.

충남 서산과 태안은 예전부터 마늘 생산지로 유명한 지역이다. 2000년대 초반, 서산과 태안 사이에 원조 마늘 논란이 불거졌다. 두 지자체 간 싸움은 마늘 산업의 발목을 잡는 공멸의 길을 택한 듯 했다. 하지만 곧 마늘 생산 농가들과 지역 농협, 서산시와 태안군이 머리를 맞대기 시작했고, 그 결과 지난 2008년 '서산·태안 육쪽마늘조합 공동사업법인'이 탄생됐다. 공동법인은 서산에 전시실과 선별장, 저장실 등을 갖춘 가공사업장을 설립하고 '산수향'이란 브랜드를 만들어 제품 개발에 주력했다.

'공조와 연대'를 택한 결과는 성과로 나타났다. 매출도 급속하게 신장했고, 두 지자체 간의 협동관계도 더 돈독해졌다.

물론 해를 거듭하면서 생기는 고민이 없는 것은 아니다. 산수향이라는 브랜드 홍보도 여의치 않고 서산6쪽마늘이라는 본래의 이름과 이원화되어 어정쩡한 형국이다. 산수향 브랜드를 키우자니 일반 농가가 위축되고, 별도 법인을 놔두고 일반농가 키우자니 법인이 피해를 입게 되고…….

그러나 문제가 있다면 답도 있는 법. 브랜드도 살리고 농가도 살리는 답을 찾아 오늘도 내일도 주민과 함께 머리를 맞대고 방안을 찾기 위해 고민하다 보면 반드시 정답을 찾을 수 있을 거라 믿는다.

농업 역시 우물 안 개구리 식의 시야로는 더 나아갈 수 없다. 더 이상 1차 산업만이 아니라 생산과 가공, 유통, 체험관광까지 결부시킬 수 있는 고부가가치 산업이 되고 있다. 이른바 6차산업[1]으로 발전시켜 나가야 한다.

농업분야에서 대형 국비사업을 대거 유치한 이유다. 농산물산지유통센터 건립 50억 원, 인삼생산유통 현대화시설 33억 원, 밭

---

1. 1차(생산)×2차(가공)×3차(관광·외식)산업을 서로 융·복합해서 만들어지는 산업. 즉 1·2·3차 산업의 융복합을 통해 생산된 농축산물에 부가가치를 더해 농가소득을 창출하고 새로운 일자리도 만들 수 있는 산업을 말함

작물⁽감자⁾브랜드 육성사업 10억 원 등 선진화된 농업유통시설 조성을 위한 굵직굵직한 대규모 국비사업을 유치했다.

 뿌리산업, 생명산업인 농업이 몰락하면 인류는 살 수 없다. 한국 농업의 르네상스는 반드시 우리 서산시에서 가장 먼저 피어날 것이다.

# 해 뜨는 서산은 ing

꿈을 안고 왔단다 내가 왔단다 슬픔도 괴로움도 모두모두 비켜라
안 되는 일 없단다 노력하면은 쨍하고 해뜰 날 돌아온단다
뛰고 뛰고 뛰는 몸이라 괴로웁지만 힘겨운 나의 인생 구름 걷히고
산뜻하게 맑은 날 돌아온단다 쨍하고 해뜰 날 돌아온단다

　나는 송대관 씨가 부른 '해뜰 날'이라는 노래의 가사를 매우 좋아한다. 대중적인 가사지만 그 속에는 삶을 통달하는 폭넓은 시선과 절망에 굴하지 않는 생의 강렬한 의지가 담겨 있다.
　'노력하면 안 되는 일이 없다.'
　이 말은 내가 절대적으로 믿는 진리다. 우리 서산시가 지향하는 '5품 행정'의 철학도 여기에서 나온 것이다. 그리고 나는, 우리 서산시민들이 그것을 수없이 증명해냈다고 자부한다.
　인류의 발달사를 보면 성쇠를 반복하는 경향이 있다.

해가 뜨면 반드시 지는 때가 있고, 꽃도 피면 언젠가는 반드시 진다. 번성의 시기가 있으면 쇠락의 시기도 있다. 지자체 역시 그렇다. 하지만 나는 그것을 그렇게 비관적으로만 생각하지 않는다.

쇠락의 시기에 겪는 모든 갈등과 어려움이 다음의 번영을 위한 밑거름이 된다는 것은 시간이 늘 우리에게 가르쳐준 교훈이 아니었던가?

한때는 늙은 도시, 노을의 도시로 치부되던 서산은 지금 한참 해가 뜨고 있는 젊은 도시, 여명의 도시로 변하고 있다. 도농복합의 평범한 도시에서 세계로 뻗어나가 성장하는 국제적인 산업도시, 물류도시, 창조관광의 도시, 어메니티 가득한 생태도시가 되고 있다.

지난 시장 선거 때부터 나는 '해 뜨는 서산'이라는 캐치프레이즈를 내걸었다. 여기서 주목해야 할 또 하나는 '해 뜨는'이라는 진행형ing 동사이다. 해가 뜬다는 의미는 한 마디로 모든 분야에서 발전된 방향으로 계속 나아간다는 의미이다. 해가 떠서 멈춰있는 정체형이 아니라 계속 뜨고 있다는 모습에서 계속성을 추구한다. 대입해서 사용될 수 있는 의미는 무궁무진하다.

농업(해)이 발전하는(뜨는) 서산, 자동차산업(해)이 융성하는(뜨는) 서산, 6쪽마늘(해)이 잘되는(뜨는) 서산, 우리 집(해)이 부자가 되는 (뜨는) 서산… 등등

불 덩어리 같은 해가 떠오르는 모습과 같이 서산의 약진하는 모습을 함축적으로 담고 있는 것이다. '해 뜨는'에서 갖는 의미는 발전, 희망, 전진, 도약, 열정, 도전, 젊음 등등 미래지향적인 비전

이 모두 포함된다.

'해 뜨는 서산'이라는 비전은 서산 시민들의 마음속 깊이 뜨겁게 이글거리는 태양이 되어 갯마을 서산의 지각 변동을 강력하게 변화시켜 나가고 있다.

**ing 하나. 강소농으로 발전하는 미래형 농어업 도시**

나와 서산 시민들은 우리가 몸 담고 있는 땅에 깊숙이 내려져 있는 뿌리의 근원을 잘 알고 있다. 우리 생명의 기반인 농업·농촌에서 출발하여 여기저기 광활하게 뻗어나가는 발전의 가지가 되리라는 것을 잘 알고 있다.

서산은 귀농, 귀촌이 꿈꾸는 분들의 주목을 받는 명인들의 탄생으로 현대적인 농어업 도시가 되어 오늘도 수많은 Success Story를 전파하고 있다. 농군의 아들로서 나는 그 성공 신화들을 함께 일궈나가는 것에 무한한 자부심을 갖고 있다. 생명이자 뿌리인 농촌을 잘 수호함으로써 도농복합도시인 서산을 제대로 살려보고자 노력했다.

불황과 온갖 간난신고의 파고를 넘어 전 세계로 뻗어나가는 커다란 배의 선장으로서, 조타수로서 농어촌의 쇠락을 막고 다시 부활시키는 것이 내 임무임을 한시도 잊지 않았다. 취임일성으로 '고품격 농축수산도시 건설'을 외친 것도 이와 무관하지 않다.

농업 전문기술을 배양하기 위해 체계적으로 연구하는 농업기술센터와 농업인 편의와 만족도를 높이는 종합농업타운은 서산 농업 발전의 메카로 자리할 것이다. 이곳에서 연구, 생산, 가공,

유통 기능을 종합적으로 수행하여 6차산업을 키우고 농업인과 농촌, 농업 발전을 견인할 예정이다. 또한 지역 내 부족한 농산물 유통시설 확충과 농산물 경쟁력 제고를 위해 농산물 집하, 선별, 포장장 및 저장시설을 갖춘 농산물 산지유통센터APC도 건립하고 있다. 아울러 우수 농특산물의 브랜드 가치 향상 및 판로개척을 위해서도 각별한 노력을 기울여 나갈 것이다.

바다를 끼고 있는 서산시로서는 어업인의 소득증대화 어촌관광 활성화라는 명제에도 집중해야 하는 곳이다. 친환경 양식장 조성과 지속이용 가능한 수산자원 육성, 양식어업 경쟁력 강화 시책 등을 추진하여 돈 버는 어업, 잘사는 어촌, 살맛나는 어민 만들기에 적극 나설 것이다. 특히 천수만 일원 210㏊에 조성되는 바다목장과 간월도 해역 10㏊에 만들어지는 천혜의 갯벌어장을 활용한 '친환경 생태체험장'은 수산업과 어촌관광이 겸비된 미래 융복합 산업의 기반이 될 것이다. 이를 통해 어촌 발전과 어업인 소득 향상이 획기적으로 증대될 것으로 확신한다.

서산시는 소 값 하락과 사료가격 상승으로 이중고를 겪는 축산 농가들의 시름을 덜어주기 위해서도 노력하고 있다. 이 역시 명품화와 브랜드화, 현대화로 돌파해 나가고 있다. 서산 우리한우 브랜드육의 안정적인 소비처 확보, 유통구조 개선, 선제적인 홍보마케팅을 통해 농가 소득을 더욱 향상시키고 있다. 가축전염병의 철저한 예방을 통해 청정지역을 지켜냄은 물론 축산종합센터의 조속한 추진과 조사료 자급, 가축개량, 적정 분뇨처리 등의 지원을 확대하는 것도 주요한 과제다. 승마산업을 육성하여 새로운 소득

원을 창출토록 하여 축산농가의 경쟁력을 강화해 나갈 것이다.

### ing 둘. 중추적인 신성장 산업도시

서산시는 누가 뭐래도 산업도시라 불러도 손색이 없을 놀라운 성장세를 이루고 있다.

지자체의 재정건전성과 생명력 유지를 위해서 가장 신경을 써야 할 것이 바로 '기업 유치'다. 기업하기 좋은 도시만이 희망을 품을 수 있다. 일자리와 도시의 부를 창출해주는 기업은 명품 도시의 핵심요소다.

이런 의미에서 일류기업들이 러시하고 잇는 서산도시는 이미 명품도시의 반열에 올랐다 해도 과언이 아니다. '상서로운 고장'이라는 지명처럼 복록이 많고 재운이 넘치는 서산에 돈줄과 사람이 몰리는 것은 이미 예견된 일이다. 거기에다가 비즈니스 프렌들리 도시로 만들기 위한 시장, 공무원, 시민들의 마음과 노력이 합쳐졌다면 도시의 놀라운 변모는 당연한 것이다.

지역경제 100년을 기약하며 조성하는 대규모 산업단지는 서산으로의 기업들 행렬로 이어질 것이다. 특히 새롭게 추진되고 있는 서산바이오웰빙연구특구는 자동차 산업의 집적화를 꾀하고 신농촌 산업발전의 모델이 될 것이다.

서산 성연면에 위치한 서산테크노밸리, 자동차전문산업단지인 서산오토밸리, 계룡건설에서 조성중인 서산인더스밸리, 성연농공단지 등은 모두 자동차 생산 및 부품단지이다. 자동차 산업군의 집적화는 평택, 아산, 서산, 군산을 잇는 서해안 자동차라인으로 이어져 울산, 부산권의 자동차 벨트와 어깨를 나란히 하는 수준으로 성장을 꾀하고 있다.

특히 삼성토탈, 롯데케미칼, LG화학, 현대오일뱅크, KCC 등 대기업이 입주해 석유화학과 플랜트를 제공하고 있는 대산임해공단은 한국 기간산업의 중추적 역할을 담당하고 있는 핵심단지다. 대규모 원료제공 납품공장이 집적화 돼있어 산업활동의 최적지로 부상 중이다.

여기에 현대오일뱅크와 일본 코스모석유사의 합작투자로 준공(2013년 4월)한 제2BTX 공장의 본격 생산, 삼성토탈과 현대오일뱅크 등의 공장증설, 프랑스 토탈 사, 영국 쉘 사, 독일의 린덴 사 및 컨티넨탈 사의 투자 등으로 서산 대산지역은 명실상부한 석유화학과 자동차산업의 메카로 자리잡았다. 기업이 투자하는 만큼 일자리는 늘고, 사람들은 몰리고, 지방세수는 이에 비례하여 늘어났다.

### ing 셋. 국제적인 항만물류도시

서산에 기업들이 집적하는 가장 큰 이유 중 하나가 바로 국제적으로 발전할 대산항이라는 항만이 존재하고 있기 때문이다. 원래부터 서산은 수도권과 버금가는 위치에 있으면서 가로림만, 천수만과 같은 해양을 끼고 있는 광활한 토지자원과 수도권 중부권과의 1시간대 거리에 위치하는 등의 천혜의 입지 조건을 갖고 있다.

거기에다가 충청권 유일의 국가관리 항만시설인 대산항이 활성화되면 수출의 전진기지로서의 활용성은 더욱 커진다. 본격적인 서해안 시대의 시작과 함께 대중국 무역이 국가의 전략산업으로 대두되는 상황에서 서산 대산항의 잠재력은 상상할 수도 없을 만큼 크다.

중국과 339㎞밖에 안 떨어져 있어 5시간이면 중국에 닿을 수 있는 지리적 이점으로 대중국 무역의 전초기지가 될 것은 명약관화다. 국제여객선까지 생긴다면 다른 교통수단의 승객과 화물까지 흡수할 수 있다. 화물과 여객이 공존하는 국제무역항으로 도약하면 자연스럽게 동북아 물류의 중심지가 될 것이다.

해양경제시대에 걸맞는 입지를 안고 있는 서산은 활용가치가 드높아지고 있다. 바다를 지배하는 자가 세계를 지배하듯 대산항으로 인해 서산이 대한민국의, 더 나아가 세계의 중심이 되는 지역으로 자리잡을 날이 서서히 도래하고 있다.

그러나 대산항 활성화를 위해 가장 중요한 과제가 남아있다. 그것은 대전-당진 간 고속도로를 대산까지 연장건설해야 하는 일이다. 이는 '필요'가 아닌 '당위'의 문제다. 무엇보다도 신속하게 해결해주어야 할 국가의 몫이다.


### ing 넷. 살아 숨 쉬는 문화관광도시

서산시는 과거와 현재가 공존하는 문화예술도시를 꿈꾸며, 더불어 원대한 창조관광도시의 밑그림을 세밀하게 그려나가고 있다. 문화·예술적 재능이 있는 사람들의 창작활동과 저변확대를 위해 적극적인 지원책을 펼쳐나갈 것이다. 아울러 치열한 경쟁 속에서도 시민 모두가 마음의 여유와 삶의 의미를 되새길 수 있도록 각종 공연, 문화행사, 스포츠 경기의 유치를 통해 문화향유의 기회를 골고루 맛볼수 있게 할 것이다.

그리고 도처에 산재해 있는 문화관광자원을 적극적으로 발굴·복원하여 관광도시의 면모를 확실하게 다져나갈 것이다.

미래의 관광 콘텐츠로 가장 관심을 끄는 분야는 창조관광이라 할 수 있다. 창조관광은 기존의 관광자원에 문화예술, 레저 스포츠, 정보기술 등 다양한 영역의 창의적 아이디어를 융복합해 새로운 콘텐츠를 만드는 것이다.

대전에 있던 충남도청이 내포신도시가 세워지는 예산·홍성군으로 이전하였다. 이는 본격적으로 내포시대가 열리는 것으로 2014년도부터는 서산시의 관광 산업에 괄목할만한 지각 변동이 일어날 것임을 의미한다고도 볼 수 있다.

유입인구가 점점 늘어나고 서산 대산항 국제여객선 취항이 이루어지면 국내·외 관광객들이 서산으로 많이 들어온다. 이들이 창조관광지 '서산'에 매료되어야 지역 경제가 가일층 발전할 수 있다. 역사문화자원 등을 연계한 관광루트 개발과 전통시장 명소화, 각종 체험행사 및 축제 활성화 등 신경쓸 것들이 산적해 있다. 특히 다른 지자체와의 연계되는 관광시스템을 확보하는 것이 무엇보다 관건이다. 남이섬 프로젝트를 성공시킨 강우현 대표가 주축이 되어 만든 창조관광 브랜드 '상상나라연합'에 '해뜨는 공화국'이라는 이름으로 합류한 것은 이런 필요와 자각 때문이다.

서산을 세계적인 문화관광도시로 만들기 위한 노력은 계속될 것이다. 특히, 세계 문화테마파크와 같은 국제적 관광시설을 조성하기 위해서 지금도 나는 열심히 5품을 팔고 있다.

2013년 12월 14일(토), 나는 호주에서도 유명한 귀한 손님Carlo Salvato을 서산으로 초청했다. 세계문화테마파크 조성과 관련하여 외국투자를 이끌어내기 위한 것으로 나로서는 극진한 예우로 맞이해야 했다. 오랫동안 호주 투자자 측과 수많은 소통을 통해 긍정적 답을 확보한 상황에서 현장확인차 오는 방문이었기에 더욱 신경을 써야 하는 일이었다. 그러니 소홀히 했다간 신기루로 끝날 수도 있는 일. 나는 윤병상 복지산업국장과 김정겸 문화관광과장 등과 함께 해미IC까지 나가 영접했다. 시청사 현관 전광판과 계단 입구에는 환영현수막을 걸어 최대한 성의를 보이며 예우에 신경을 썼다. 서산에서 보여줄 수 있는 곳은 그동안 노력해 왔던 한우개량사업소 목장 부지와 고북면 사기·정자지구 시유지였다. 그러나 목장부지는 소유주인 농림축산식품부의 부정적 입장이 강하여 고북면 시유지만 직접 안내하여 설명했다. 목장부지에 비해 여건이 안 좋은 대상으로 실망하면 어쩌나 내심 걱정이 많았는데 그게 아니었다. flat(편평)해서 좋다며 good good을 연발했다. 인근에 군용비행장이 있어 추후 민항기 이·착륙도 가능한 비행장으로 활용도가 확대될 것이라는 점을 강조해서 설명한 것도 주효했다. 앞으로 넘어야 할 산들이 있지만 구체적인 협의를 거치게 되면 2014년에는 호주를 직접 방문해 투자협약MOU을 체결할 수 있게 될 것이다. 나는 기존의 테마파크와 비교가 되지 않는 차별화된 테마파크 조성으로 서산을 국제적인 관광도시로 만

호주에서 투자유치 협의차 방문한 Carlo Salvato와 함께

들기 위해 더욱 최선을 다해나갈 계획이다.

더불어 축제와 디자인, 자연환경 등 콘텐츠와 어메니티로 승부하는 관광 육성전략을 짜기 위해 오늘도 내일도 서산의 정수精髓까지 보고, 맡고, 먹고, 듣고, 느낄 것이다.

### ing 다섯. 자연과 더불어 사는 친환경 생태도시

서산만큼 환경이 뛰어난 생태도시를 대한민국에서 찾는 것은 결코 쉽지 않다. 서산이 신에게 선사받은 '천혜의 자연'은 가장 중요한 동시에 인간에게 가장 필요한 어메니티 자원이다.

정말 복된 땅이라 지칭해도 아깝지 않을 뛰어난 비경과 쾌적한 환경이 서산 곳곳에 펼쳐져 있다. 굳이 손꼽자면 그중 으뜸은 세계최고 철새 도래지 '천수만'이 아닐까 싶다. 난개발로 세계 곳곳

빛나라, 대한민국!

에 철새 도래지들이 사라지고 있는 요즘 전세계적인 탐조관광 명소로도 손색없는 '천수만'을 보유했다는 자체가 그만큼 생태 도시로서의 높은 경쟁력을 확보했다는 것을 의미한다. 서산 천수만 철새도래지는 천연기념물 조류 37종과 멸종위기 조류 49종, 그리고 멸종위기 야생동물인 삵과 금개구리 등이 서식하는 지역이다. 환경부로부터 생태관광지역으로 선정(2013. 12)된 사실만으로도 천수만의 생태적 가치를 가늠해 볼 수 있을 것이다.

하지만 이런 생태적 자원을 한 도시의 경쟁력으로 제대로 구가하기 위해서는 그저 손놓고 감상만 해서는 안 될 말이다. 서산시가 새와 사람이 함께 어우러지는 친환경공간인 서산 버드랜드를 조성한 이유다.

버드랜드에는 철새박물관, 4D입체영상관, 야외공연장, 생태체험 놀이교실이 마련돼 관광객들의 호응이 매우 좋다. 거기에 '생물다양성 관리계약사업'을 추진하여 천수만 간척지 내 농경지는 철새 휴식공간으로 조성할 계획을 갖고있다. 생태복원을 통해 철새 집단거주지를 육성하는 '철새서식지 조성사업'도 추진해 버드랜드를 세계적인 철새탐조 관광의 메카로 만들어 나갈 것이다.

2013년 11월에는 버드랜드를 중심으로 한 천수만 일원에서 영국, 뉴질랜드, 칠레, 일본 등 13개국 27명의 국외 전문가를 포함해 100여 명의 국내외 인사들이 참석해 습지센터의 계획 및 관리운영에 관한 서산국제워크숍이 5일간 개최되었다. 이 자리에서 각국의 전문가들은 천수만의 생태적 가치에 높은 평가를 내리며 놀라워했다.

잠홍저수지 수변공간을 자연친화적 공간으로 조성하고 청지천의 고향의 강을 정비하는 등 생태하천 복원사업을 추진하는 것도 생태도시로 가는 길이다. 여기에 비점오염원 저감시설을 설치하여 간월호 수질개선을 이루면 명실상부한 생태도시로 거듭나게 될 것이다.

'그린' 또는 '생태'가 곧바로 지역 경쟁력으로 치환되는 지금 서산시에는 다른 지자체들이 부러워할 정도로 자연자원을 훌륭하게 활용하고 있다. 단순한 어메니티에서 한 발 더 나아가 주목할 만한 수익모델로도 만든 것이다. 간월도 어리굴젓과 같이 유명한 산지 혹은 깨끗한 고장에서 자라나는 농산물이라는 인식은 각종 프리미엄을 만들어 내는 법이다.

단언컨대 '생태'가 미래 서산을 먹여살리는 융복합 산업의 기본적이고 영속적인 인프라로 내내 기능한다면 서산은 대한민국뿐만 아니라 세계 속에서도 손꼽히는 도시가 될 수 있을거라 확신한다.

해 뜨는 서산의 ing를 위해 나와 서산시 공무원, 서산시 시민들은 뛰어다니고 노력하는 것이 마냥 즐겁고 편한 일만은 아니다. 몸이 고되고 마음이 힘겨울 때도 있을 것이다.

하지만 구름이 걷히듯 그 시련과 고비의 순간이 지나면 해가 뜰 날을 찬란하게 맞을 것이다. 아름다운 서산의 광명으로 물들일 대한민국의 미래를 생각하면 오늘의 수고로움은 기꺼운 행복일 뿐이다.

### 함께 꿈꾸면 운명이 된다!

성공한 지자체에는 성공의 이유와 법칙이 있다. 그 법칙들은 모든 이가 공감하는 것이고, 공유하는 것이다. 하지만 이렇게 오픈된 성공법칙이 있음에도 불구하고 어느 지자체는 성공하고, 어느 지자체는 실패한다. 그 이유는 무엇일까?

바로 실천력의 문제에서 판가름 난다고 생각한다.

성공한 자치단체는 먼저 리더인 단체장이 지역민들이 공감하는 미래 비전을 제시해 준다. 인간은 음식이나 물 없이도 며칠을 살 수 있다. 하지만 꿈과 희망이 없으면 무의미한 삶을 살 수밖에 없다. 단체장은 꿈을 이야기해 줄 수 있는 사람이어야 한다. 그 꿈을 잘 설득시키기 위해서는 단체장이 먼저 잘 경청하는 사람이어야 한다. 모든 이의 꿈을 이야기한다면서도 자기 꿈만 이야기하는 리더가 되어서는 절대 안 된다.

단체장은 깨끗하고, 긍정적이고, 신뢰를 받을 수 있어야 한다. 공무원과 지역민과 부단히 소통하고 공동의 비전을 공유할 수 있어야 한다.

리더십을 갖춘 리더와 올바른 팔로워십을 갖춘 공무원, 그리고 열렬히 지지하는 지역민의 열정들이 모인다면 서산의 광명어린 미래는 멀지 않다.

시장으로서 늘 다음 스텝을 염두에 두면서 오늘의 발자국을 옮기고자 노력했다. 단체장의 업을 소중히 여기는 시장이 되기 위해 늘 스스로 채찍질했다.

내가 만약 깨끗하지 못하거나 떳떳하지 못해 시장직에 물러난다면 나만의 개인적인 문제로 끝나지 않을 거라는 건 잘 알고 있었다. 내 치욕보다 더 큰 것들을 잃어버릴 수 있다는 강박관념은 나를 늘 긴장시켰다. 서산의 명예를 실추시키고 서산의 브랜드 가치도 하향화시키는 사람이 되지 않기 위해 나는 늘 나와 주변을 깨끗이 정리하고 있다.

앞서 단체장의 중도 퇴진을 지켜봐야 했던 지역민들의 자괴감을 나는 잘 알고 있다. 학연, 지연, 혈연으로 맺어진 사람들이 '선거'라는 과정을 통해 갈라지고 너덜거릴 정도로 상처받는 모습은 이제 더 이상 반복되어서는 안 된다. 선거로 인한 세금낭비는 또 어찌할 것인가?

정당으로 공천을 받아 시장이 되었지만 나는 명실상부한 '서산당' 시장임을 언제나 훈장처럼 마음에 새기고 있다. 시장이라도 지방권력을 독점하려고 해서는 절대 안 된다. 혹자는 단체장들을 '지방대통령'에 비유하기도 한다. 하지만 원래 독점하려고 할수록 자기 것이 되지 않는 것이 바로 권력의 허무한 속성임을 잘 알고 있다. 오로지 전문성과 일에 대한 열의, 지역민에 대한 애정이 나의 힘이고 경쟁력일 뿐이다.

내일의 영광을 위해 오늘 무리한 행보를 하는 지자체장이 절대

에필로그 343

로 되기 싫었다. 오늘 나의 발걸음이 서산의 백 년 미래를 위한 아주 작은 발자취일 뿐이라는 자각은 무리한 욕심을 내지 못하게 하는 제동장치가 되었다.

나는 만능 엔터테이너가 아니라 올라운드플레이어로서 통합성을 늘 염두에 두었다. 그 통합성의 테두리 안에는 공무원, 시민이라는 소중한 존재들이 함께 있었다.

정책을 실질적으로 이끌어가는 공무원들이 프로듀서처럼 일하기를 원했다. 그들 스스로 기획하고 실천하는 자율성이 몸에 배도록 그들을 늘 믿었다. 믿는 만큼 그들은 더 성장했다.

하지만 시장이 아무리 열심히 뛰고, 공무원이 자발적으로 움직인다 해도 시민들이 감흥 없이 뒷짐이나 진 채 바라보면 될 일도 아니 될 터였다. 일언반구의 의견 개진도 않다가 결정적인 순간에 딴지나 걸어서는 안 될 말이다.

시장이, 공무원이 잘하면 잘한다고 박수를 쳐줄 수 있는 시민이 되어야 한다. 만약 못하면 애정 어린 질책과 더 좋은 방법에 대한 의견을 개진하는 등의 호응을 해줘야 한다.

1991년 지방자치가 실시된 지도 벌써 22년째, 전국의 244개 자치단체(17개 시·도, 227개 시·군)들은 숱한 시행착오를 겪으며 무한경쟁을 벌이고 있다. 단언컨대 우리 서산시는 그 수백의 자치단체들 중에서 눈에 띄는 발전을 이루어 나가고 있다고 자신한다.

하지만 마냥 안심해도 될까? 아니다. 여반장처럼 금세 판도가 변할 수 있는 것이 오늘날의 지역세다. 오늘의 성공에 취해 내일을 더 이상 꿈꾸지 않는다면 그 지자체는 더 이상 발전할 수 없다.

2014년 6월이면 이때껏 내가 이끈 서산호의 평가가 이뤄질 것이다. 결과가 어떻든 겸허하게 받아들일 것이다. 다만 이제 탄력이 붙어 가속도를 내고 있는 자동차를 중도에 멈춰 세울 이유는 없다고 말하고 싶다. 같은 맥락에서, 한창 추진 중인 사업들의 완성과 미래를 위한 꿈들이 많은데 '해 뜨는 서산' 건설을 위한 삽질을 중도에 멈춘다면 시민 모두의 바람을 저버리는 일이 될 것이다.

대산-당진 간 고속도로 연장, 세계문화테마파크 유치 조성, 제2의 공용터미널 건설, 시청사 신·개축 등 대규모 사업들만 하더라도 신속한 도전을 기다리고 있다.

하지만 내 손에 그 삽을 다시 쥐어줄 이는 나 자신도 아니고 공무원도 아니다. 바로 서산시 시민들의 몫이다. 아무리 뜨거운 태양이 있고 모진 돌풍이 있더라도 오늘만은 내일 이룰 수확의 기쁨을 기대하며 산적한 현안 문제를 바지런히 처리할 것이다.

늘 120% 준비하는 마음으로 노력했다. 그러나 최대 80% 정도만 성공하는 것도 어쩌면 대단한 성과인지도 모르겠다. 하지만 80%를 달성하려는 것보다는 120%를 달성하려는 그 마음가짐 자체가 더 중요한 것이 아닐까?

마음만 있으면 태산도 능히 움직일 수 있다. 70년대 한국을 변화시킨 '하면 된다'는 새마을 정신도 결과적으로 인간의 의지를 일컫는 것이다. 사람은 죽을 때까지 자기가 발휘할 수 있는 역량의 20%도 쓰지 못한다고 한다. 하지만 극한 상황에 처하면 자신도 모르는 사이 초인적인 힘을 발휘한다.

인간은 나름의 역량을 가지고 있기에 마음만 먹으면 무슨 일이든 다 할 수 있다. 나는 확신한다. 돈이 없다거나 가정환경이 어렵다는 것은 핑계에 불과하다. 인간은 누구나 확고한 의지가 있다면 어떠한 장애물도 극복할 수 있다는 것을 나는 믿는다.

한사람이 꿈을 꾸면 꿈으로 끝나지만 만인이 꿈을 꾸면 현실이 된다는 유목민의 속담처럼 자치단체장이 자치단체의 구성원들과 미래 비전을 공유하면서 지역발전을 위해 함께 전진한다면 이루지 못할 것은 없다고 본다.

지방이 희망이 되려면 지방을 이끌어나가는 단체장이 먼저 희망의 등불이 되어야 한다. 그러나 이에 못지않게 중요한 것은 구성원들이 서로 화합하면서 지역의 열세를 극복하겠다는 실천적 의지와 긍정적 자세를 갖추는 것일 것이다.

'내일은 내일의 태양이 뜬다!'

이런 긍정의 마음으로 서산에 뜨는 태양을 가장 먼저 서산시민들께 보여주고 싶다. 그 따뜻한 온기와 밝은 광명까지도…….

서산은 해처럼 떠서 새처럼 비상해나갈 것이다.

**제1경** 해미읍성
**제2경** 서산
　　　용현리마애여래삼존상
**제3경** 간월암
**제4경** 개심사
**제5경** 팔봉산
**제6경** 가야산
**제7경** 황금산
**제8경** 서산한우목장
**제9경** 삼길포항

제1경

# 해미읍성
"호서지방의 심장부, 전국 최대 순교성지"

해미읍성은 성곽 둘레 1,800m, 높이 5m, 면적 20만㎡로 현존하는 가장 잘 보존된 평성입니다. 조선 태종 18년부터 세종3년까지 3년간 걸쳐 쌓았고, 성종 22년(1491)에 완전한 규모를 갖추게 됩니다. 선조 12년 이순신 장군이 군관으로 근무하기도 했으며, 내포지방의 천주교 박해 때 1,000여 명의 신도를 이곳에서 처형하게 됩니다. 그때 박해와 관련한 회화나무, 자리갯돌, 여숫골 순교성지로 해마다 많은 순례객이 찾아오고 있습니다. 서산의 역사와 다양한 문화를 즐길 수 있으며, 2013년 국가지정 유망축제로 선정된 해미읍성 역사 체험축제가 매년 개최되고 있습니다.

**소 재 지** : 해미면 읍내리 32-2외 78필지
**대중교통** : 서산공용버스터미널에서 해미행 버스 10~15분 간격 운행, 15~20분 소요
**자가운전** : 서해안고속도로 해미 I.C → 해미 → 해미읍성
　　　　　　경부고속도로 천안 I.C → 아산 → 예산 → 45번 국도 → 덕산 → 해미 → 해미읍성
**문　　의** : 041-660-2540

### (국보 제84호)
# 서산용현리마애여래삼존상
**"대한민국 대표 관광명소 100선, 백제의 미소"**

우리나라에서 발견된 마애불 중 가장 뛰어난 백제 후기의 작품으로 얼굴 가득히 자애로운 미소를 띠고 있어 당시 백제인의 온화하면서도 낭만적인 기질을 엿볼 수 있습니다. 빛이 비치는 방향에 따라 웃는 모습이 각기 달라져 빛과의 조화에 의하여 진가를 보이도록 한 백제인의 슬기가 돋보입니다. 중앙에 본존인 석가여래 입상, 좌측에 제화 갈라보살입상, 우측에 반가 사유상을 배치한 삼존상입니다. 석가여래입상의 보주형 광배와 미간의 백호공, 초승달 같은 눈썹, 미소 짓는 입술은 매우 친근감을 주고 있으며, 또한 두 어깨에 걸친 옷자락은 양팔에 걸쳐 평행 호선으로 길게 주름져 있어 입체감을 느끼게 하며 생동감을 주고 있습니다.

- **소 재 지** : 서산시 운산면 용현리 산 2-10 서산 용현리 마애여래삼존상
- **대중교통** : 서산공용버스터미널에서 운산행 시내 · 시외버스 (운산면 승강장에서 하차 후 시내 버스 이용) 10~15분 간격으로 운행되며, 30~40분 소요
- **자가운전** : 서해안고속도로 서산I.C → 32번 국도 → 운산 → 고풍리 → 서산 용현리 마애여래삼존상
  경부고속도로 천안I.C → 아산 → 예산 → 45번 국도 → 덕산 → 운산 (원평리) → 618번지 방도 → 고풍리 → 서산 용현리 마애여래삼존상
- **문   의** : 041-660-2538

제3경

# 간월암
**"고요한 바다 위의 낙조"**

부석면 간월도리에 있는 작은 섬에 자리 잡고 있으며, 조선 태조 이성계의 왕사였던 무학대사가 창건하였으며 송만공 대사가 중건하였다고 전해집니다. 무학이 이곳에서 달을 보고 깨달음을 얻었다는 데서 간월암이라는 이름이 유래하였습니다.

썰물 때 육지와 연결되고 밀물 때는 섬이 되는 신비로운 암자입니다. 세계적인 철새도래지와 갯벌이 어우러져 관광명소로 잘 알려져 있으며 인근에 철새 박물관과 탐조투어를 할 수 있는 서산 버드랜드가 있어 사계절 철새를 관람할 수 있습니다.

**소 재 지** : 부석면 간월도리 16-11
**자가운전** : 서해안 고속도로 서산 I.C → 32번 국도 → 서산 → 649지방도로 → 부석 → 서산AB지구방조제 → 간월암
경부고속도로 천안I.C → 아산 → 예산 → 45번 국도 → 덕산 → 해미 → 서산 → 부석 → 서산AB지구방조제 → 간월암
**문   의** : 041-668-6624

제4경

# 개심사
### "충남 4대 사찰 중 하나, 사계절 아름다운 경관"

개심사는 가야산이 동쪽 장벽을 이루고 산속 중턱의 계류가 시작되는 협곡에 자리하여 사계절 내내 수려한 경관을 자랑합니다. 특히 왕벚꽃이 만개하는 봄철 수많은 사람들이 찾는 관광명소이기도 합니다.

충남의 4대 사찰 중 하나로 '마음을 여는 절'이라는 뜻을 품고 있으며 백제 의자왕 14년(654)에 혜감국사가 창건한 것으로 전해집니다. 경내에는 보물 143호로 지정된 대웅전을 비롯해 많은 문화재가 보존되어 있습니다.

**소 재 지** : 운산면 신창리 1
**대중교통** : 서산공용버스터미널에서 운산·해미행 버스 → 개심사행 시내버스 이용
**자가운전** : 서해안고속도로 서산I.C → 운산 → 서산한우목장 (농협중앙회 가축개량사업소) → 개심사
경부고속도로 천안I.C → 아산 → 예산 → 덕산 → 해미 → 운산방향 → 서산한우목장(농협중앙회 가축개량사업소) → 개심사
**문　의** : 041-688-2256

제5경

# 팔봉산
**"하늘과 바다 사이 여덟 봉우리"**

해발 362m의 산으로 울창한 소나무 숲과 아기자기한 코스로 유명합니다. 여덟 개의 산봉우리가 줄지어 이어졌다 하여 '팔봉'이라 이름 붙였으나 실제 이 산의 봉우리는 9개입니다. 매년 12월 말이면 제일 작은 봉우리가 자기를 넣지 않았다고 울었다는 전설이 있습니다. 낮은 해발에도 불구하고 산과 바다가 어우러진 경치와 서해안의 절경이 한눈에 내려다 보이며 서산 아라메길 4구간의 시작점입니다. 등산 후 구도항에서 싱싱한 생선회의 맛을 즐길 수 있습니다.

**등산코스**

1코스 : 서산IC → 양길주차장 → 음수대 → 노적봉 → 운암사터, 구름다리 → 천제터, 헬기장 → 상봉 → 젓가락바위 → 산이고개, 서태사 → 어송주차장(대문다리) (약3시간)

2코스 : 서산IC → 어송주차장 →산이고개, 서태사 → 젓가락바위 → 상봉 → 천제터, 헬기장 → 운암사터, 구름다리 → 노적봉 → 음수대 → 양길주차장 (약 3시간)

**소재지** : 부석면 간월도리 16-11
**문  의** : 041-668-6624

# 가야산
## "유서 깊은 문화유적과 아름다운 자연경관"

가야산은 사시사철 수려한 경관을 자랑하며 정상에서는 서해바다와 서산시가 한눈에 보입니다. 봄철 철쭉과 진달래 등 각종 야생화가 장관을 이루며 국보 84호 서산 용현리 마애여래삼존상을 비롯하여 보원사지, 개심사, 일락사 등 각종 문화재가 산재해 있는 내포 문화권의 핵심지역으로 꼽히며 천혜의 자연자원을 보유해 매년 수많은 관광객이 찾고 있는 명산입니다. 주봉인 가야봉(677.6m)과 석문봉(653m)은 등산객 사이에서도 전망이 좋은 것으로 유명합니다.

**등산코스**
1코스 : 보원사지 → 수정봉 → 옥양봉 → 석문봉 → 일락산 → 보원사지(약 4시간30분)
2코스 : 개심사 → 일락산 → 석문봉 → 옥양봉 → 수정봉 → 보원사지(약 4시간 30분)
3코스 : 개심사 → 일락산 → 석문봉 → 일락사(약 2시간)
4코스 : 일락사 → 일락산 → 석문봉 → 옥양봉 → 남연군묘(예산) (약 3시간 30분)
**소재지** : 해미면, 운산면 일원
**아라메길 용현안내소** : 041-662-2113 / **운산면사무소** : 041-660-2608

제7경

# 황금산
"몽돌 해변과 코끼리 바위가 유명한 곳"

몽돌해변과 코끼리바위가 유명한 황금산은 서산9경(서산구경) 중 제7경으로, 해송과 야생화가 어우러진 숲길과 몽돌로 이루어진 해안이 절경을 이룹니다. 해발 156m의 낮은 산이지만, 산을 넘으면 코끼리바위가 있는 아름다운 해안절벽을 감상할 수 있습니다. 원래 이름은 평범한 금을 뜻했던 '황금'에 비해 고귀한 금으로 여겼던 '항금(亢金)'의 명칭을 딴 '항금산'이었다고 전해집니다. 서쪽은 바위절벽으로 서해와 접해있고 금을 캤다고 전해지는 2개의 동굴이 남아있으며, 산 정상에는 예로부터 풍년과 안전을 기원했던 당집을 복원하여 매년 봄 제향을 지내고 있습니다.

- **소 재 지** : 서산시 대산읍 독곶리 산 12-4
- **대중교통** : 서산터미널에서 독곶리행 시내버스 이용하여 독곶리 회관에서 하차 도보로 10분 소요
- **자가운전** : 서해안고속도로 서산I.C → 대산 → 독곶리 회관 → 황금산 입구
  경부고속도로 천안I.C → 아산 → 예산 → 덕산 → 해미 → 대산 → 독곶리 → 황금산
- **삼길포 관광안내소** : 041-662-0819
- **대산읍사무소** : 041-660-2601

# 서산한우목장

**"한국 축산업의 미래, 드넓은 초지가 아름다운 곳"**

서산한우목장은 농협중앙회 한우개량사업소에서 관리하고 있으며 서산 운산면 원벌리와 용현리에 위치해 있습니다. 총 1,117ha 초지와 임야에 한가로이 풀을 뜯는 한우 무리의 모습이 장관을 이루며 봄철 초지 능선을 따라 핀 벚꽃이 유명합니다. 현재 가축병으로부터 한우를 보호하기 위해 내부 출입은 불가능하나 외부에서 관람이 가능합니다. 인근 관광지로는 개심사, 문수사, 용비 저수지가 있습니다.

- 소 재 지 : 서산시 운산면 원벌리, 용현리 일원
- 문 의 : 041-662-2113(아라메길 용현 관광안내소)

제9경

# 삼길포항
"바다의 맛과 멋을 느끼다. 서산 북쪽 관문, 삼길포항"

서산의 북쪽 관문으로 통하는 삼길포항은 서산9경(서산구경) 중 제9경으로, 해발 200m 국사봉에서 내려다 보이는 경관이 매우 수려합니다.
꽃게, 대하 등 수산물이 풍부하여 짜릿한 손맛을 느낄 수 있는 바다낚시를 즐기거나 삼길포 선상 횟집에서 갓 잡은 싱싱한 자연산 회를 맛볼 수도 있습니다. 또 인근에는 대산 공단의 야경이 화려한 볼거리를 제공하며 유람선을 타고 바다에 떠 있는 크고 작은 섬들의 풍경을 즐길 수 있습니다.
바다 위에 떠 있는 유람선과 어선, 푸른 하늘과 바다 사이를 가르는 갈매기, 365일 바다를 지키는 빨간 등대 등이 아름다운 풍경을 자랑합니다.
매년 삼길포 우럭축제, 삼길산 아라메길 걷기행사, 독살 축제 등 다양한 행사와 체험거리, 먹거리가 다양합니다.

- 소 재 지 : 서산시 대산읍 화곡리 1-2
- 대중교통 : 서산터미널에서 삼길포방면 시내, 좌석버스 이용 삼길포항에서 하차
- 자가운전 : 서해안고속도로 서산IC →대산→삼길포항
  서해안고속도로 송악IC→대호방조제→삼길포항
- 문　　의 : 041-662-0819(삼길포 관광안내)

# 서산의

## 농특산물

서산6쪽마늘
서산어리굴젓
서산6년근 인삼
서산쌀
서산생강한과
서산달래
서산감자
서산심비디움

## 먹거리

꽃게장
게국지
밀국낙지탕
생선회
대하
새조개

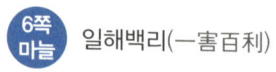 일해백리(一害百利)

# 서산6쪽마늘
## 청정자연을 담고 자라다

서산6쪽마늘은 삼국시대부터 재배해온 재래종 한지형 마늘로 쪽수가 6~8쪽이며 각각의 쪽이 크고 크기가 일정하다. 서산의 비옥한 자연환경에서 자란 서산6쪽마늘은 저장성이 우수하고 씨알이 굵으며 내병성이 강하다. 또한 독특한 맛과 향으로 약용 및 조미료로 사용되는 등 높은 인지도를 자랑하는 서산의 대표 농특산물이다. 서산6쪽마늘은 수입마늘보다 휘발성 향기 성분인 함유황 화합물량이 50% 가량 높다. 또한 장내에서 활동하는 유용성 세균 증식에 도움이 되는 유리당 및 유기산 함량이 높다. 난지형 마늘에 비해 암세포 억제성분인 알리신과 셀레늄 함량이 높고 갯바람을 맞고 자라 병해충 발생이 적으며 황토 땅에서 재배되는 밭마늘로 맛과 향이 독특하며 마늘통이 단단하여 저장성이 우수하다.

생산 판매처 : 서산태안6쪽마늘조합공동사업법인 041-668-6450, www.sansoohyang.co.kr

맛과 정성이 만든 바다의 우유  **어리굴젓**

# 서산어리굴젓
## 태조가 그 맛에 반하다

태조 이성계의 스승 무학대사가 간월암에서 수도할 적 그를 찾은 태조에게 간월도의 어리굴젓을 바치니 이후 '임금에게 바치는 진상품이 되었다.'는 말이 있다. 서산 간월도의 굴은 조수간만의 차에 의해 생겨난 천연의 갯벌과 알맞은 햇볕, 그리고 적은 염도가 유지되는 천혜의 무공해 지역에서 성장하기 때문에 색깔이 검고 알이 작은 특성이 있다.

### 간월도 어리굴젓을 먹으면 좋은 다섯가지 이유
**스테미너** 성호르몬을 활성화시켜주는 아연과 췌장에 부담을 주지 않는 글리코겐이 풍부함
**피부미용** 비타민 A와 멜라닌 색소를 분해하는 성분이 풍부해 피부미용에 좋음
**빈혈방지** 철분 함유량이 높음
**피로회복** 철분, 아연, 인, 칼슘 등의 영양분이 풍부하게 함유되어 있어 피로회복에 탁월함
**성장발육** 칼슘과 타우린이 풍부하여 성장기 아이의 두뇌발달 및 성장발육에 좋음

**생산 판매처 :** 서산어리굴젓사업단(041-669-0220)
섬마을수산(041-669-1290), 원조간월도수산(041-663-0033)
무학표어리굴젓(041-662-4622, http://www.salegool.co.kr)
서산석화(041-665-2291), 거북석화산업사(041-665-3936)

인삼 전 세계적 인정을 받는 우리의 인삼

# 서산6년근 인삼
## 사랑하는 가족의 건강을 지키는 수호의 장場

서산 인삼은 6년근이다. 이는 인삼의 생장속도가 매우 느리기 때문으로 충분한 약효성분을 얻기 위해서는 4~6년의 재배기간은 필수적이다. 또한 서산6년근 인삼은 미국의 인삼에 비해 진세노사이드 성분과 사포닌의 화합물 총수도 훨씬 많아 탁월한 효능을 자랑한다.

인삼의 주요 성분은 사포닌 또는 진세노사이드라는 복합 탄수화물이다. 이 성분들은 중추신경계 흥분작용과 진정작용을 도우며 신진대사조절, 혈당 감소, 근육활동 향상, 내분비계 흥분작용, 호르몬농도의 유지 등의 기능을 한다. 평상시에 인삼을 주기적으로 섭취하면 심장질환을 예방, 노화방지, 허약체질 개선 및 체력 증진, 스트레스 해소, 호흡기 질환 예방 및 치료, 제독 및 저항력 증진, 여성 갱년기 장애 및 남성 성기능 장애 개선 등의 효과를 얻을 수 있다.

생산 판매처 : 서산인삼농협(041-664-0561, www.seosaninsam.com)

갓 수확한 가을 햅쌀의 그 맛 | 쌀

# 서산쌀
## 철새가 방문하는 땅, 그 깨끗함이 키워내다

서산은 그 토양조건이 벼 재배에 최적지이다. 서산의 일기와 기후는 벼 재배 최적의 토양에서 나오는 자양분을 먹으며 자라, 서산쌀은 게다가 비료, 물 관리 등 재배관리의 표준화는 물론 지력이 좋은 비옥한 토질에서 우수한 품종만을 엄선하여 친환경 농법으로 재배하고 있다. 여기에 서산 벼 재배 농가의 노력이 더해져 명품 서산쌀로 거듭난다. 서산쌀은 연중 초저온 냉각저장시스템을 사용, 저온 관리하기 때문에 여름철에도 가을 햅쌀과 같은 밥맛을 유지한다. 그뿐만 아니라 서산 쌀은 혈액의 항체 형성과 소화액의 분비, 부신의 기능 조절에 필요한 필수아미노산 라이신(lysine)이 일반 벼 품종보다 11% 높게 함유된 영양 만점의 쌀이다.

**생산 판매처 :** 대산농협(041-663-3570, www.daesannh.com)
(합)현대서산영농법인(041)669-8485, www.hsfi.co.kr)

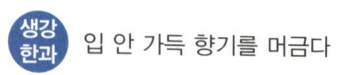 입 안 가득 향기를 머금다

# 서산생강한과
## 사람의 한 평생을 지켜온 변함 없는 그 맛

서산생강한과는 특유의 매운 향기 속에 감춰진 달콤한 서산생강의 맛을 전통식 한과에 고스란히 담았다. 예로부터 서산지역의 돌상에 오른 음식 중에서도 한과는 나누어 먹을수록 아이에게 복이 들어온다 하여 빠질 수 없는 귀한 돌상 음식으로 대접을 받았으며, 돌 답례품으로도 많은 사랑을 받아왔다. 그러던 것이 1997년 서산시의 농촌여성소득원 개발 시범사업에 선정되면서 향토상품으로 거듭나게 되었다. 직접 재배한 서산생강과 찹쌀 등으로 한과를 만들기 시작하였으며 서산생강만의 독특한 향과 뛰어난 저장성, 정성스런 손맛으로 현재는 지역 특산물로서 그 명성이 높다.

**생산 판매처 :** 서산생강한과협의회(010-6474-4756)
서산시농업기술센터(041-662-5959, http://www.ss5959.kr)
서산시청 농정과(041-660-3368, http://www.seosan.go.kr)

마늘 매운 내에 나물의 달콤함 **달래**

# 서산달래
### 맛과 향이 깊고 무기질과 비타민 풍부

달래는 마늘, 파, 양파, 부추 등과 같은 알리움(Allium)속 식물이다. 비늘줄기가 있고 매운맛이 나는 식물을 한 속으로 묶은 것이다. 우리 땅에서 자생하는 알리움속 식물로는 달래 외에 산부추, 산파 등이 있다. 서산 달래는 전국 달래 생산량의 70%를 차지한다. 1990년대 달래 재배의 급속한 확장이 서산을 중심으로 이루어진 것이다. 타 지역에서 생산되는 달래에 비해 서산달래는 황토에서 갯바람을 맞고 자라 맛과 향이 깊고 각종 무기질과 비타민이 풍부하다. 그리고 최신 재배시설에서 친환경농법으로 재배되어 단백질, 지방, 칼슘 등이 풍부하게 함유되어 있다. 이밖에도 인, 철, 비타민 등이 들어 있어 피부미용, 빈혈, 동맥경화 예방은 물론 피로회복에 좋다.

**생산 판매처** : 음암농협 (041-663-5210)

**감자** 자연이 선물한 건강

# 서산감자
## "신의 기운이 감도는 팔봉산 감자"

감자는 고구마와 함께 대표적인 구황식품 중 하나이다. 동, 서양은 감자의 보급을 통해 배고픔을 이겼고 이로 인해 감자는 저렴한 음식이라는 이미지가 강하다. 하지만 감자는 현대인의 well-being 바람의 중심으로 변신하고 있다. 팔봉산 주변마을은 감자의 주 생산지로, 팔봉산 기슭의 깨끗하고 양분이 가득한 황토와 서해에 인접한 해양성기후라는 자연적 조건을 지니고 있어 감자 재배의 최적합지다. 황토와 서해에서 불어오는 서늘한 해풍을 맞으며 자란 팔봉산 감자는

하나, 서산 팔봉산 감자는 최적의 생육조건에서 자라 그 맛이 일품이다.
둘, 서산 팔봉산 감자는 맛과 품질은 물론 포슬포슬한 식감이 좋다.
셋, 서산 팔봉산 감자는 천혜의 자연에서 재배되어 깨끗함을 자랑한다.

**생산 판매처** : 팔봉산 감자영농법인(010-8837-5350)
팔봉농협(041-664-6811, http://www.nonghyup.com)

난의 기품과 향기를 지니다 　생강

# 서산심비디움
## 부富와 정화淨化의 꽃

심비디움은 색상에 따라, 특별한 날의 선물로 사용되기도 한다. 그 예로, 중국 한족은 춘절에 황금을 상징하는 노란색 심비디움 화분을 선물하면 받는 사람에게 부(富)를 가져다준다는 믿음이 있다. 국산 심비디움은 꽃이 크고 색이 진해 중국시장에서 높은 인기를 유지하고 있다. 이 때문에 중국인들은 춘절에 선물용으로 심비디움을 구입하고 있다. 심비디움의 공기정화 및 음이온 배출의 기능은 다른 공기정화식물보다 우수하다. 심비디움은 대표적인 정화식물인 산세베리아보다 공기정화 효과가 60% 이상 더 높은 것으로 알려져 있다. 심비디움은 다른 난에 비해서 음이온이 약 5배 정도 더 많이 발생하고 습도의 경우 약 2배 정도 더 많이 발생한다.

생산 판매처 : 서산양란수출작목반(017-246-9620)

먹거리

# 서산의 먹거리
"정갈한 솜씨로 미식가들의 입맛을 사로잡는"

**꽃게장** 수심 깊은 모래에서 서식하는 꽃게는 맛과 크기가 뛰어나서 서산의 으뜸 수출품이다.

**게국지** 게국지는 서산 고유의 향토 음식으로, 해산물, 호박 등이 조화를 이루는 구수한 감칠맛이 일품이다

**밀국낙지탕** 육질이 연하고 맛이 담백하여 박속과 함께 조리하여 먹는 서산 전통음식이다.

**생선회** 청정해역에서 잡은 해산물로 신선하며, 밑 반찬이 푸짐하고 가격 또한 저렴하다.

**대하** 서해안에서 갓 잡아 올린 대하는 구워먹는 맛이 일품이며, 피부미용에도 좋다.

**새조개** 겨울철 해수와 담수가 교차되는 구역에 서식하며 연하고 부드럽다.

## 마지막 통화는 모두가 "사랑해…"였다
정기환 지음 | 296쪽 | 값 15,000원

글로써 연결되는 인간관계가 역사를 새로이 쓰고 지탱하는 힘이다. 그래서 책 『마지막 통화는 모두가 "사랑해…"였다』는 가치가 있다. 인간다움이 점점 사라지는 현실 속에서도 '사람 냄새' 나는 아날로그적 감성을 고스란히 간직함은 물론 이 시대를 관통하는 함의가, 우리 시대의 생생한 민낯이 이 한 권에 모두 담겨 있기 때문이다.

## 생각을 벗어라
김창수 지음 | 188쪽 | 값 12,500원

"걸음이 무겁다면 삶이 우울하다면, 세상의 틀 밖으로 고개를 내밀어라! 희망을 노래하는 이 순간이 진정한 시작이다!" 저자는 '생각이라는 굴레 속에 억지로 스스로를 가두어 모든 것이 정해진 것처럼 살 필요는 없다'고 강조한다. 또한 일상 속에서 느끼고 깨달은 것을 자유로이 글로 적은 모든 게 '시'임을, 우리의 삶 자체가 하나의 놀랍고 아름다운 광경임을 독자에게 전하고 있다.

## 성공하는 자녀의 네 가지 비밀
박찬승 지음 | 300쪽 | 값 15,000원

책 『성공하는 자녀의 네 가지 비밀』은 자녀들의 성장 가능성과 적성을 가늠해보고, 아이들의 자존감과 자립심을 돕는 방법을 배울 수 있도록 구성되었다. 현재 대전 유성고 교장인 저자가 풍부한 현장 경험을 통해 알아낸 영재 공부 비법과 효율적인 학습법 또한 함께 담겨있다.

## 꿈의 크기만큼 자란다
조영탁 지음 | 280쪽 | 값 15,000원

'꿈'이라는 목표가 있기에 삶은 가치가 있고 사람은 미래를 향해 전진한다. 가장 중요한 점은 꿈의 크기에 한계를 두지 않았을 때 사람은 성장한다는 사실이다. 지금보다 더 '큰 사람'이 되고 싶다면, 성공을 위한 비전을 정확히 내다보고 싶다면 『꿈의 크기만큼 자란다』와 그 첫발을 시작해 보자.

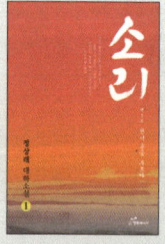

## 소리 - 한이 혼을 부르다 (전 1~8권)
정상래 지음 | 352쪽 | 값 13,500원

쏟아져 나오는 책은 많지만 읽을거리가 없다고 탄식하는 독자들이 많다. 그렇다면 근대 한국사에 담긴 우리 한(恨)의 정서에 관심이 있다면, 대하소설의 참맛에 대해 잘 알고 있다면, 정말 제대로 된 작품을 읽어볼 요량이라면 이 소설은 독자를 위한 더할 나위 없는 선물이자 생을 관통할 화두가 되어 줄 것이다.